KB234616

정치 지수가 어떻게 성공적인 리더를 만드는가

리더십 PQ 경영

Grerry reffo & Valerie wark 저

송하성 역

리더십 PQ 경영

목차

PART 1. PQ 소개

PART 2. PQ 모델

리더십 PQ 경영

역자의 말

《리더십 PQ 경영》 번역본을 내면서

'인간은 정치적 동물'이다. 일찍이 큰 철학자 아리스토텔레스가 한 말이다. 현실 정치를 하고 있든, 기업을 하든, 공직에 있든, 농사를 짓든 인간은 정치 속에서 호흡하면서 살아가고 있다는 뜻이다. 그렇다면 IQ, EQ를 지나 PQ가 중시되는 것은 당연하다.

다시 말해 IQ, EQ에 못지않게 PQ가 높아야 자신이 하는 일에 성공할 수 있고 자신이 속해 있는 집단을 성공으로 이끌 수 있다는 뜻이다. 《리더십 PQ 경영》은 바로 이 점에 초점을 맞추었다.

이 책은 PQ의 중요성을 강조하고 PQ의 모델을 제시하는 한편, PQ의 변수인 파워, 목적에 대한 공감, 신뢰 그리고 융통성을 설명하고 있다. 이어서 어떻게 PQ 능력을 개발할 것인가 하는 방법론을 강력히 제시하고 있다.

사람이 성공하지 못하는 이유는 어디에 있는가? 자신과 같은 생각을 갖게 하는 무리를 만들어 파워를 집중하지 못하기 때문이 아닐까. 성공한 정치인·기업인·공직자·종교인 그리고 사회사업가 등은 모두 PQ가 높은 사람들이었다고 사료된다. 성공한 리더는 PQ를 높여 같은 생각을 가지는 동역자와 따르는 사람을 확대하고 신뢰와 융통성으로 규합하며 목표에 도전하여 성공하도록 한 사람들이 아니겠는가.

　이 책을 통해 자신을 점검하고 PQ를 높여 성공한 리더의 길을 가는 계기를 만들기를 간절히 바란다.

송 하 성

경기대학교 교수 / 경영대학원장

추천사

　오늘날 정부나 기업에서 일하는 리더들은 서로 다른 환경 속에서 성장해간다. 그중 기업이 성공할 수 있는 최고의 환경은 정부에서 안정적이고 시장 중심적인 규제 제도를 시행하며, 사업이 경제적 성장을 이룩할 수 있도록 지원하는 곳이 될 것이다.

　국영기업이나 정부 유착이 심한 기업들의 경우에는 주주의 감시를 받으며 시장 원리에 지배받는 기업들에 비해 경쟁력이 떨어진다. 민영화는 경제적 발전을 불러온다. 번창하는 기업들은 단기적으로 불리할지라도 선거 정치로부터 스스로 거리를 두며, 그 대신 효율적 프로세스, 테크놀로지, 재정 원칙, 마케팅 능력, 소비자와 같은 사업 기반성에 더 많은 초점을 둔다.

　정부가 해야 할 일은 쓸데없는 간섭을 하지 않는 것이다.

　정부의 운영 방식과 기업에 대한 정부의 태도는 그간 크게 변화되어 왔다. 본 책의 논지는 기업, 정부, 그리고 사회가 협력하여 이익과 성장을 보이고, 후대에 더 나은 삶을 제공할 수 있도록 리더가 더 나은 방안을 강구해야 한다는 것이다. 이러한 논지는 정부가 보이는 변화를 잘 반영하고 있다.

　정부의 변화 가운데 첫 번째는 새로운 유형의 정치 발달이다.

　소셜 미디어는 잘 정착된 탈 산업 민주주의에서뿐만 아니라 개발도상국에서도 전통적인 정치 프로세스를 전복시키고 있다. 단시간에 조직되어 종종 일관적인 정치 프로그램이 부재한 대중운동들로 인해 정부가 타도되는 경우도 있으며 (이집트, 2013년), 몇 주 만에 여론이 완전히 뒤바뀌어 버리는 경우도 있다. (브라질, 2013년)

　중국 지도부는 온라인 여론에 민감하게 반응하고 있으며, 서구의 정부들은 여론이 어떻게 흘러가는지 확인하고 이에 대해 적절히 대응하기 위해 디지털 공간을 감시하고 있다. 각 나라의 정부는 이제 어디에선가 난데없이 이슈가 튀어나와 정치적 현안을 장악할 수도 있다는 사실을 깨닫게 되었다. 이제는 정치적 현안들을 통제하기가 어려워진 것이다.

　이제는 선거권이 박탈된 사람들이나 현 정치에 환멸을 느끼는 사람들이 몇 시간 혹은 며칠 만에 기존 정당으로부터 독립된 조직을 구성할 수 있게 되었다.

　그뿐만 아니라 세계 거의 모든 곳에서 인터넷으로 교육을 받을 수도 있고 필요한 정보를 얻을 수도 있다. 그래서 국민이 갖는 기대치가 높아지게 되었다.

　국민의 기대를 충족시켜야 하는 여러 정부들은 상충적인 목표를 조화시키는 데에 종종 어려움을 겪기도 한다. 상충하는 목표의 예시로는 경제적 성장과 환경 관리, 경쟁력 높은 경제와 온정이 넘치는 사회, 국제사회로 편입되는 데에 대한 두려움과 고립의 위험성이 있다. 이러한 딜레마는 오늘날의 일만은 아니다. 그러나 현대 정치의 역학은 딜레마를 다루기 더 어렵게 만든다.

　따라서 모든 정부는 예측이 불가능하게 되었다. 기업과 언론에서는 정치적 리더의 부재를 한탄하고, 오늘날의 정치인들을 비난한다. 그러나 이들은 원인과 결과를 혼동하고 있는 것이다. 인터넷 시대의 신(新)민주주의에서는 압력 단체들의 요구로 인해 장기 정책이 일관적으로 시행되지 못하고 있다. 정치적 합법성은 선거뿐만 아니라 온라인과 길거리에서도 똑같이 생겨난다.

그러나 인터넷만이 문제가 아니다. 기업에 대한 대중들의 태도가 경제적 대위기 이후로 변화된 것이다. 이전에는 부(富)의 획득이 곧 부의 창조를 의미했다. 그 당시 많은 정부는 기업을 보증하여 경제적 성장을 이룸으로써 공공정책을 지원하고 선거에서 승리를 거두고자 했다. 그러나 오늘날의 유권자들은 은행뿐만 아니라 기업 전반에 대해 전혀 새로운 입장을 취하고 있다. 대중은 기업의 동기와 행위에 대해 회의적인 태도를 취하고 있으며, 기업이 사회의 이득을 위하지 않고 자신들과 이해관계자들의 이익만을 추구하는 것은 아닌지 의심하고 있다.

설상가상으로 대부분의 국가, 특히 빠른 성장을 보이는 신흥경제 국가들은 1980년대와 1990년대의 시장 주도 경제 및 자유경제주의를 제대로 적용하거나 수용하지 못하고 있다. 아시아나 러시아, 혹은 남미에서는 정부와 기업이 복잡한 유착 관계를 보이고 있다. 사업 결정이 순수한 사업 결정일 수도 있으나, 다른 요소가 개입하는 경우도 있다. 대부분 정부는 자신들이 해야 할 일은 간섭하지 않는 것이라는 사실을 쉽게 받아들이지 못한다. 이러한 생각은 쉽게 바뀌지 않을 것이다.

기업은 예측 가능한 투자 분위기를 쉽게 제공받을 수 있을 것이라고 생각해서는 안 된다. 기업은 반드시 정부와 독립된 자신만의 적법성을 갖추어야 하며, 투자 결정의 기반이 되는 지역 정치 및 국가 정치를 제대로 이해해야 한다.

정치 세계에서 요구되는 능력은 뛰어난 엔지니어, 지질학자, 상인 혹은 마케터가 되기 위한 기술과는 다르다. 정부 혹은 장기적 공공정책의 복잡한 목표를 다룰 수 있는 능력은 상업적 능력 및 기업가로서의 수완과 서로 성격이 다르다. 기업은 그저 기업일 뿐이고, 정부는 그저 정부일 뿐이던 단순한 옛날이 그리워지기도 한다.

그러나 뛰어난 기업들은 자신들의 희망 사항과 상관없이 있는 그대로의 세상을 마주해야만 한다.

회사들은 자신들의 리더가 새로운 정치적 현실에 대비하도록 해야 한다. 회사들은 또한 리더들이 사업을 함에 있어서 정치인들과 타협하는 경험을 제공해야 하며, 이를 위한 전문성을 기를 수 있도록 해야 한다. 정부는 자신들의 리더가 기업 및 더 넓은 사회와 함께 일할 수 있도록 훈련시켜야 한다. 리더가 이들과 함께 일함으로써 사회에 존재하는 어려운 딜레마에 대해 혁신적이고 효과적인 장기 대책을 마련할 수 있기 때문이다.

이 책은 이러한 생각으로 완성되었다. 많은 독자가 이 책을 읽기를 바란다.

존 그랜트 경
BG 그룹 기업정책부문 부사장

감사의 말

우리는 아래에 언급한 분들이 다양한 경험과 전문적 지식을 아낌없이 지원하여 준 덕분에 본 책을 집필할 수 있었다. 바쁜 업무에도 불구하고 우리에게 시간을 할애해 주고, 생각과 의견에 대하여 조언을 해주신 것에 진심으로 감사드린다.

미국

Jeff Bewkes, Time Warner 회장

Judy Brown, Rio Tinto 주주 대표

Alexander Evans, 유엔, 교육 외교 고위관

Muhtar Kent, 코카콜라 회장

Adrian Paull, 하니웰 항공우주 산업, 고객물류지원센터 부사장

Nancy Beer Tobin, 조지타운 경영대학원 부학장

Sir Peter Westmacott, 미국 주재 영국대사

Bob Zoellick, 전 세계은행 총재, 미 무역부 특사

영국

Julian Braithwaite, 유럽연합 정치안보위원회 영국대사

Conrad Bird, 10번가 다우닝 스트릿, GREAT Britain 캠페인 이사

Vicky Bowman, 책임 경영 활동을 위한 미얀마 센터.

Rio Tinto 대외부문 전 글로벌 리더

Sir Kim Darroch, 영국 국가안보보좌관

Andrew Dunnett, 보다폰 재단 그룹 이사

Hugh Elliott, 영국 외무성, 커뮤니케이션 및 참여부서 이사,

앵글로 아메리칸 대외부문 부서장

David Frost, 스카치 위스키 협회 CEO,

전직 영국 기업경제부 국제담당 이사

Joe Garner, BT(British Telecom)오픈리치 CEO,

전 HSBC 영국 리테일뱅크 은행장, HSBC 은행 PLC 부대표

Brendan Goemley, CDAC 네트워크 대표.

전 영국 재난비상위원회 CEO

Sir John Grant, BG 그룹 기업 정책부문 부사장

Load Green, 무역투자부 장관, 전직 HSBC 홀딩스 그룹 회장

Peter Hawkins, 작가, 학술 및 경영 코치

Peter Hayes, 고위 외교관, 스리랑카 주재 영국 고등판무관

Dame Denise Holt, HSBC 은행을 포함하여 각종 이사회의 비상임이사.

전 스페인 주재 영국대사

Lord Jay, Merlin 인도주의 기구 의장. EDF 에너지 기구 비상임 이사.
전 영국 외무성 국장

Lord Kerr, Scottish Power 회장. 전 Shell 부회장,
미국주재 영국 대사, 영국 외무성 국장

Matthew Kirk, 보다폰 대외 담당 그룹 이사

Dominic Martin, G8 코디네이터, 영국 국무조정실

Mark Pegg, 고등교육 리더십 재단 CEO

Kai Peters, Ashridge 경영대학원 CEO

Andrew Pike, 부단장, 10번가 다우닝스트릿, GREAT Britain 캠페인

Edmond Rose, 버진 아틀란틱 항공, 항공사 전략기획 이사

Matthew Rycroft, 최고운영책임자, 영국 외무성

Guy Salter, 명품 브랜드 전문가. Walpole Crafted 회장,
Prince's Trust 왕실 자선 모금회 회원

Mark Sedwill, 영국 내무성 사무차관. 전 아프가니스탄 NATO 민간대표

Part

1

리더십 PQ 경영

PQ 소개

01 PQ는 무엇이며 왜 중요한가?

오늘날의 혼란 속에서 나타난 복잡함과 그 과제들은,
지금까지와는 다른 방식으로 내일을 이끌어 나갈 기회이다.

1. 왜, PQ가 중요한가?

미래는 더 많은 일을 할 수 있는 리더를 요구한다. 새로운 리더십이 당면한 과제는 산업, 정부 그리고 사회와 협력하여 보다 나은 미래를 만들고 이익을 창출하는 것이다.

국제화, 복잡한 사회적 과제, 지구의 변화, 인구, 부(富)와 기술은 세계가 좀 더 상호의존적으로 변화했고 권력이 광범위하게 분산되었음을 보여준다. 이러한 현상은 지금도 일어나고 있으며 앞으로는 더 심화될 것이다.

기업, 정부 그리고 비영리 단체는 그들이 하는 일, 그리고 하지 않는 일을 통해서 서로에게 영향을 미친다. 또한, 이들은 서로가 필요로 하는데, 혼자서는 할 수 없는 부분이 있기 때문이다. 모든 부문의 리더는 이런 상호 의존적 관계 속에서 공유된 힘을 가지고 조직을 운영한다. 이런 상황에 적응한다는 것은 각 리더가 일을 다르게 해야 한다는 것을 의미한다. 어떤 리더는 다른 리더보다 일을 더 잘해낼 것이다.

그렇다면 최고의 리더와 가장 성공적인 조직은 어떤 일을 하고 있는가? 이들은 급박한 일상적인 과제를 넘어서서 거시적인 관점을 갖추고 미래에는 어떤 것이 필요할 것인지, 또 미래가 지금 그들이 하는 일에 어떻게 영향을 미치는지를 조망한다. 이들은 복잡하고 다중적인 차원의 과제를 다루며, 이런 과제를 다루기 위해서는 여러 이해관계자, 그리고 파트너들과 함께 일할 수 있는 능력과 강력한 초점이 요구된다. 이들이 찾아낸 가장 적합한 해결책은 장기적이고 혁신적이며, 모든 사람이 수혜를 받을 수 있는 해결책이다.

이런 일을 가능케 하는 비결은 무엇일까? 바로 가능한 모든 기량을 발휘하는 것이다. 지능 지수IQ와 감성 지수EQ가 필요하다. 하지만 이와 더불어 필요한 것이 또 있다. 그것은 인지 능력과는 다른 형태의 능력이다. 우리는 그 능력을 정치 지수PQ라고 부른 바 있다. PQ는 IQ와 EQ에 기반한 것이지만, 동시에 그것들을 넘어서기도 한다. 우리는 다음과 같이 PQ를 정의한다.

PQ는 세계 경제 속의 미래를 구축하기 위해 정부, 기업, 사회가 힘을 공유하는 세상에서 전략적으로 상호작용할 수 있는 리더십 능력이다.

독자들은 아마 우리가 왜 '정치적' 지능이라는 단어를 사용했는지 궁금하게 생각할 것이다. '정치'라는 단어의 그리스어 기원으로 돌아가 보도록 하자. 정치Politics는 그리스어 'politikos'에서 유래한 단어인데 이 말은 civic, 즉 '시민과 관련된'이라는 것을 의미한다. PQ는 시민, 정부, 기업의 관계에 그 뿌리를 둔다.

이 책은 더 큰 사회에 사회적 편익을 제공하고 기업에 이윤을 창출하는 것을 목표로 하고, 권력이 공유되는 상황을 보다 효과적으로 통솔하기 위한 행동, 프로세스, 기량에 대해 서술한다. 물론 우리는 모든 분야의 리더들이 매우 바쁘고, 따라서 편리하게 사용할 수 있는 방법을 원한다는 것을 알고 있다. 그래서 우리는 다섯 가지 측면에 기반한 PQ 리더십 능력의 간단한 모형을 디자인했다.

우리는 또한 개인이 자신이 가진 PQ를 개발할 수 있는 방법도 서술하였다. 상급 관리자 독자들을 위해, 조직에서 PQ를 도입하기 위한 방법론과 수단도 포함하였다.

이 책은 매우 실용적인 책이다. 모든 분야의 현재의 리더들과 미래의 리더들을 위해 써졌다. 우리는 성공적인 리더들의 사례와 함께 실질적인 조언을 독자들과 공유할 것이다. 이 책에서는 최고의 사례들을 집중적으로 다루려고 한다. 여기서 최고의 사례란, 기업 부문의 경우 사회에 적극적으로 공헌하는 동시에 큰 이윤을 창출하는 조직의 리더를 의미한다.

비영리 조직과 공공정책 부문의 경우에는 파트너십이 어떻게 큰 영향력과 효과를 창출해 내는지 보여주는 것을 의미한다. 우리는 또한 책 속에서 정부와 기업에 공헌한 경험을 가진 최고층 리더들도 알아보도록 한다. 우리가 서술한 내용을 완전히 숙달하는 것은 쉽지 않기 때문에 이 책은 용감한 독자들만이 도전할 수 있다.

우리의 책을 통해 모든 분야의 리더, 모든 규모의 조직이 자신의 한계에 도전하고, 그들이 하는 일과 그 방법, 그리고 그것을 더 잘할 수 있는 방안을 모색하는 데 도움이 되기를 바란다.

PQ는 누구에게 필요한가?

만약 당신이 리더라면, 또는 리더가 되길 원하는 사람이라면, 당신에겐 PQ가 필요하다. PQ는 다음과 같은 사람을 위한 것이다.

- 다국적 기업 또는 지역 기업의 리더
- 공공정책의 리더
- 비영리조직의 리더
- 조직계층의 상위에 위치한 팀
- 보다 큰 목표를 가지고 있는, 모든 분야의 리더

각 분야는 서로 다른 목표를 추구하지만 우리는 성공적인 리더와 성공적인 조직이 공유할 수 있는 공통 분모를 찾아냈다. PQ는 이들에게 영향력과 효과를 가져다 줄 것이다. 이들은 더 큰 관점에서 더 많은 것을 창출하기 위해 함께 일하기 때문이다.

PQ가 아닌 것

먼저 'PQ가 아닌 것'에 대해 먼저 말하고자 한다. 이것은 정치 안내서가 아니며, 내부조직 정치를 도와주는 매뉴얼도 아니다.

독자는 PQ가 단순히 협동적 방식을 의미하는 것은 아닌지, PQ에 색다를 게 있기는 한지, PQ가 이득을 가져다 줄 수는 있을지 의문을 품을 수도 있을 것이다.

명심하도록 하자. 협력 작업은 중요하고 필수적이며 지속적인 것이며, 우리는 여기에 의문을 품지 않는다. 하지만 PQ는 '목적 달성을 위해 하나의 또는 여러 명의 사람과 함께 일하는 것'보다는 더 많은 것을 의미한다.

PQ란?

PQ는 통찰력, 비전, 겸손함을 갖춘 리더들로 하여금 자신이 더 넓은 시스템 안에서 일하고 있음을 깨닫게 해준다. 리더는 고객, 소비자, 시민, 환경 그리고 미래 세대의 필요를 충족시켜야 한다. 그 어떤 분야 혹은 조직도 단독으로는 이러한 일을 해낼 수 없다. 정부, 기업 그리고 사회가 모두를 위해 더 나은 결과를 제공할 수 있는 힘을 공유하고 있기 때문이다.

2. 왜, PQ의 필요성이 생겨났는가?

1980년대와 1990년대에 많은 선진경제 국가에서는 정부가 경제를 운영하는 데 전혀 도움이 되지 못한다는 인식이 팽배해 있었고, 이러한 인식은 낮은 경제성장으로 이어졌다. 이에 대한 정부의 대응책은 경제운영 방식을 바꾸어 안정적이고 장기적인 거시경제 체제와 함께 (너무 많지도, 그렇다고 너무 적지도 않은) 안정적인 규제 상황을 제공함으로써 기업이 돈을 벌 수 있게 하는 것이었다.

여기서 나온 세금은 공적 서비스를 제공하여 정부가 자신의 역할을 하게끔 만들었고, 오늘날 많은 기업의 리더들은 정부와 공존하고 있다.

이제 세상은 달라졌다. 많은 기업들은 더 이상 장기적으로 안정적인 경제상황에서 운영되지 않는다. 또한 기업이 원하는 적당한 규제 환경도 존재하지 않는다. 세상엔 예전보다 더 많은 규제사항이 있다. 기업우호적인, 예측 가능한 정책을 수립하는 국가가 존재한다고 말하는 기업은 더 이상 없다.

우리는 BG 그룹의 기업정책부문 부사장을 역임한 존 그랜트John Grant 경에게 정부에 관한 기업의 관점을 물었다. 그는 다음과 같이 대답했다.

- 유권자와 시민권자들은 예전보다 교육 수준이 높아졌고, 많은 양의 정보를 획득하며, 더 발달된 네트워크를 가지고 있어 그 이전 어느 때보다 더 잘 조직되고 더 많은 요구사항을 가지고 있다.

- 정부는 예전보다 더 많은 제한 속에 놓여 있다. 세계화로 인해 다국적 자본의 영향력이 커졌고 정부의 행동 반경은 줄어들었으며, 이로 인해 기후 변화나 이민 문제와 같이 정부 단독으로는 해결할 수 없는 문제 상황이 생겨났다.

결과적으로 민주 정부는 전반적으로 언론에 종속되었고, 자신들의 통제 밖에 있는 변화에 항상 대응해야 하는 처지가 되었다. 이것은 사회 소수자들에게 많은 영향을 미쳤고, 정부는 기업이 싫어할 만한 단기적이고 예측 불가능한 정책을 수립할 수 밖에 없는 상황에 놓였다.

전 베네수엘라 통상산업부 장관이자 잡지《외교정책 Foreign Policy》편집자인 모이세스 나임은, 존 그랜트와는 다른 배경에서 출발했지만 유사한 결과에 도달했다고 말한다.

그의 책《권력의 종말 The End of Power, 2013》에서 그는 정치, 기업, 군대의 리더와 같은 모든 리더들이 더 복잡하고 거대한 문제 상황에 직면하고 있다고 말한다. 그는 그 이유에 대해 다음 세 가지 'M'을 인용하여 설명한다.

- 통제 수단을 넘어서는 '더 많은 (More) 사람들'
- 아이디어와 사람의 '이동성(Mobility)'
- 다른 가치, 기대, 열망을 불러일으키는 새로운 '사고방식(Mentality)'

세 가지 M은 정부, 기업 그리고 비영리조직의 리더들에게 영향을 미친다. 권력을 가진 자는 보다 많은 제한 속에 놓이게 되고, 자신의 전임자보다 전반적으로 불안정한 상황을 맞이한다. 정부는 새로운 아이디어와 변화의 속도에 맞서기 위해 고군분투한다. 모든 사람들을 만족시키기 위해 노력하는 과정에서, 정치가들은 통솔과 통치의 필요성을 그리워할 수도 있다.

기업의 리더는 자신의 회사의 평판, 제품, 서비스의 변화 속도를 따라잡기 위해 노력한다. 이것은 고객가치, 기업에 대한 인식, 그리고 기대가 예전 수준보다 더 진화했기 때문이며, 또 예전보다 전반적인 투명성이 높아졌기 때문이기도 하다.

비영리단체는 대중의 관심사가 자신들의 이상과 일치하면 득을 보지만, 대중의 지지가 변할 경우엔 고군분투해야 한다. 영국의 자선단체 통제기관인 자선위원회 (2012)는 최근 자선단체에 대한 기부가 감소하는 상황에서도 기업 임원들에 대한 보수는 증가하는 상황을 지적하며 기업을 비판했다.

그러면 오늘날의 리더가 직면하는 과제는 무엇인가?

오늘날의 리더들이 직면한 과제는 정부가 홀로 통제할 수 없는 문제 상황 그리고 더 복잡한 전 지구적 문제를 안고 있는 이 세계를 어떻게 이끌어나갈 것인가이다.

코카콜라의 대표이사이자 최고경영자인 무타르 켄트Muhtar Kent는 이 질문에 대한 심화된 관점을 갖고 있다. 그는 '정부는 더는 혼자서 문제를 해결할 수 없다. 자본주의가 번성하기 위해서는, 주주들뿐만 아니라 모든 이해관계자들을 신경 써야 한다'고 말한다. 무타르는 이것을 '골든 트라이앵글'이라고 부른다. 골든 트라이앵글이란, 정부, 기업 그리고 시민사회 사이의 연결을 의미한다. (그림 1-1 참조)

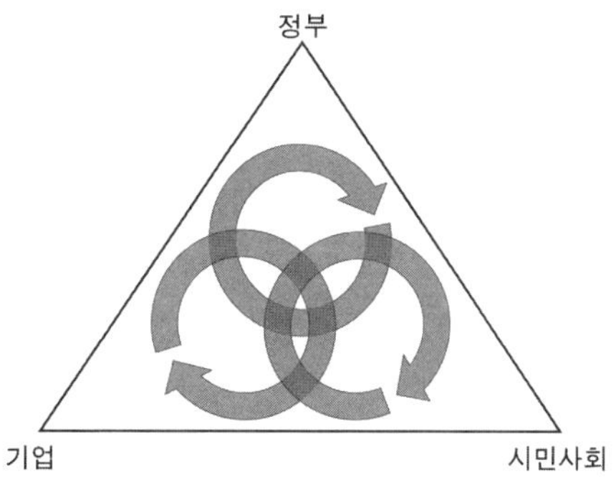

그림1-1 골든 트라이앵글

리처드 브랜슨 역시 기업이 사회를 도와야 할 필요가 있다는 비슷한 관점을 갖고 있다. 블룸버그 TV와의 인터뷰에서 브랜슨은 만약 모든 기업의 리더들이 모여 사회 문제를 채택하고 이것을 해결하기 위해 기업가로서의 역량을 모은다면 대부분의 문제 상황은 해결될 것이라고 말했다.

정치 리더들 또한 유사한 관점을 가지고 있다. 전 미 대통령인 빌 클린턴은 2012년 오바마 대통령을 지지하기 위한 연설에서 다음과 같이 말했다. "우리는 거시적인 차원에서의 번영을 공유하고 성장을 도모하기 위해 적극적으로 함께 일하는 기업과 정부가 있을 때 국가가 더 나은 기능을 한다고 생각합니다." 또한 영국의 총리 데이비드 카메론은 2012년에 "기업은 이윤만을 창출하는 것이 아닌, 존재 자체로서 중요합니다. 세상이 그동안 알지 못했던 사회적인 발전을 만들어내는 가장 강력한 힘이기 때문입니다."라고 말한 바 있다.

우리는 세계가 직면하고 있는 복잡한 이슈들이 골든 트라이앵글 안에서 논의되어야 한다는 무타르의 의견을 살펴보았다. 그는 기업의 리더들은 '다양한 문제에 대한 다양한 해결 방법'을 찾아야 하고, 국가 차원이나 지역 차원의 고객, 소비자 그리고 정부를 위해 '더 나은 결과'를 창출해야 한다고 말한다.

정부와 기업의 많은 리더들에게 이런 접근법은 흔하지 않은 것으로 받아들여질 것이다. 그들은 정부는 통치하고 기업은 돈을 번다는 믿음 속에서 자란 사람들이기 때문이다. 정부와 기업이 교차하는 일은 흔히 일어나는 것은 아니다. 우리는 무타르에게 왜 그가 다르게 느꼈는지를 물었다. 그는 부모로서, 그리고 기업가로서 이 질문에 대한 답을 내렸다. 부모로서, 우리가 살아가는 지구의 취약한 경제를 보존하기 위해 그는 다음과 같이 말한다. "저는 제 아이들이 신선한 생선을 먹을 수 있기를 바랍니다."

140억 달러를 벌어들이는 글로벌 기업의 수장으로서, 또한 지구에서 가장 잘 알려진 브랜드를 이끌어나가는 리더로서 그는 이렇게 말한다. "기업의 성과는 예측하기가 어려운 상황입니다. 소비자들은 그 기업의 특성에 대해서 알고 이해하길 원합니다. 만약 대중의 기대와 현실 사이에 큰 괴리가 있다면, 그 기업은 문제 상황에 빠지게 되는 것이죠."

타임워너의 대표이사이자 최고경영자인 제프 뷰크스Jeff Bewkes는 규모의 경제와 효율성을 증가시킴으로써 더 많은 이윤을 얻는 전통적 기업모델을 새로운 네트워크 모델과 비교해야 한다고 제안한다. 제프는 구글의 사례를 인용하여 설명한다. 소비자가 구글에서 검색한 결과는 구글에 다시 전달되어 사용자들이 무엇을 원하는지를 알 수 있게 해준다. 이를 통해 구글은 소비자들에게 더 나은 서비스를 제공할 수 있게 되고, 발전된 서비스는 사용자들을 더 많은 사용자들을 이끌어낸다.

여기에 핵심이 있다. 이윤은 소비자와 사회 간의 상호작용을 통해 창출되며, 이것은 소비자가 기업에 대해 더 큰 영향력을 행사할 수 있게 한다. 그 이유는 개별 소비자들이 자신이 무엇을 구입하거나 혹은 구입하지 않을지를 선택할 뿐만 아니라, 다른 사람들의 선택에도 영향을 미치기 때문이다. 그리고 이런 선택은 제품의 품질과, 무타르 켄트가 말한 '기업의 특성'에 의해 결정된다.

가치의 공유

마이클 포터와 마크 크래머는 〈하버드 비즈니스 리뷰〉 2011년 1월/2월호에 어떻게 기업과 정부가 변화해야 하는지 그 필요성을 기고했다. 두 저자는 '공유가치를 창출'해야 한다고 주장한다.

기업에게 있어 이것은 그들이 기업 활동을 영위하는 커뮤니티, 사회적

환경, 경제를 발전시키고 이를 통해 기업의 경쟁우위를 강화하는 일이
다. 포터와 크래머는 다음과 같이 말한다.

　　자본주의의 편협한 관점으로 인해 기업은 사회의 더 큰 과제들을 해결
하지 못 하게 된다. 자선금 기부자가 아닌, 기업으로서 기업의 행동은 우
리가 직면하고 있는 이슈를 해결할 수 있는 가장 강력한 힘이다.
　　사회의 거대한 요구는 점점 더 커지고 있으며, 동시에 소비자와 직원들
그리고 젊은 세대들은 기업에게 한 걸음 더 발전할 것을 요구하고 있다.
　　기업의 목적은 공유가치를 창출하는 것이어야만 한다. 이것은 세계경
제에 있어 새로운 차원의 혁신과 생산성 향상을 가져올 것이다. 또한 이것
은 자본주의와 사회의 관계를 재구축할 것이다. 하지만 가장 중요한 것은,
공유가치를 창출하는 법을 배움으로써 우리가 기업을 다시 정당화할 기회
를 만들 수 있다는 점에 있다.

포터와 크래머는 '공유가치'가 자선활동이 아닌, 자기이익과 관련된 것
이라고 말한다. 또 무타르 켄트가 말한 바와 같이 기업 성과도 분명히 존
재할 것이다.

그래서, 우리가 이것을 골든 트라이앵글이라고 부르든 공유가치의 창
출이라고 부르든, 그 공통의 강조점은 상호의 이익에 있다. 그리고 이것
은 자선활동, 기부, 자원봉사 또는 기업의 사회적 책임활동과는 다른 것
이다.

PQ는 어떻게 작동하는가?

■ 비영리단체

많은 비영리단체들은 자신들의 목적을 추구하기 위해서 더 광범위한 파트너십을 구축해야 한다는 사실을 인지하고 있다. 국제적 NGO인 세이브더칠드런Save the Children은 자신들이 기업에게 필요로 하는 것을 솔직하게 말한다. "기업이 없으면, 우리는 복잡한 개발 과제를 해결할 수 없다. 기업의 참여는 우리의 성공에 매우 결정적인 것이다."

세이브더칠드런 재단은 기업에게 다음과 같은 사항을 요구한다.

- 핵심사업 활동에 있어 '공공에 해를 끼치지 않는다'는 접근법을 따를 것
- 핵심사업 전략을 개발 목표에 공헌할 수 있도록 구축할 것
- 지역적, 세계적 차원의 변화를 추구할 것

■ 기업

다음 사례에서 기업은 가장 위협적인 사회문제들을 해결하기 위해 노력한다. 버진 애틀랜틱Virgin Atlantic 항공의 사업은 항공 운송이며, 그들은 사람들이 여행을 좋아한다는 것을 잘 안다. 따라서 사람들에게 여행을 좀 덜 하라고 말하지 않는다, 대신 버진 애틀랜틱은 지구를 좀 더 안전하게 만들면서도, 자사의 핵심 사업부문을 유지하고 사람들의 여행을 가능하게 하는 해결책을 찾아 활동하고 있다.

: :

사례 연구   민간부분 

[버진 애틀랜틱 항공 — 지속 가능한 항공]

비전

버진 애틀랜틱 항공에 대한 리처드 브랜슨의 비전은 지속가능성의 관점에서 최고의 항공사가 되는 것이다.

이 분야 전반에 대한 해결책으로 볼 때, 버진 애틀랜틱 항공사를 위하여 상용으로 지속 가능한 연료를 개발하는 것이며, 이에 대한 목표로 2020년까지 배기가스 방출량을 센트당 30으로 줄이는 것이다. 그는 또한 지구상에서 이산화탄소 배출량을 줄이는 것이 얼마나 중요하고 이를 반드시 실천해야 한다고 생각하고 있다.

혁신

뉴질랜드에 란자테크라는 아주 혁신적인 작은 회사가 설립되었다. 이 회사의 설립자 중 한 명은, 철강 생산 폐기물 가스는 대기 중에서 이산화탄소로 연소되는데 이러한 폐기물은 항공연료로 사용될 수 있을 것으로 생각했다. 그리하여 그는 이를 실험하기 위한 공장을 세웠다.

파트너십

2008년, 버진은 세계 최초로 저탄소 항공원료를 개발하기로 하고 란자테크와 협력관계를 구축했다.

동력과 자원

브랜슨은 버진 애틀랜틱 항공사의 모든 수익을 친환경적 연료를 개발하는데 사용하기로 하였다. 란자테크 사의 CEO인 제니퍼 홈글렌은 "혁신적 기술은 그 자체로 상업화되지 않는다. 다만 투자를 통하여 버진 애틀랜틱 항공사와 같이 미래지향적인 회사와 협동함으로써 상업화될 수 있다."라고 말했다.

주안점

리처드 브랜슨은 그의 블로그에 다음과 같은 글을 올렸다. 근본적으로 다른 무언가를 시도하려면 시간이 많이 걸리고 이를 인정받기 위해서는 테스트를 거쳐야 한다. 무엇보다 중요한 것은 해결책을 찾는데 있어 현실에 기반을 둔 기본을 따르는 것이다.

회사의 특징

버진 애틀랜틱 항공은 소비자들에게 항공이 환경에 미치는 영향에 대해서 책임을 질 것이라고 말했다. 이러한 입장은 항공기의 이산화탄소 배출을 줄이기 위한 계획을 세우고 있는 유럽연합위원회에서 탈퇴한 많은 미국 항공사와 대조를 이룬다. 반대로 버진 항공사는 2012년 초 EU 항공부문 탄소 배출권 거래제도에 가입하였다. 스티븐 킹(버진 인디아 항공 총지배인)은 "우리가 하고 있는 일, 그리고 어떻게 해야 하는지 잘 알고 있다." 라고 말했다.

경영성과는?

상당히 힘들었지만 코카콜라 사와 같이 성공적이다. 스티븐 킹은 다음과 같이 말했다.

"환경 파괴 없이 지속될 수 있다 라는 것은 우리가 다 함께 성공한다 라는 의미이다 — 예를 들면, 연료나 에너지 이산화탄소 배출량 감소를 실천하고 자원의 이용을 줄인다는 것은 경비를 절약하는 것은 물론이고 사업적으로도 성공한 것이라고 할 수 있으며 일을 제대로 하기 위해 최선을 다한 것이다."

비전 실현

입상한 파트너십은 2014년 항공 연료를 상업적 수준의 생산으로 전환할 예정이다. (Virgin Atlantic, 2013)

::

기업/비영리단체/정부

다음의 사례는 NGO, 기업, 정부가 국민을 위하여 좋은 성과를 이루기 위해 한 팀이 되어 협력한 결과를 나타낸다.

::

사례 연구　라스트 마일 

게이츠 재단의 지원을 받고 있는 글로벌 펀드는 의약품의 공급망을 개선하기 위하여 코카콜라와 탄자니아 정부와 협력관계를 이루었다.

문제는 HIV/AIDS, 결핵, 말라리아 등에 대한 의약품을 어떻게 벽촌까지 공급해 주느냐 하는 것이었다. 콜라는 전국 어디서나 구매할 수 있으나 정작 필요한 의약품은 적재적소에 구할 수 없었다.

프로젝트가 시작된 지 20년 후, 500여 개소에만 있던 120여 가지의 필수 의약품이 5,000여 개의 보건시설에 전달되었고 기존의 전달기간이 30

일에서 5일로 줄어들었다. 더욱 다행인 것은 많은 생명을 구할 수 있었다. 전반적으로, 탄자니아 국민의 거의 반에 속하는 이천만 명의 국민들이 이러한 보건시설을 이용하게 되었다. 이러한 직송으로, 보건 위생관은 의약품이 어떻게 보건소에 도착하는지, 보건소가 잘 운영되고 있는지, 개선점, 실행해야 할 점, 재고 관리 등에 대한 정보도 알게 되었다. 공공부문 공무원도 민간부문에서 초래한 비즈니스 솔루션에 대하여 직접 배우는 계기가 되었다.

이러한 성공을 바탕으로, 프로젝트는 가나와 모잠비크까지 확대되었다. 무타르 켄트는 회사의 분배시스템 덕분에 코카콜라 회사에서 아프리카의 라스트 마일 프로젝트를 도울 수 있었다고 회상했다.

: :

국제적 통합

세계는 점점 더 통합되어 간다. 기업과 정부는 교역에서부터 고용문제, 공해公海에서 환경문제까지 다양한 범위의 문제를 다루는 국제적인 시스템에서 일하고 있다.

OECD(2012)는 중국이 몇 년 내에 미국을 대신하여 세계 최대 경제국가가 될 것이라고 예측했으며, 인도는 이미 제3의 경제대국으로 일본을 앞질렀다. 경제대국의 변화 속에서, 세계는 더욱 가깝게 통합되어 가고 있다. 동남 아시아와 라틴 아메리카는 더욱 활발한 무역과 경제적 유대관계를 강화하기 위한 새 기구를 설립하였다. 유럽과 미국은 대서양 무역협정을 논의 중에 있다.

더욱 가까워진 통합으로 인하여 재정, 경제, 무역, 기후, 이주 등 모든 중요한 현안들에 대한 다자간 정부의 활동이 요구되고 있다. 또한 기업에 대한 더 많은 국제적 규정이 채택되고 실행되어야 할 것이다.

사회기반 시설과 서비스 공유

PwC 16차 세계 글로벌 CEO 연례설문 조사에 의하면, 기업들은 사회기반시설을 공유하고 제품의 공동 생산을 위하여 인접 기업들과 공동작업을 추진하고 있다. 이유는 우선 위험 부담을 줄이고 연구와 개발에 드는 비용을 줄이기 위해서이며, 또한 기업의 인수합병과 같은 기존의 방법보다 더 경제적이기 때문이다.

3. 비즈니스 리더는 어떻게 대응해야 하는가?

먼저, 기업주들은 더욱 복잡해진 '정치적' 상황들을 이해해야 한다. 기업친화적 환경을 조성하고 운영하려면 정부에만 의지해서는 안 된다.

기업은 다음 사항을 추진하기 위해 정부와 협력할 수 있어야 한다.

- 문제 발생에 대해 예측한다.
- NGO 캠페인, 트위터 캠페인 그리고 현대 정부에 관심을 갖고 조절하려고 하는 대중매체와 같은 사안들이 정치적 문제에 영향을 주도록 노력한다.
- 문제를 제기하기 보다는 해결책을 찾는다.

미래의 최고 기업가들은 그들이 어떻게 단기간의 사안에 잘 대처하고 장기간의 정책 전략과 사업을 잘 이끌어갈 수 있게 균형을 맞추도록 정부를 도와주는 것에 대해 고심할 것이다.

성공에 있어 중요한 사실은, 기업은 넓은 의미에서 사회적 시스템의 한 부분이고, 사회는 그들이 기대에 부응하여 한 발짝 더 다가가기를 기대하고 있다.

전향적인 지도자들은 사회에 긍정적 영향을 미치는 방법으로 비즈니스를 할 기회를 가진다. 왜냐하면 그들은 사회의 일원이고 기업 발전에 중요한 영향을 미치기 때문이다.

공공업무 전문가가 해야 할 일

일반적으로, 기업들은 공공사회 문제나 외적인 문제에 대하여 정부와 연계되어 있는 전문가의 도움을 받고 있다. 이와 같이 심도 있는 전문적 지식을 가진 전문가에 대한 수요가 필요하며, 정치적 사회적 변화로 인해 계속 증가하고 있다.

현재 공공정책과 사회 전반의 문제에 대한 관심은 이해 당사자들 간의 적극적인 참여로 확대되었다. 기업은 이러한 수요를 충족시키기 위하여 폭넓은 의사소통 전략을 세워야 한다. 더 많은 국제 규정이 생긴다는 것은 기업이 전반적으로 일관성 있는 정책을 펴야 함과 동시에 그들이 일하고 있는 나라의 국가 및 지역적 문맥을 잘 이해하고 있다는 의미이다. 어떻게 사회문제가 변하는가에 대한 연구Watson Helsby, 2011에서, 정치적 규제 문제의 영향에 따라 전략적 영업 계획이 변화될 수 있다는 사실을 알게 되었다.

다양한 수준에서 거대한 도전에 대한 문제를 다루기 위한 정부와 기업 간의 더욱 통합된 협력 관계가 필요하다는 것은, 기업의 최고 자리에 있는 정치적으로 똑똑한 한두 명의 지도자로는 충분하지 않으며, 혹은 다른 지도자들을 통하여 사회문제에 대한 전문지식에 의존하는 것은 더 이상 필요하지 않다는 의미이다.

전 세계는 서로 연관되어 있고 상호 의존적이어서 지방자치제, 중앙정부, 시민, 지역사회, 미디어, NGO, 이해 당사자, 조합, 고용인들을 포함하여 이해 당사자들 간의 복잡한 관계를 초래한다. 이러한 결과는 해외에서 기업을 운영하는 데 있어 새로운 제품개발과 디자인에 대해 CEO들이나 부서장들이 책임을 져야 하고, 금융, 세금, 공동 책임에 대한 주요한 위치에서 이러한 모든 집행기능을 하는데 앞장서 나아가야 한다. 비상임 임원들은 정치적으로 현명한 리더십을 발휘해야 할 것이다.

리오틴토Rio Tinto나 보다폰Vodafone과 같은 세계 기업들은 이러한 복잡한 상황에서 그들의 역할을 다할 수 있도록 최고지도자를 훈련시킨다. 존 그랜트 경은 "기업 지도자들의 다음 세대는 사업가처럼 생각해야 함과 동시에 정치적 입장에서도 생각해야 할 것"이라고 말했다.

4. 정부의 지도자는 어떻게 대응해야 하는가?

오늘날 공공정책 공직자들은 서비스 부문에 있어 강한 신념을 가지도록 교육되어 왔으나 24시간 미디어의 소란스러움과, 대응에서 나타나는 정치인들로부터의 압박감 때문에 매우 혼란스러워하고 있다. 민주국가에서, 단기간에 너무 초점을 맞추었고, 미사여구와 전달 간의 격차만 더욱 커지는 결과를 초래했다. 이는 정책의 세부사항을 모르는 유권자들 사이에서는 관심이 없으나 그들이 놀림을 당하고 있고 소외되었다는 사실을 본능적으로 느끼게 된다.

정부관리들은 정당조직의 핵심이며, 주로 정책 전달에 대해 책임을 진다. 일반적으로, 관리들은 그들이 무언가를 원할 때에만 기업가들과 연락한다. 전 클린턴 대통령의 비전인 '정부와 기업은 적극적으로 서로 협조를 해야 한다'라는 의도를 깨달았다면 태도는 바뀌어야 한다.

대부분의 고위 공직자나 공공부문 리더들은 사회정책부터 해외 문제나 사회기반시설 조성까지 모든 정책 분야에 걸쳐 한층 업그레이드된 지도력을 발휘해야 한다. 기업이나 비영리단체와 협력한다는 것은, 비용을 줄이고 공공부분에 대한 노동력을 줄일 수 있는 방법으로 비칠 수 있다. 획기적이고 장기적인 솔루션을 만들 기회는 놓쳐버렸다. 정부는 좀 더 현명하게 기업과 협력할 수 있는 법을 배워야 한다.

포터와 크래머는 펀드를 모으는데 노력을 소비하기 보다는 성취한 결과에 더 초점을 두라고 제안한다. 경기 침체가 지속되고 부채의 증가로 인한 힘든 상황이 계속된다는 것은, 이는 쓸 돈은 적고 가치에 더 중점을 두고 있기 때문이다. 2014년, 초점은 결과에 맞춰져야 되고 효율적이고 경제적으로 달성되어야 한다.

전 세계은행 총재이자 미국 무역 특사였던 밥 졸릭 Bob Zoellick은 공공정책에서 전달의 중요성에 대해 강한 신념을 나타내면서 다음과 같이 언급하였다.

"많은 공직자들은 그저 직위를 유지하는데 만족하고 업무의 흐름, 분석, 논평을 하는 일부에 지나지 않으며, 회의나 참석하는 사람들처럼 보인다." 그는 결과를 전달하는 중요성에 대하여 강조한다. 공공부문에 대한 도전은 일을 처리하는 기술에 중점을 두어야 한다는 것이다.

혹자는 일을 처리하는 기술에 대한 요점이 오랫동안 있어 왔다고 당연히 여길 것이다. 사실 맞는 말이며 근거가 있다. 정부와 협력하여 일하는 기업 리더들은, 기업은 전달에 더욱 중점을 두어야 한다고 계속 강조한다.

리더들은, 사회를 위한 더 나은 장기적인 좋은 결실을 맺도록 하기 위하여 다수의 이해 당사자들을 포함하여 넓은 범위의 다차원적인 공공정책을 어떻게 관리하는가에 대한 도전에 직면하게 되었다.

그리하여, 기업가들의 다음 세대는 정치적 입장에서 그들 자신을 바라볼 필요가 있다고 주장을 한다면, 공공정책 리더들의 다음 세대들은 어느 정도 사업적 능력을 가지고 있어야 한다.

5. 비영리 단체의 리더는 어떻게 대응해야 하는가?

비영리 단체는 광범위하고 다양하다. 이들이 하는 일은, 주로 기업이 하지 않는 방법으로 정부의 귀가 되어 준다. 거대한 자선 단체들은 정부와 정기적으로 만나며, 작은 단체들은 지역사회나 지방자치단체와 연계되어 있다. 대규모 국제기구와 세계 재단은 주로 전국의 언론매체를 보기를 원하는 사람들에게 자유롭게 접촉의 기회를 갖고 있다.

정부와 비영리 단체는 서비스를 제공하고 좀 더 나은 미래를 만들기 위하여 협력하여야 한다. 정부는 관권이 있고 앞으로 발전할 수 있는 기회를 가지고 있으나 비영리 단체들은 선거 기간 안에 좋은 뉴스기사만 전달해야 하는 정치인들의 목적 때문에 너무 단기적인 이익만 생각하는 사고 방식은 버려야 한다.

정치는 환상을 가지게 한다. 많은 정치가와 비영리 단체들은 대중의 신뢰를 잃을지도 모른다. 비영리 단체 지도자들은 이러한 어려운 난관을 헤쳐나가기 위하여 정치적 역량이 필요하다.

대형 인도주의 기구들은, 생명을 구하기 위하여 야만적인 정권과 대처해야만 할 때 PQ 기량 테스트를 실시한다. 가장 좋은 사례들이 모든 리더들에게 교육 자료가 된다.

최근 가장 주목할 만한 사실은 게이츠 재단과 클린턴 재단과 같은 초대형 비영리 단체의 부상이다. 그들의 중요한 목적은 명확한 성과와 장기적 결과 그리고 산출이다. 이것이 공고인 것이다. 소셜 미디어의 지식인으로서, 이러한 대형 재단들은 전 세계 시민들을 대상으로 활동하고 있다.

소규모 비영리 단체들은 장기적인 산출과 확실한 성과뿐만 아니라 유용한 자금을 확보하기 위한 비용 효율성 문제에 대한 질문에 응답할 수 있는 계기를 만들어야 할 것이다. 또한, 운영에 대한 철저한 조사나 검토는 정부나 시민의 기부로 인해 더욱 발전될 것이다.

6. PQ 모델

우리는 정치적 지능 리더십(PQ 리더십)을 구성하여 조화롭게 사용할 수 있는 행동·역량·과정을 기술한 PQ 리더십 모델을 창안하였다. 우리는 이것을 기업과 정부 차원에서 탐구해 보고자 한다. 놀랍게도 행동·역량·과정 등은 보편적이고 이 분야에 모두 적용된다.

PQ가 높은 리더들은 모든 분야에서 두각을 나타낸다. 우리는 이러한 사실에 대하여 두 파트로 나누어서 상세하게 알아보려고 한다.

PQ 지도력에 대한 결론은 다국적 기업이나 정부에 있는 리더들과 가진 인터뷰를 바탕으로 이루어졌다. 그들은 우리와 그들의 생각이나 경험을 공유했다. 그리고 정치적 지능을 가진 다른 리더들에 대한 입증된 사례들을 기술하고 적절하게 인용하였으며, 공개 출처자료에 의한 내용을 추가하였다.

이로 인해, 우리는 최고 지도자들이 어떤 일을 하는가에 대해 알게 되었고, 다른 지도자들에게 새로운 방향을 제시하리라고 믿는다. 고위 지도자 양성, 경영자 교육과 인력 관리에 대한 우리의 경험을 토대로, 독자에게 유용하게 활용되기를 기대하면서 모델을 설계하였다.

7. PQ는 어떻게 차이를 만들어내는가?

우리는 요구되는 리더십에 대한 도전과 변화에 대해 알아보았다. 이러한 맥락에서, 우리는 기업·정부·사회부문 리더십의 표를 만들었다. 표 1.1은 다음과 같이 설명한다.

- 각 이해 당사자 그룹과 직면할 때 이에 대한 근본적인 도전
- 그들이 만들어내야 하는 해결방식
- 각 이해 당사자 그룹을 위한 성과
- 최종 수혜자

우리는 해결책들이 비슷한 특징을 공유한다는 것을 주목했다. 가장 일반적인 특징들은 다음과 같다.

- 획기적 : 복잡한 문제들은 기존의 관례로는 풀 수 없을 것이다.
- 국제적 : 전면적인 변화를 하려면 국제 협력이 필요하다.
- 장기적 : 중요한 변화는 신중히 생각할 시간이 필요하다.
- 지속 가능 : 기본적인 자원을 보존한다.
- 윤리적 : 사람들은 변화가 있을 때 지도자를 신뢰하려고 한다.

표1-1 PQ 리더십 맵 (Map)

이해 당사자	과제	솔루션의 특징	이해 당사자에게 더 나은 결과	수혜자
정부	• 더욱 복잡함 • 더 적은 통제 • 더 적은 자원 • 연중 반영되는 미디어에 대한 즉각적 판단 • 시민의 자신감 결여	• 국제적 솔루션 • 획기적 솔루션 • 장기 솔루션 • 실행 가능한 솔루션 • 파트너십	• 사회적 발전 • 장수 (long life) • 합법성 • 안전성	• 시민 • 미래세대
기업	• 지속 불가능한 제품과 서비스 • 철저한 조사, 검토 • 소비자의 높은 기대치 • 소비자의 구매력	• 창의적인 솔루션 • 윤리적인 솔루션 • 신뢰도 향상 • 장기 대책 • 파트너십	• 이익 • 장수 • 합법성 • 가치	• 주주 • 고용인 • 고객 • 소비자
사회	• 기후 • 자원 보유 수준 • 철저한 조사, 검토 • 평등 • 기업의 지나친 정치적 연계	• 지속 가능한 솔루션 • 국제적 합의 • 장기 솔루션 • 책임 • 기여 능력	• 더 나은 삶 • 더 나은 공동사회 • 더 나은 미래	• 우리 자신 • 우리의 자녀 • 미래 세대

이와 같은 특징을 가지고 해결책을 찾으려는 리더들은 큰 문제에 봉착했을 때 해결책을 제시해 주기 때문에 시민, 소비자, 고객에게 자신감과 신뢰를 줄 것이다. 이러한 신뢰는 곧 모든 국민에 대한 충성심과 성실성으로 보여질 것이다.

8. 결론

PQ 리더십은 미래 세대가 좀 더 나은 삶과 성장, 이익 창출을 할 수 있도록 기업과 정부, 사회가 다 함께 협력하여 최선의 방법을 찾는 것이다.

서로 공유하는 영향력을 가진 세계에서 다양한 문제들을 다루는데 있어 다음과 같은 사항이 요구된다.

- 서로 다른 분야, 문화적, 국제적 격차에도 불구하고 다른 사람들과 편안하게 일할 수 있는 능력
- 이익과 장기적인 사회 혜택에 초점 맞추기
- 장기적 비전
- 혁신적
- 윤리적 : 결과와 그것을 성취한 것에 대한 가치 추구
- 사회와 열린 대화 시도 : 양방향 커뮤니케이션

파워를 공유하는 세계

강해진다는 것은 숙녀가 되는 것과 비슷하다. 사람들에게 내가 숙녀라고 밝혀야 한다면, 당신은 진정한 숙녀가 아니다.
- 마가렛 대처 -

1. 파워를 공유하는 세계란?

파워를 공유하는 세계란, 어떠한 단일 조직도 완전한 통제 하에 있지 않은 곳을 말한다. 이익을 창출하고, 나라를 다스리며, 공공 서비스를 제공하고 사회에 공헌한다는 것은 기관들이 서로 협력할 때 더욱 효율적으로 나타난다. 기업, 정부와 비영리단체들은 그들이 각자 또는 함께 원하는 것을 성취하기 위하여 파트너나 이해관계자들과 함께 서로 포용할 때 효과가 더욱 크게 나타난다.

변화를 나타내는 모든 요소들 즉, 정치, 경제, 사회적, 기술적 발달과 환경은 우리를 더욱 상호의존 관계로 만든다.상업적으로든지 혹은 정부 입장에서 제품, 서비스 혹은 정책에 편협한 집중을 하는 것은 더 이상 바람직하지 않은 일이다. 영향력을 공유하는 세계에서 일할 능력이 있고, 개인과 공동을 위해 좀 더 나은 이익을 추구하는 리더들은 새로운 락 스타 라고 부를 수 있다.

계속되는 리더십 이론에 지겨운 당신은 아마 이와 같이 물을 것이다. '뭔가 새로운 게 없을까?' 우리는 세계가 모든 면에서 빠르게 변화하고 있다고 말한다.

정치력과 경제력의 이동, 심각한 인구의 변화, 디지털 커뮤니케이션,

환경에 대한 위협과 재해가 좋은 예이다. 아마도 이중 무엇보다도 가장 중요한 것은 디지털과 모바일 테크놀로지와 가까워진 세계화의 영향일 것이다. 우리가 서로 연관되어 있고, 더욱 서로 의존적이라는 사실을 잘 알고 있지만, 우리가 너무 빠르게 적응하고 있는 것은 아닐까?

과거 싱가폴 외교관이며 생각의 리더인 키쇼 마부바니는 저서《위대한 통합The Great Convergence, 2013》에서 경제적 발전을 이룩한 나라에서 존재하는 번영과 안전은 파워를 공유하기 위한 그들의 능력에 달려있다고 주장하며, 다음과 같이 비유하였다 : "우리는 모두 같은 배에서 항해를 하고 있다. 우리가 뜰 수 있는 능력은 우리 개인의 선실의 규모가 아닌, 어떻게 우리가 서로 협동하는가에 달려 있다."

마부바니의 협동에 대한 이론에 주목하지 않을 수 없다. 그러나 이 이론은 '세계의 관심이 곧 국가의 관심을 불러일으킨다'라는 사실을 시민들에게 확신시킬 수 있는 민주적 지도자의 능력에 달려 있다. 민주적 정부는 뉴스와 소리 높여 표현하는 소수 집단들에 의해 많은 영향을 받는다는 존 그랜트의 주장이 옳다면 (1장의 p23), 장기적 관심에서 행동하는 것은 단념하여야 하며, 기업이 원하는 정책을 펼 수 없을 뿐만 아니라 사회도 역시 필요로 하는 정책을 마련할 수 없다.

2. 변화의 요인들

생각의 리더들, 작가들 및 저널리스트들은 환경 변화에 대한 여러 요인에 관심을 갖는다. 우리는 나중에 그들의 견해를 다루어 보도록 할 것이다. 기본적인 주제는 정부·기업·국제 기구들이 능력을 공유할 더 나은 방법을 찾아서 상호작용할 방법을 발견해야만 한다. 자신과 국가에 대한 관심을 확대하기 위한 전략적인 목표를 세우는 것이 첫 번째 할 일이다.

시장의 실패

오늘날 많은 최고의 기업주들은, 세계화 현상과 대형의 다국적 기업들의 발전이 정부가 점점 덜 영향을 미치게 될 것을 알고서 이러한 믿음 하에 성장했다. 경제개발이 번영을 이룩하기 위해 세계적인 경제 위기와 시장의 완전한 실패를 야기시켰다.

2008년 재정 시스템이 붕괴하려 할 때, 정부와 중앙 은행들은 재정을 지원하고 도산한 은행들을 구출하기 위하여 조치를 취하였다. 영향을 미치는 힘은 정부로 바뀌었고, 시장은 재정적인 안정성과 투자자의 자신감을 북돋아 주기 위한 방법들을 제공하는 정치가들이나 중앙은행, 재정 단체들에게 의존하였다

시장과 정부 간의 상호의존 관계는 기대했던 것보다 훨씬 동등한 힘의 균형을 이루는 결과를 가져왔다. 좀 더 나은 시장규제를 하기 위한 균형과 노력에도 불구하고, 경제는 단기간의 이득을 추구함으로써 계속 불안정하였다. 〈타임〉 매거진은 2013년 9월호에서 뉴욕 증권거래소의 전체적인 가치가 대략적으로 12개월 모두 반전되었고 (즉, 등록된 주식의 가치와 동일하게 거래됨) 금리는 1990년대 이래로 두 배가 되었다고 보도하였다.

텍사스 대학교의 경제학자 짐 갈브레이드는 (라나 포루아의 동일한 기사에서 인용됨) "100년간의 데이터는 투자자산이 너무 상승하면 불균형을 초래한다는 것을 보여준다."라고 말했다. 불균형은 사회에 악영향을 미친다. 부정적인 영향은 많은 기업들, 직장, 삶의 본질과 사회 안전성에 타격을 준다.

앵글리칸 교회의 수장인 저스틴 웰비는 "금융 서비스 산업과 은행을 위해 21세기에 만들어진 창작물은 윤리적이고 수익성이 좋으며, 혁신적

이고 안전한 것"이라고 주장한다. 경제적인 침체에 타격을 받은 대부분의 시민들은 그의 의견을 공유하는 것처럼 보였다. 정부의 역할은 통제하는 것이다. 그러나 그것이 실제로 발생하도록 만드는 진정한 힘은 은행과 금융 회사들의 리더들이 가지고 있다. (Welby, 2013)

부도덕한 문제들

인류는 항상 많은 문제에 직면해 왔다. 20세기는 2차 세계대전, 경제 대공황, 핵 교착 상태를 낳았다. 21세기에도 심각한 문제들을 직면함에 있어서 큰 차이가 없는데, 이는 기후 변화, 자원 고갈, 채무, 불균형, 빈곤, 재해, 갈등, 종교적 윤리적인 편협함 등을 포함한다.

이 문제들이 생겨난 데에는 역사적 유산, 경쟁 상대들과 이해 당사자들과의 관계, 해결책에 대한 여러 가지 의견 등 여러 원인이 있다.

이러한 문제들 중 어느 하나를 선택하여 해결하려고 한다면 주요 이해 당사자들과의 타협, 중요한 변화, 자원에 대한 재분배를 필요로 한다. 사실은 키쇼 마부바니의 좀 더 폭넓은 사고방식을 지지한다.

인구 통계

세계 인구는 급속하게 변화하고 있다. 다음의 통계는 향후 30~40년 안에 예상되는 변화를 보여준다.

인구통계적 변화는 필수적인 자원을 부족하게 만들 것이다. 세계 인구 증가의 대부분은 아프리카, 아시아, 낮은 계층의 라틴아메리카일 것이다. 최근의 경제 발전과 급속한 도시화는 30억 명의 새로운 인구를 중산 계층으로 이동시켰다. 경제적인 성장, 향상된 교육, 정치적 안정은 이러한 엄청난 변동으로 인하여 발생한 잠재적인 이득이 된 셈이다.

세계 인구는 현저하게 증가하고 있다. 2050년까지 저출산 시 81억 명, 고출산 시 106억 명에 이를 것이다.

- 인구의 증가는 식량, 물, 에너지를 특히 중요시할 것이다 : 약 83억 명의 세계 인구는 35% 더 많은 식량, 40%의 더 많은 물, 50%의 더 많은 에너지를 필요로 할 것이다.
- 노령 인구의 증가 : 50세 또는 그 이상은 2050년까지 14억 명에서 31억 명으로 증가할 것이다.
- 빠른 도시화 : 2025년까지 도시 인구가 63억 명으로 증가할 것으로 보여 인구 1000만 이상의 도시들은(1000만 이상의 주민들) 37개로 증가될 것이다.
- 중산층들은 다음 15~20년 내에 주로 아시아와 아프리카에서 현저하게 증가할 것으로 보인다.
- 이민은 노동인구 부족에 시달리는 부유한 국가나 개발 도상국에 더욱 집중될 것이다.

  (Wilton Park 회의 보고서 2013 : 자원 : 나라와 지역을 위한 미래에 대한 도전과 경향 — 2030년을 향하여 — www.wiltonparl.org.uk.)

부정적인 측면으로는, 천연 자원은 점점 줄어들게 될 것이다. 선두적인 경제학자이자 작가인 담비사 모요는 이 추세를 뒷받침할 충분한 자원(땅, 물, 에너지, 광물)이 없다고 말한다. 또한 희소성이 있는 자원에 대한 경쟁은 가격을 올리는 원인이 되고, 무력적인 갈등을 유발할 가능성이 있다고 했다. 중국은 원자재 자원이 풍부한 나라들 중 하나이다. 담비사는 서구 국가들의 변화된 태도에 대해 다음과 같은 사례를 들었다.

> 동등한 파트너임에도 불구하고, 오직 원조만을 목표로 가진 나라들을 지원한다는 것은 못마땅한 일이다. 개발되어 급속한 성장을 하고 있는 신흥 시장들에 대한 한 가지 정책이 있었고, 아프리카와 그 외 다른 후진국들을 위한 완전히 다른 정책이 있었다. 서로 다른 상황에서 투자를 장려하기 위한 의무를 가진 사람은 정책 입안자들이다. (Nakagawa와 Moyo, 2012)

정부가 이러한 변화들을 자체적으로 해결할 수 있을까? BC 그룹의 기업정책부문 부사장 존 그랜트 경은 정부와 기업간의 서로 다른 관계성에 대하여 정확하게 설명하였다.

- '기업과 정부는 지속(유지) 가능성과 관련된 문제들은 오직 서로 협력해야만 풀 수 있다는 사실을 알게 되었다.
- 정부는, 시장이 제대로 작동하지 않으면 회사들은 시장 실패로 인한 문제를 해결하는데 도움을 주어야 것을 알게 되었다.
- 세계 경제는, 중국, 러시아와 같이 정부가 상업적인 결정을 하는데 중요한 역할을 하는 국가들에 의해 좌우된다.
- 다국적 문제들은 정부 능력이 한계를 보이게 하고 기업은 이 사실을 알고 있다.

정치 시스템을 바로 잡으려는 노력

중국의 독재적인 정치체제와 국가 자본주의는 장기 정책을 실행하고 단기 변화에 대한 시정을 즉각적으로 추진하고 이행하는 것을 가능하게 한다. 부족한 자원을 확보하고 아프리카와 그 외 다른 후진국에 투자를 위한 체계적이고 전략적인 계획을 세우고 있음을 볼 때 서방국가들보다 앞선다.

중국은 또한 내부 불균형 문제로 골머리를 앓고 있다. 그러나, 정치적인 경쟁력 부족, 무책임함, 제한된 미디어, 사법권 독립의 공정성을 위한 의지 부족과 같은 정치제도의 본질에서 유발된 부패에 적극적으로 대처하고 있다. 중국인들은 표현의 자유를 요구하며, 그들의 메시지를 전파하기 위하여 소셜 미디어를 이용하고 있다.

서구 민주주의 제도에서는, 개인 자본주의와 시장이 경제적 기반을 형성한다. 정치가들은 재직기간 동안 정권을 잡으며 유권자들에게 책임을 져야 한다. 사람들은 사법권의 독립으로 표현의 자유를 누리고 무료 미디어(무료로 제공되는 TV 등 미디어에 의한 발표 기회)를 당연하게 이용하고 있다.

그러나 정부는 효율적으로 통하기 위하여 노력한다. 일부 의회는 양당제이고, 그 외에는 다당제이다. 하지만, 이 제도는 제대로 작동되지 않고 있다. 선거 주기는 단기적 이익만 생각하는 사고 방식을 추구하고 있다.

라나 포루하(타임 매거진)는 이것이 정치적 위험을 수반한다면, 꼭 해야 할 일을 못 할 수 있는 결과를 초래한다고 언급했다. 중요한 변화나 확실한 가치가 있는 것은 대부분 항상 위험을 수반하며 이는 어쩔 수 없는 암울한 현실이다. 희생자는 장기간의 일관성 있는 사고이며, 혁신과 변화의 산물이다.

런던대학교의 경제성장위원회(2013)는 영국의 정치적 제도하에서 제대로 작동하지 않는 사항에 대하여 다음과 같이 요약했다.

- 정책 실패(지연, 반전―정반대로 뒤바뀜)
- 단기적인 정치적 시야
- 어설픈 대책, 브랜드 이미지 쇄신, 반전을 초래하는 서로 대립관계에 있는 정치
- 전문가 충고와 평가의 부족
- 대중 영합주의자(대중의 정치 견해와 바람을 대변한다고 주장하는 사람)의 압력

이 리스트는 서양 민주주의가 아니라면, 많은 경우에 동등하게 적용될 수 있다. 사회가 이 시나리오에서 실패자인 반면, 리스트에 있는 대중 영합주의자의 압력은 작동하지 않는 것에 기여하였음을 보여준다. 사회 미디어로 구성된 캠페인 그룹들은 전보다 더욱 대중 영합주의자의 압력을 활용한다. 이는 뒤에서 로비를 일삼는 행위보다는 민주적이고, 의견이 제대로 알려지기만 한다면 긍정적인 영향을 준다. 하지만 의견이 제대로 알려지지 않으면, 장기적 사회 개혁을 결정하는 기능도 가지고 있다.

국제 기구들

정치적인 사고를 가진 리더들은 성공으로 가는 방법으로 국제 기구들에 관심을 돌리고 있다.

- 작가이자 생각의 리더인 니콜라스 베르구루엔과 나단 카르델스 (2013)는 "의견 일치를 이루는 정책들을 강화하는 정치적인 개혁과 지속 가능한 정책에 대한 장기적 이행이 이루어질 수 있는 제도 없이

는 민주주의가 실패할 것이다."라고 경고했다.

● 키쇼 마부바니는 오늘날의 리더들이 세계를 더욱 폭넓게 사고하고, 바람직한 국가로 발전시키기 위해 다자간 기구들을 설립해야 한다고 제안한다.

만약 이러한 사상가들의 의견이 옳다면, 시민의 욕구를 충족시킬 뿐 아니라, 국제적 파트너로서 협력하는데 필요한 법규, 정책과 규제들을 개혁하는 것에 정부 지도자들은 책임을 져야 할 것이다. 도전이라는 것은 상호 이익을 위하여 서로 협력하며, 왜 정부가 '항해하는 배의 선실의 규모' 그 이상을 생각해야만 하는지 유권자들에게 설명하는 것이다.

유럽 연합

EU는 성공적인 국제 협력의 좋은 본보기이다. 여전히 힘을 겨루면서 문제를 해결하기 위하여 노력하고 있다 : 경제/무역을 통한 이익과 정치적인 영향은 자주적인 의사결정을 요구하는 집단 이기주의에 의해 생겨나게 되었다.

EU 프로젝트는 국제적 협력의 중요한 대표 사례 중 하나이다. 1956년 유럽 협동에 대한 포럼을 준비한 2차 세계대전 이후의 정치적 지능을 가진 지도자들에 의해 추진되었고 1993년 EU로 발전되었다.

거의 60년 동안의 협력에도 불구하고, 현재, 유럽 프로젝트는 지금까지 이룬 통합과 좀 더 광범위한 통합을 추진하는데 있어 적법성에 대한 이의를 제기하는 사람도 있다. 이러한 상황은 국가를 통해 그들의 의견을 표현하는 유럽인들의 서로 다른 성향에서 초래된 것이다.

EU는 국가라는 속성을 가지는 단일 정치공동체가 되는 것에는 실패했다. 경제적으로는 단일 통화(유로화)를 지지하기 위한 더욱 폭넓은 통합이 요구된다. 더욱 긴밀한 통합 없이는 유럽이 살아남을지 의문이다. 앙겔라 마르켈 독일 총리는 유로 없이 EU가 생존할 수 있을지에 의문을 가지고 있다.

수년간 걸쳐 이루어진 유럽 통합은 많은 성공을 거두었다. 우리는 그 주요 내용을, 현재 직면한 과제들과 함께 다음과 같이 요약해 본다.

사례 : 국제 협력 – 유럽연합 프로젝트

성공 사례들

- 정치적 차이를 좁히기 위하여 유럽 연합국가들이 협력할 수 있도록 장려하는 협동 포럼
- 창립 전 잇따른 전쟁으로 인한 경쟁 상대와의 갈등을 해결함
- 회원들에게 세계에서 가장 큰 단일의 무역시장을 제안함
- 확대를 통해 발전함

과제

- 더욱 발전된 통합을 위한 합법성
- 유럽 국민에게 유럽연합을 지지하도록 격려함
- 국가 간 혹은 국내의 불평등
- 관료 정치와 높은 관리비(기업 전반에 걸쳐 활동을 담당하는 관리부문에서 생기는 코스트로, 판매비나 영업활동상의 비용)
- 경쟁력의 결핍
- 인구의 고령화
- 제도적 변화

유럽 연합이 합법성에 대한 이의 제기에 대하여 얼마나 현명하게 대처할 수 있는가는, 유럽인들로부터 지원을 받는 능력과 새로운 환경에 적응하기 위하여 변화할 수 있는 능력을 가지고 있느냐에 달려 있을 것이다.

국제 연합

UN은 어떻게 국가들이 서로 협력하고, 가장 어려운 문제들에 대해 솔직하게 대화를 나눌 수 있는 기관이다. UN은 가장 다루기 힘든 문제들을 해결하고, 영향력 있는 의사 결정권을 가지고 있기 때문에, 충분히 대처하지 않은 사항에 대해 때로는 비난을 받기도 하며 불가피하게 실패에 직면하기도 하고 차질을 겪기도 한다. 독립적인 위치에 있음에도 불구하고, 사실 UN은 항상 불완전하고 정치적인 상황에 부딪혀 왔다. 여러 사안들로 나누어서, 회원국들은 세계의 다양한 의견과 국제협력에 대한 근본적인 문제를 다룬다.

이 같은 사실을 종합해 보면, UN은 영향력 있는 힘을 공유한 가장 뛰어난 광고인 셈이다. 또한, 세계 문제들에 대한 토론을 위한 포럼이며 수십만 명의 목숨을 구하기도 했다. 이 기구는 정치적 색깔은 거의 가지고 있지 않다. UN 리더들은 정치적 위험에 빠지는 것을 두려워하지 않는다. 최악의 상황에 처할 각오가 되어 있으며, 쉬운 승리는 없고 실패에 자주 부딪칠 수 있음을 감안하고 대처하며, 정치적 상황들을 배제하고 목숨들을 구하기 위하여 최선을 다한다.

현 안전보장이사회 회원국들은 권한을 양도하는 것을 원치 않으나, 세계의 정치적, 경제력의 분배로 인한 변화 때문에 UN은 새로운 권력 분담을 위해 천천히 이동되어 가고 있다.

개혁

사회·기업·정부를 위한 바람직한 결과를 가져올 수 있는 해결책을 찾는 것이 최대의 관건이다. 또한 정치, 경제력을 변화시키는데 필요한 새로운 정치제도를 구상하거나 전후 국제기구들을 개혁하는데 반드시 합의를 해야 한다는 것도 또 다른 관건이다.

회원국들이 관심을 갖고 추구하고 조직 단체들이 앞장서는 새로운 체제를 구상한다면, 이를 설계한 자들과 많은 정치적 이해관계자들의 높은 수준의 정치적 지능이 필요하게 될 것이다.

베르구루엔, 가르델스, 마부바니의 솔루션은 국제적인 협력에 더욱 중점을 둔다. 이를 가능케 하려면 탁월한 외교 수완과 최고의 능력을 가진 외교관들을 필요로 할 것이다.

영국에서 열린 세계 변화에 대한 포럼에서, 월튼 파크(2013)는 '새로운 외교'를 추구한다. 정부와 외교관들 외에 다수의 배우들도 비롯하여 주권국, 기업, 사회적 기업가, NGO, 학계, 인터넷을 기반으로 하는 그룹 및 다수의 시민들이 포함되어 있다. 야심찬 아이디어로 국제적 협력을 위해 근본적으로 다른 접근법을 시도하였다.

외교 의례는 물론이고 전문가가 아닌 여러 계층의 개인이 참여하여, 다자간 해결책을 모색하기 위하여 세계의 외교관들은 많은 노력을 기울이고 있다. 다소 복잡해 보일 수도 있으나, 새로운 사고와 획기적인 의도가 매우 고무적이다.

3. 규제

규제와 준수에 관한 문제는, 2013년도 초에 언스트앤영Ernst&Young이 작성한 〈글로벌 리포트〉에서 보면 상위 위험군 10개 항목 중 1위로 선정 되었다. 브라질, 프랑스, 중동 및 미국은 위험이 가장 높은 국가들로 분 류되었다. 은행과 생명과학이 가장 높은 위험요소를 안고 있는 부문으로 나타났다. 2013년 PwC 조사에서, 글로벌 기업 대표의 50%가 정부와 규 제기관들이 기업에 막대한 영향을 미쳤다고 말했다.

기업이 너무 강력한 규제를 우려하는 반면, 시민들은 더 많은 규제를 원했다. 재난과 관리 부실로 인해 첫째로 하고, 재정적 위기 초래: 규제 기관과 기업 리더들의 실패로 인하여 둘째는 멕시코만의 기름 유출 등 산업, 기업, 규제 기관의 조절 실패로 공익을 위하여 효율적으로 운영을 해야 하는 기업에 신용을 잃었다. 국민의 반응에 따라, 정치가들은 과거 보다 훨씬 민첩하게 대처한다. 규제 문제에 대하여, 최소한 공적으로는, 그들은 기업과 적당한 거리를 두기를 원한다. 이것이 객관성을 높이는 결과를 가져올 수도 있지만, 단지 한 당사자에게만 알맞은 규제를 하는 것은 최상의 방법이 아니다. 〈하버드 비즈니스 리뷰〉에 실린 '공유된 가 치의 창조'(1장에서 언급)라는 제목의 기사에서, 올바른 정부 규제는 기 업이 가치를 공유하며 투자를 하도록 장려한다고 주장했다. 이들은 올바 른 규제에 대한 특징을 다음과 같이 정의한다.

- 정확하고 측정 가능한 사회 목표를 설정하는 것
- 실질 비용이 들어가는 자원에 대해 가격을 정하는 것(적합할 경우)
- 실행 기준을 정하고, 이를 충족시킬 수 있는 방법을 모색하기 위해 기업에 융통성을 주는 것
- 투자와 신제품에 대한 규제를 단계적으로 하는 것

정부와 기업의 리더들은 국제적 맥락에서 규제에 대한 올바른 균형을 모색하기 위해 재난에 대비해 효율적인 대화를 시도한다. 분명 말보다 행동이 더 어려울 것이고, 다음과 같은 능력이 필요하다.

- 전체적인 시스템을 이해하는 것
- 위험을 예상하는 것
- 위험에 대처하는 데 있어 상대방과 논의하는 것
- 양보하고 합의점을 찾는 것

규제 적용

규제 절차는 산업의 동향을 반영하여 복잡하고 국제적으로 통합되어 있다. 생산 및 공급망(연쇄적인 생산 및 공급 과정)은 세계 각지를 망라한다. 기업들은 제품을 수출하거나 수입하고 있다. 대부분의 소비자들은 구입한 제품의 원산지를 모르기 때문에 제품이 안전한지, 제품 설명이 신뢰할 만한 것인지 알고 싶어한다.

국제적인 규제가 제대로 작동될 때는 무역거래를 돕고 소비자들이 해외 제품을 구입하는데 자신감을 주기도 하지만, 그렇지 않을 경우의 사례를 뒷면에서 다루어 보기로 한다.

시민의 힘

소비자 혹은 유권자로서 자신의 관점을 종합해서 정확하게 표현하는 사람들의 능력은 기업과 정치를 변화시키고 있다. 여러 부문에서 일하는 많은 기관은 소셜 미디어를 다루는 데 있어서 방어적인 태도를 취한다.

■ 정치적인 면

민주주의의 중요한 점은 모든 국민들이 동등한 목소리를 낼 수 있어야 한다. 이러한 힘은 선거에서 투표를 통해 발휘되었다. 대다수의 국민은 선거에서 드러나는 문제에 대해 해결하기를 원한다.

소셜 미디어는 정보와 의견을 공유하고 정치적인 문제에 국민이 참여하도록 유도하는데 큰 영향을 끼쳤다. 정부는 실각됐고, 정책은 변경되었다. 모든 정부 형태의 정치가들은, 중심에 서서 명확한 의사소통을 하는 새로운 형태의 국민의 힘과 직면하게 되었다.

토마스 제퍼슨은 정부가 국민을 두려워할 때 자유가 있다고 말했다. 같은 맥락에서, 정치가들이 국민에게 더 많은 주의를 기울이고 있다는 사실을 국민에게 인지시키고, 균형과 발전을 기반으로 민주주의가 보완되고 있다는 것은 환영할 만한 일이다. 다만 위험한 사실은 그들이 장기적 필요성을 무시하고 단기적 인기에만 집중할 경우이다.

어떻게 정치인들은 자율권이 더 많이 부여된 시민들에게 귀를 기울일 수 있을까? 우리는 좀 더 효율적인 의사소통과 약속을 제안하고자 한다. 사회에 영향을 미치는 중요한 문제들에 관하여 국민들과 자주 진정한 토론을 하고, 왜 현재의 이러한 문제들이 향후 문제가 되는지 매체 등을 통하여 설명하고 이해를 돕는 것이다.

공유하는 세계에서, 소셜 미디어는 시민들에게 목소리를 내게 해주고, 일을 결정하는데 막강한 역할을 한다. 정부는 아직 이러한 대화에 적절이 대응하고 못하고 있다.

■ 조직화된 캠페인

온라인 캠페인 그룹은 빠르고 융통성이 있으며 기술적인 요령을 가지고 활동한다. 현실에 부딪힌 문제들에 신속하게 대응할 수 있도록 강력한 이슈를 주도하는 로비 집단을 만들기 위해 시민들을 동원한다. 정계 및 재계 지도자들은 로비 집단의 속도와 규모에 놀라움을 금치 못하고 있다. 캠페인 그룹들은 아직 초기 단계에 있지만 전 세계에 걸쳐 영향력을 키우고 있다. 38 degrees(영국), Move on(미국), GetUp(호주), Avaaz(글로벌) 등 캠페인 그룹은 2013년 초에 이미 9백만 명 정도의 회원을 보유하고 있다.

영국과 유럽에서 말고기가 소고기로 판매된 사례

2013년 초, 일부 가공된 소고기 제품에서 말고기가 발견되었다(최대 100퍼센트까지 다양한 양이 발견). 영국의 슈퍼마켓에서 처음 발견되었고, 곧 소고기 라벨이 붙은 말고기가 유럽에서 생산되고 판매되었다. 대표 브랜드로는 Tesco(말고기 버거), Findus (말고기 라자냐), Nestle (말고기 라비올리와 라자냐), Ikea (미트볼)이며, 모두 다국적 브랜드이다.

그림2-1 국제적 공급 체인

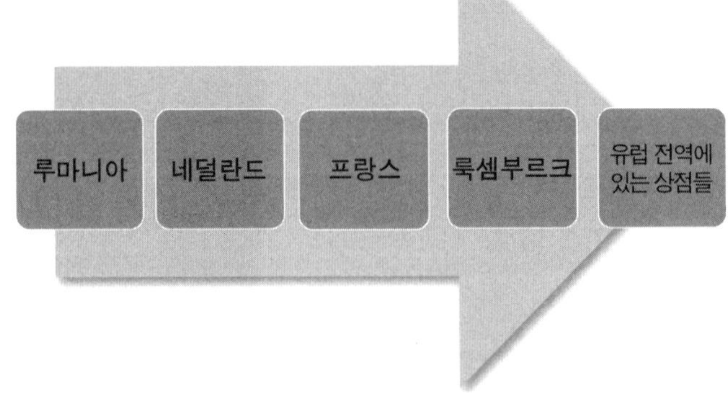

공급 체인도 다국적이다. 그림 2-1은 제품이 가게에 도착하기까지의 과정이다.

말고기 공급망은 라자냐를 만드는 것이 왜 이렇게 복잡하게 되었는지를 보여준다. 매우 중요한 사실은 국경선에서 일관성 있는 규제가 적용되어야 한다는 것이다. 이를 실행하기는 쉽지 않지만, 국내 규제 기관, 기업, 과학부서 간에 존립하여야 할 4가지 항목은 다음과 같다.

- 모든 시스템의 일관성
- 일이 잘못 되어갈 때의 투명성
- 국가간 협력
- 소비자는 왕이며 어느 곳에서든 최고의 대우를 받아야 한다는 확고한 신념

■ 소비자

소비자를 우선으로 생각하는 것은 훌륭한 비즈니스 마인드이다. 과거에 기업들은 시장 조사를 통해 소비자들이 원하는 것과 좋아하는 것을 알아냈다.

그들은 언제, 어떻게 연구를 해야 하고, 그 결과를 어떻게 이용할 것인지를(일부 경우는 채택이 안됨) 결정했다. 현재 소비자들은 기업과 제품에 대하여 온라인 대화를 시도하고 있으며, 개개인의 구매 결정에 영향을 미치고 있다.

소셜 미디어는 나쁜 뉴스를 신속하게 전파시킨다. 제품 품질에 문제가 있을 경우, 이러한 사실이 소비자들 사이에 급속도로 퍼지게 된다. 구매에 대한 소비자들의 선택은 페이스북이나 트위터를 통해 영향을 받는다. 상당히 빠르게 매출이 감소하고 현금 흐름이 악화되며 가격이 급락한다.

여기에 사례 하나를 소개한다.

사례 : 얌 브랜드(Yum Inc)

얌 브랜드는 중국에 5,300개의 KFC 패스트푸드점을 가지고 있다. 고품질 음식을 제공한다는 좋은 평판을 가지고 있었고, 식품 안전에 심각한 문제가 있었던 곳에서 빠르게 성장해 갔다. 하지만, 얌 브랜드는 2012년 11월, 2개의 양계장 공급업자들이 다량의 항생물질이 들어있는 닭들을 구입했다고 폭로함에 따라 타격을 받았다.

얌 브랜드는 중국 소셜 미디어로부터 즉각적인 반발을 받았고, 그 여파로 인해 첫 4분기 매출이 25퍼센트 하락할 것을 예측했다. 주식은 14퍼센트 하락했다.

"우리가 한 가지 배운 것은 중국에서 뉴스가 빨리 전파된다는 것이다. 이는 소셜 미디어가 결과에 엄청난 영향을 가져온다는 것을 처음으로 알게 된 사건이다."

(모닝스타 애널리스트 RJ. Hottovy, 로이터 뉴스, 2013.2.5)

윤리적인 행동

이제는 더 이상 가격이나 제품 디자인 또는 서비스 품질에 대한 문제만이 아니다. '회사의 특성'도 중요하다. 선택Choices은 회사의 가치와 회사의 태도가 함께 부합되어야만 이루어진다. 윤리도 중요하다.

많은 사람들은 법과는 상관없이 윤리적인 것에만 관심을 갖는다.

정치가들은 상황에 따라 행동한다. 바클레이의 대표이사인 밥 다이아몬드가 런던은행 간 거래금리 결정 문제로 사임하고 2000만 파운드의 보너스로 받았을 때, 대중은 격분했다. 결국 바클레이의 회장이 영국 의회

특별위원회에 소환되었고, 밥 다이아몬드는 보너스를 포기하기로 결정했다.

2013년 중반 G8 정상회담에서 기업에 대한 감세 안건은 국민의 분노를 일으켰다. 왜냐하면, 그들은 소득이 낮아도 혹은 수년 동안 임금 인상이 없어도 세금을 납부했기 때문이다. 국민들은, 기업들이 조세를 회피하고, 정부는 이를 묵인한다는 것을 알게 되었다. 정치가들은 험악한 분위기를 감지하고, 우선순위로 절세를 추진하는 방안을 실행으로 옮겼다. 효과적이었다. 조세 회피를 엄중하게 단속하였고 세입이 증가하는 듯 보였다. 기업 리더들은 저자세를 취하고 있었다.

세금에 대한 전략을 변경하면 세입이 줄어들 것이다. 그리고 소비자들이 그 기업을 다른 곳으로 옮기도록 결정한다면 더 많은 손해를 볼 것이다.

정부, 기업, 소비자의 삼각관계에서 소비자가 정부보다 더 영향력이 있다. 소비자들이 윤리적인 기업에 대해 호의적일지는 명확하지 않다.

4. 비즈니스의 새로운 변화

존 브라운과 로빈 너틀은 매킨지에 실은 기사(2013)에서, 외부 환경 대응하는 새로운 접근의 필요성을 강조하였다. 매킨지 조사에 의하면, 전 세계 3,500명의 경영 간부들 중 20 퍼센트 이하만 정부 정책과 규제력 있는 결정으로 성공을 거둘 수 있었다고 보고하였다.

기업의 성공은 외부세계의 규제기관들, 잠재적인 소비자들과 직원들, 운동가(정치, 사회 운동)들과 법률 제정자에게 달려 있다. 이사회 회의실에서 작업 현장까지 모든 과정의 비즈니스 업무가 이러한 관계에 영향을 미처 결정된다. 기업을 성공적으로 이끌기 위해서는 각 부서에서 결정이 되고, 모든 분야는 반드시 이러한 결과를 고려해야만 한다. 외적인 업무는 일부분이어야 하고 일상의 업무로 여겨져야 한다. 경험에 비추어 볼 때 대부분의 경영진들은 목적은 공유하지만, 그것을 성취하는 법은 모른다.

리더들은 파워를 공유하고 광범위한 사회적 시스템의 일부가 되는 조직을 구상할 필요가 있다. 운영 의사결정은 파워가 공유되면 더 혼란에 빠진다. 통제는 줄어들었지만 많은 사람들이 관련되어 있다. 정보는 공유되어야 하며, 행동은 더욱 투명해야 한다. 서로 다른 시각은 그 상황을 참작하여야 할 것이다. 해결하는데 시간이 오래 걸릴 수도 있다.

이러한 변화에 대한 적응은 단독적인 영향력을 행사했던 리더들과 기관들에게는 일종의 도전이다.

5. 정치의 새로운 변화 – 소프트 파워 (Soft Power)

조지프 나이(정치학자, 교수, 전 미 정부관리)는 소프트 파워에 대한 개념을 규명하였다(2006년). 소프트 파워는 무력을 쓰지 않고, 외교술과 설득으로 자기의 목적을 이루는 능력을 뜻한다. 나이는, 국가는 하드 파워(폭력, 위협, 무력, 유인책)와 설득과 공감을 만드는 소프트 파워의 영향을 받는다고 주장한다.

일부 사례를 들면, 하드 파워는 군사력, 경제 재제, 정보기관이 존재한다. 반면 소프트 파워는 문화적 친화력, 정치적 가치(민주주의, 언론의 자유, 독자적 미디어, 사법부)와 국가 외교정책(국제법에 준거, 원칙 적용)의 법을 포함한다.

나이는 하드 파워와 소프트 파워 모두 필요하다고 강조했다. 모두 이에 대한 요령은 상황에 맞도록 적절히 적용해야 한다는 것이다.

그는 다음과 같이 사례를 들었다.

- 냉전 기간 동안 소비에트 연방(구 소련)이 군사력을 증강시키는 것을 단념시키고, 공산주의 체제에 대한 국민의 신념을 잃어 버리게 만든 것이 주로 소프트 파워였다.
- 소프트 파워는 알카에다 지도자들이 서구 체제를 수용하도록 설득할 수는 없겠지만, 아랍의 젊은이들은 소프트 파워의 도구(tool)를 통하여 가능할 수도 있다.

국가는 통치하기 위해 하드파워를 사용할 수 있다. 한 국가는 다른 국가를 침략하고, 또 다른 국가는 변화를 강요하기 위해 다른 국가에게 경제 제재를 가한다.

소프트파워는 공유하는 힘이며, 쌍방의 노력이 필요하다. 한 쪽은 분명히 영향을 주기 위한 공감과 친화력을 만들고자 노력하지만, 반대쪽은 쉽게 설득되지 않는다. 이러한 단순한 기본 체제에서 소프트파워(문화, 행동, 외교 정책)는 복잡하게 다른 문제들과 연관되어 있다. 하지만 그 핵심은 소프트파워는 공유하는 힘이다.

6. 결론

사회적으로 우리는 많은 문제와 직면하고 있다. 이는 새로운 사실이 아니다. 이전 세대의 리더들은 서로 다르긴 하지만 난관에 봉착하였다. 전후의 리더들은 협력을 위해 국제적 기관들을 설립하였고, 협력의 필요성은 정치적, 경제적 그리고 인구구조의 변화로 증가하고 있다. 현재의 리더들은 이 상황에서 대처할 수 있도록 구상해야 한다.

기업은 해결에 조금이라도 도움이 되기 위해 압력을 받고 있다. 사회는 중요한 역할을 한다. 즉각적인 의사소통은 사람들로 하여금 전에 깨닫지 못했던 그들의 견해에 대하여 효율성을 가지고 정리하고 공유하도록 한다. 사회는 기업을 통제할 힘을 가지고 있고, 정부는 우리 모두를 위하여 어떠한 중요한 일을 할 것인가에 대해 충분한 설명을 해야 한다.

본 내용에서, 우리는 정치 지능을 가진 리더십에 대하여 정의를 내렸다. 이것은 글로벌 경제 미래를 만들기 위해, 영향력을 공유하는 정부, 기업, 사회가 전략적으로 상호 작용할 수 있도록 도와주는 능력이다.

리더십 PQ 경영

PQ 모델

03 PQ 모델의 개요

PQ 모델을 소개하고자 한다.

파트 1에서 우리는 정치 정보의 필요성을 야기시키는 변화하는 상황에 대하여 설명하였다. PQ 모델은 더 나은 결과를 얻기 위해 즉 미래 세대들을 위한 수익, 성장 및 더욱 나은 삶을 얻기 위해 협력하기를 원하는 산업계, 정부 및 비영리 단체의 리더들을 위해 기획된 기술, 행동 및 작용이다.

PQ 모델은 자신의 개인적인 리더십 개발을 위해 이용될 수 있을 뿐만 아니라 잠재력을 지닌 타 리더들을 개발하고 지원하기 위해서도 이용될 수 있다. 파트 2에서는 PQ 모델에 대하여 더욱 자세하게 다룰 것이다. 파트 3에서는 당신과 당신의 조직이 PQ 능력을 개발할 수 있는 방법에 대하여 제안한다.

1. PQ 모델의 구성

PQ 모델은 다섯 개의 영역으로 구성되어 있으며 각 영역은 다섯 개의 지표에 의하여 뒷받침된다. 전술한 다섯 개의 영역은 다음과 같다.

- 미래
- 파워
- 목적에 대한 공감
- 신뢰
- 융통성

2. PQ 모델

각 영역은 유익한 기능을 가지고 있으며 PQ 기술은 다섯 개의 영역을 조화롭게 이용한다. 그림 3.1은 PQ 모델을 도표로 나타낸 것이다.

그림 3-1 PQ : 다섯 개의 영역

PQ 모델 개발

PQ 모델에 대한 아이디어는 발레리Valerie의 영국 이동통신 기업인 보다폰Vodafone에 대한 연구에서 시작되었다. PQ 모델에 대한 아이디어는 최고경영자들이 이해관계자들로 하여금 운영에 더욱 효과적으로 참여할 수 있도록 하기를 원했다. 발레리는 필요한 핵심 기술을 파악하기 위하여 보다폰과 협력하였으며 이것을 보다폰 글로벌 CEO들의 정치적 참여 능력을 측정하기 위한 평가의 일환으로 사용했다. 우리는 이것이 광범위한 적용을 가지고 있는지, 이것의 일부 원리들이 공공정책 리더십에도 역시 적용될 수 있는지의 여부에 대해 의문을 가지게 되었다.

우리는 현실적인 상황에 대하여 더욱 많은 것을 알기 위해 산업, 정부 및 비영리 부문에서 일한 적이 있는 리더들을 대상으로 한 인터뷰를 실시하였다. 인터뷰를 한 리더들은 특히 정부와 산업계는 더욱 효과적으로 협력해야 할 필요성이 있다고 응답하였으며, 이들은 여러 가지 이유로 인해 정부와 산업계 간의 효과적인 협력이 이루어지지 않고 있다고 생각했다. 인터뷰 결과 비영리 단체들은 정부로부터의 협력이나 산업체로부터의 지원을 받으므로 더욱 나은 상호 부문 관계를 가지는 것으로 나타났다.

출판사는 우리의 연구 결과가 책으로 탐구할 만한 가치가 있다고 생각하였다. 영국의 일류 비즈니스 스쿨 중 하나인 애쉬리지Ashridge가 지원을 제공하였다. 이를 통해 우리는 미국과 영국의 리더들에 대한 더욱 심층적인 연구와 인터뷰를 하였다. 우리는 다국적 기업 부문 및 공공 정책 부문 리더들에 대한 연구에 중점을 두었다. 그 이유는 다국적 기업 부문과 공공정책부문 리더들은 다양한 국가와 분야에서 이해관계자들과 상대하며 복잡한 프로젝트를 수행한 직접적인 경험을 가지고 있기 때문이다. 우리는 다국적 기업과 공공정책 리더들이 실행하는 것과 실행하는 방법에 대하여 알고자 했다.

PQ 모델은 어떻게 작동하는가?

PQ 모델의 개념은 PQ를 창출하기 위해 다섯 개의 영역이 조화롭게 협력한다는 것이다. 각 영역은 다섯 개의 성과지표로 구성되어 있다.

PQ는 리더들이며 성능지표에는 행동, 기술 및 작용이 포함되어 있다. 행동, 기술 및 작용은 실제로 PQ를 만들기 위해 필요한 것이다. 그림 3.2에서는 각 영역에 대한 지표들이 정의되어 있다.

각 영역과 이에 상응하는 지표는 4~8장에 따른다. 우리는 실용적인 조언을 통해 다섯 개의 영역에 대한 설명을 보충하고 파워를 공유하는 상황에서 일을 한 경험이 있는 리더들의 사례를 보충하였으므로 우리가 기술하는 것에 대해 신뢰해도 좋다.

조화

다음의 장들을 읽을 때 앞에서 언급한 면들과 지표들 간에 중복이 존재한다는 것을 발견하게 될 것이다. 영역들은 모두 리더십 능력과 관련된다. PQ는 다섯 개의 영역을 조화롭게 사용하도록 해 준다. 정치적으로 명석한 리더는 각 영역을 사용할 만한 적절한 순간을 판단하면서 각 영역을 보유하고 매끄럽게 움직일 수 있는 능력을 갖는다.

Figure 3-2 PQ 프레임워크

미래	파워	목적에 대한 공감
⊘ 미래 비전의 구상 : 깊은 사색, 정통한 정보, 전체론적인 생각으로 팬턴을 찾아내어 현재와 연결시킨다.	⊘ 각 이해관계자 그룹에 있어 힘과 영향력이 어디에 있는지 파악하고, 연관된 네트워크와 관계를 구축하고 육성한다.	⊘ 핵심 이해관계자들에 대해 연구한다. 그들의 관점에서 세계를 보고 느끼며, 그들이 가치를 두고 있는 것을 행한다.
⊘ 전략적 방향을 설정 : 파트너들을 식별하고 이해관계자들을 이끌어내어 제휴시킨다.	⊘ 영향력이 있는 기회를 포착하고 미래 비전을 발전시킨다,	⊘ 문화적으로 유능하고 존중하는 더 넓은 사회와 관련을 맺는다.
⊘ 변화의 흐름인식 : 기회를 포착하고 리스크를 줄이기 위해 실행계획을 재설정한다.	⊘ 용기 있게 행동하고, 위험을 감내하고, 윤리를 준수한다.	⊘ 공감을 공유하고, 가치·행동·혁신을 통해 타인을 포용한다.
⊘ 다양한 사고 방식의 균형 : 분석적·혁신적·전략적·운영상으로 균형을 맞춘다.	⊘ 카리스마와 목적을 결합하여 이해관계자들에게 영향력을 미친다.	⊘ 공유 프로젝트에 대해 다른 이해관계자들이 열정과 헌신을 이끌어낸다.
⊘ 미래 비전의 실현 : 복잡한 의사 결정과 실행에 집중하고 명확하게 처리한다.	⊘ 복잡성을 이해하고, 기억하기 쉽게 간단하게 설명한다.	⊘ 휴머니티에 대해 공감하고, 미래 세대가 살아갈 더 좋은 세계를 만들기 위해 노력한다.

신뢰	융통성
⊘ 한결같이 성실하고 정직하게 행동한다.	⊘ 위기에서 발전에 이르는 새로운 요구에 맞게 방침을 바꾼다.
⊘ 윤리적으로 투명하고 차별 없이 행동한다.	⊘ 반응을 조정하고 상황의 변화에 속도를 맞출 수 있도록 자기 통제력을 단련한다.
⊘ 장기적으로 사회적 혜택을 가져오는 프로젝트와 릴레이션십에 가치를 두고 노력한다.	⊘ 목적에 대한 집중과 강도를 유지하고, 결과를 엄격하게 측정한다.
⊘ 신뢰를 손상하지 않고 이익 경쟁을 관리한다.	⊘ 자신감을 보이며 편안하게 다른 사람의 요구에 접촉한다.
⊘ 결과를 얻기 위해 실적을 확립한다.	⊘ 정치적 현실을 인정하고, 압박할 때와 양보할 때를 구분한다. 목표를 달성하기 위해 정치적 능력을 발휘한다.

어떤 상황에서는 더 많은 특정한 영역들이 요구되기도 한다. 상황에 적합하게 대응을 조정하는 방법을 익히는 것은 PQ 리더십 기술의 일환이다. PQ 영역들을 손쉽게 조화시키고 움직일 수 있을 때 가장 효과적일 수 있다. 오케스트라는 유용한 비유가 될 수 있다. 한두 개의 악기들만이 연주하는 때도 있고 모든 악기가 조화를 이루어 연주를 하는 때도 있다. 연주자들은 음악에 따라 리듬에 맞추어 들락날락한다. 이와 마찬가지로 PQ 리더들은 이해관계자와 사건의 요구에 따라 리듬에 맞추어 영역들을 움직인다.

3. 파워 공유

파워의 공유는 혁신의 변화, 다양성의 변화, 규모의 변화 및 획기적인 변화를 위한 기회를 가져다 준다. 파워의 공유는 복잡성, 경합하는 이해관계, 경쟁적 정책 및 오해를 가져다 주기도 한다. 리더들은 기회를 극대화하고 어려움을 극복하는 방법을 찾아내야 한다. 파트 2에서는 기회를 극대화하고 어려움을 극복하는 방법을 찾아내는데 도움이 될 만한 내용을 제시한다.

04 미래(Futurity)

행동이 없는 비전은 몽상에 지나지 않는다.
비전이 없는 행동은 악몽에 불과하다. (일본 속담)

1. 미래란 무엇인가?

미래란 미래 상태를 의미한다. PQ를 가진 리더들은 후세에 대하여 생각한다. 사회가 직면해 있는 커다란 문제에 대하여 숙고하면서, 리더들은 문제가 극복되는 더 나은 미래에 대하여 생각한다. 또한, 리더들은 더 나은 미래를 만들기 위한 조건을 만드는 방법에 대하여 이해한다.

전 세계의 생각 깊은 리더들은 점점 갈수록 더 사회와 미래 세대가 직면하고 있는 문제들이 너무나 복잡하여 한 개의 부문만으로는 해결하기 어렵다는 결론을 내렸다. 차이를 만들어 낼 수 있는 능력이 공유되므로 기업, 정부 및 비영리 단체와 관련된 파트너십 접근법이 필요하다.

미래는 전략적 사고인가?

당신은 '미래'가 전략적 사고에 대한 최신 유행하는 명칭인지 여부가 궁금할 것이다. 우리는 미래가 전략적 사고술의 많은 부분을 망라하지만 미래는 전략적 사고 작용 이상의 것이라고 생각한다. 그 이유는 다음과 같다.

전략적 사고는 리더들을 위한 핵심 능력이다. 전략적 도구는 우리가 작용하고 있는 상황을 이해하고 우리가 현재 처해 있는 곳으로부터 나아가기 위한 목표 옵션과 모델 옵션을 식별하는 것을 가능하게 해준다. 전형적인 전략적 사고 질문들은 다음과 같다.

- 우리가 현재 처해 있는 상황은?
- 우리가 지향하는 곳은?
- 차이는 무엇인가?
- 목표에 도달하기 위한 방법은?

당신은 미래로부터 출발하여 당신이 현재 처해 있는 곳을 계속하여 되돌아본다. 그러므로 전개되지 않은 사건, 위험, 기회는 미래 상태를 렌즈를 통하여 본다. 이것을 피터 피스크Peter Fisk(2010)는 '미래로 돌아가는 future back 사고'라고 불렀다. 미래에 대한 질문은 다음과 같다

- 원하는 미래 상태는 무엇인가?
- 원하는 미래 상태에서 새롭고 가능한 것은 무엇인가?
- 변화하는 사건들은 우리의 미래 상태에 어떤 영향을 미치는가?
- 우리는 어떻게 미래를 창조하는가?
- 바라는 미래를 만들고 유지하기 위해 우리가 필요로 하는 자원은 무엇인가?
- 미래에 우리에게 요구되는 것들은 무엇인가?
- 원하는 미래 상태에서는 어떤 기회들이 존재하는가?

PQ에 있어서 미래란 무엇인가?

미래란 소비자, 시민 그리고 미래세대가 필요로 하는 것을 예상하고 전술한 필요를 충족시키기 위한 아이디어를 만들고 적합한 파트너들을 찾아낸다.

PQ는 과거에 빈곤했던 국가들의 경제력을 변화시키고 인구와 신흥 중산층을 증가시킨다. 무역·금융·투자·이주·지식·개발·환경·보안과 같은 글로벌 시스템들이 진화하고 있다.

이것으로부터의 흐름은 수요와 자원 이용에 있어서의 커다란 변화이다. 천연자원에 대한 수요는 증가하는데 반해 자원은 한정되어 있으므로 현재와 같은 속도로 천연자원을 계속하여 이용하는 것은 현실적으로 가능하지 않다. 그럼에도 불구하고 정부와 산업체는 현재의 상태에 고착되어 있으며 변화를 끌어내기 위하여 신속하게 움직이지 않고 있다. 젊은이들은 이러한 상황에 대하여 잘 이해하고 있으며 변화를 원하고 있다. 하지만 젊은이들은 변화를 실행할 힘을 가지고 있지 않다.

PQ를 가진 리더들은 현재에 고착되어 있지 않으므로 사회에 대한 장기적인 영향에 대하여 생각한다. PQ를 가진 리더들은 미래에 대하여 생각하고 미래를 준비한다. 이것이야말로 PQ의 중요한 차이점이다. PQ를 가진 리더들은 미래에 대하여 생각할 시간을 갖는다. PQ를 가진 리더들은 다음의 것들을 할 수 있는 개념적으로 생각하는 사람이다.

- 시간을 관리한다.
- 과거, 현재, 미래를 연결한다.
- 미래의 모습을 상상한다.
- 대응을 하기 위해 타인들과 협력한다.
- 조치를 취한다.

행동하는 능력은 미래에 있어서 중요하다. 정치 지능을 가진 리더들 (PQ 리더들)은 비전을 실용성 및 현실과 결합하며 구체적인 결과에 중점을 둔다.

어떻게 해야 하는가?

> **지표**
>
> √ 미래 비전의 구상 : 깊은 사색, 정통한 정보, 전체론적인 생각을 통해 패턴을 찾아내어 현재와 연결시킨다.
>
> √ 전략적 방향 설정 : 파트너들을 식별하고 이해관계자들을 이끌어내어 제휴시킨다.
>
> √ 변화의 흐름 인식 : 기회를 포착하고 리스크를 처리한다.
>
> √ 다양한 사고방식의 균형 : 분석적·혁신적·전략적·운영상으로 균형을 맞춘다.
>
> √ 미래 비전의 실현 : 복잡한 의사 결정과 실행에 대한 집중하고 명확하게 처리한다.

이 영역에서의 효과적인 성과에 대한 지표들은 다음에 기술한다. 우리는 행동들에 대하여 기술하고 이것들을 생생하게 하기 위한 사례와 스토리를 제공하여 다음 섹션에서 지표들을 전개할 예정이다.

2. 미래 비전의 구상 : 깊은 사색, 정통한 정보, 전체론적인 생각으로 패턴을 찾아내어 현재와 연결시킨다.

미래에 대한 단서들의 다수는 현재와 과거에 존재한다. PQ 리더들은 전 세계에서 진행되고 있는 것에 대하여 파악하고 전 세계에서 진행되고 있는 것이 운영과 인간애에 대하여 의미하는 것을 숙고할 시간을 갖는다.

깊은 사색

모든 문제에 즉각적으로 반응하라는 리더들에게 가해지는 요구는 리더들의 사고력을 심하게 제약한다. 미래에 대하여 생각하는 시간이 적어지게 되면 리더는 미래의 문제에 대하여 숙고하고 가치를 혁신하고 창조할 수 있는 자신감과 능력을 상실하게 된다.

세계 은행 총재를 역임한 밥 졸릭Bob Zoellick은 예상의 중요성에 대하여 다음과 같이 말했다. 그는 "사건들의 절박함, 가득한 미결 서류함, 응답해야 할 많은 전화들이 장기적인 사고를 뒤로 미루도록 만든다. 사람들은 장기적인 복잡한 문제에 직면하기 전에 즉각적이고 비교적 수월한 과제에 착수한다."라고 언급하며, 이것이 예상을 하기 위한 시간을 갖지 못하도록 만드는 원인이라고 지적하였다.

생각하는 시간은 생산적인 시간이다. PQ 리더들은 세계에서 일어나고 있는 일에 대하여 파악하고 경청하고 배우기 위해 타인들과 관계를 맺고 미래에 필요한 것에 대한 아이디어를 만들고 교환하기 위한 시간을 갖는다.

사람들은 다양한 방식으로 생각한다. 최상의 방법은 당신에게 효과적인 방법이다. 어떤 사람들은 아이디어와 토의에 의해 고무되며 타인들과 사고를 공유할 때 가장 개념적이고 창의적이 된다. 이들은 '~라면 어떻게 될까 what if'라는 질문을 하며, 다양한 시나리오를 다루고, 브레인스토밍 Brainstorming을 즐긴다.

어떤 사람들은 미래에 대하여 생각하기 위해 공간과 고요함을 필요로 하며 개념이 구체화됨에 따라 더욱 발전된 아이디어를 타인들과 공유한다.

정보 수집

PQ 리더들은 보통의 사람들과는 다른 방식으로 세계와 연결된다. 당신이 주목해야 할 첫 번째 것은 산업문제, 정부문제, 국제문제와 많은 다양한 곳들에서 일어나고 있는 일들에 대하여 PQ 리더들이 얼마나 잘 알고 있는가 하는 것이다. 선천적으로 호기심이 많은 PQ 리더들은 다양한 렌즈를 통해 세상을 보며 미래와 미래를 만드는 것에 대하여 상상하며 활력을 얻는다.

밥 졸릭은 "나는 모든 신문들을 읽는다. 그리고 질문해야 할 것들에 대하여 알고 있고 사람들이 다르게 생각하도록 자극한다."라고 말한다.

그가 세계은행에 근무할 당시 다음과 같은 일화가 전해진다. 어느 날 그는 세계의 식량 가격이 인상되고 있는 것을 알게 되었다. 자신의 부하 직원들에게 이것이 앞으로 문제가 될 가능성이 있는지의 여부를 물어보았을 때 식량 가격은 세계은행의 장기적인 전략적 우선사항은 아니지만 인도주의적 문제가 될 수 있다는 응답을 들었다. 미래에 대하여 생각한 로버트는 영향에 대하여 이해하고 다음과 같이 말했다 : "사람들이 단기간을 견딜 수 없다면 우리는 장기적 이익을 얻을 수 없다."

코카콜라의 회장이자 최고경영자인 무타르 켄트는 1년에 200일을 여행한다. 그는 "나는 볼 필요와 보여질 필요가 있다."라고 말한다. 그는 전 세계 사건들에 대하여 정통하게 알고 있는 것을 중요시했다. 그는 정보는 모든 곳으로부터 얻어진다는 것을 강조했다. 사람들은 당신은 그것을 보기 전까지는 그곳에서 무슨 일이 진행되고 있으며 무엇이 중요한지를 알지 못한다.

우리는 기업의 최고경영자들과 정부의 최고지도자들의 대부분이 특정한 대상에 대하여 잘 알고 있을 뿐만 아니라 영향력이 있는 지도자, 사상가 및 학자들과도 좋은 관계를 가지고 있는 것에 주목했다. 개인적 정보망의 형성과 아이디어의 공유는 미래에 대하여 생각하는 데 있어서 핵심적인 것이다.

세계의 상태를 개선하는 데 헌신한 세계경제포럼은 세계적 차원의 사안, 지역적 차원의 사안 및 산업적 차원의 사안을 만들기 위해 산업계의 리더, 정계의 리더, 학계의 리더 및 기타 리더들을 맺어주는 독립적인 국제기구이다. 세계경제포럼은 세계의 최고 지도자들이 아이디어를 공유할 수 있도록 기회를 연례적으로 다보스Davos에서 제공한다. 세계경제포럼의 참가자들은 다국적이며 다분야 출신이다. 서로의 생각을 경청하는 것은 다양한 시각들에 대하여 숙고하고 관계를 형성할 수 있는 기회를 제공한다. 세계경제포럼은 명석한 사고력을 가진 사람들과 명석한 사고를 위한 장이다.

젊고 미래 지향적인 참가자들을 보유한 '새 지도자 연례회의(여름 다보스 포럼)'는 혁신 및 다루기 힘든 문제들에 대한 해결책을 구하기 위한 것이다. 새 지도자 연례회의(여름 다보스 포럼)의 참가자들에는 젊은 글로벌 리더, 기술 개척자, 젊은 과학자, 사회적 기업가, 학자, 최고경영자들과 아이디어에 대해 토의하는 혁신자, 연구개발 책임자, 전략 예측자 등이 있다.

'새 지도자 연례회의'에 참석하는 것이 가능하지 않은 젊은 미래 리더들은 텔레비전을 통해 회의를 시청할 수 있다.

큰 뜻을 품은 리더들은 세계에서 일어나고 있는 일들에 대해 알게 됨에 따라 개념적 사고와 수평적 사고를 개발한다. 스스로 새로운 사고와 다양한 시각에 노출시키는 것은 사건들 간의 방식과 연결을 발견하기 위한 첫 걸음이다. 위대한 실리콘 밸리 기술 기업들의 다수는 함께 어울리며 아이디어를 공유하는 뜻을 같이 하는 사람들이 모여 시작되었다.

정보를 수집하고 최대한 폭넓게 집단과 관계를 형성하는데 시간을 투자하는 것은 타당하다. 무타르 켄트는 젊은 경영자들에게 "혼자 밥 먹지 말라."라고 조언한다.

전체론적으로 생각하기

미래의 비전은 리더들이 미래에 대한 더욱 자세한 사항을 제공하거나 미래에 영향을 미칠 문제들을 식별하게 해 주는 방식을 이해하고 연결을 하기 위해 데이터를 지속적으로 수집하면서 전후 좌우로 자세히 살펴볼 것을 요구한다.

■ 역사

최상의 리더들은 역사를 이해하며, 현재의 사건들에 전후 관계를 가져오기 위해 과거에 의지한다. 마크 트웨인은 "역사 자체는 반복되지 않을 수도 있지만 종종 역사는 규칙적으로 반복된다."라고 언급했다. 밥 졸릭은 공공정책 입안자들은 문제를 해결하기 위해 돌진하기 전에 역사에 대하여 알아야 한다고 말했다. 그는 어떤 것이 효과적이었는지, 누가 관련되었는지 그리고 역사는 무엇이었는지에 대하여 알아야 한다고 주장했다.

그는 다음과 같은 질문을 제기하였다.

독일과 유럽 간의 스토리와 유럽의 리더들이 신뢰의 증거로서 만든 통합의 논리를 알지 못한다면 유로화 지역이 현재 직면하고 있는 문제들을 이해하는 것이 어떻게 가능하겠는가?
중국이 근대에 경험한 굴욕과 부흥에 대해 스스로 이야기하는 것을 이해하지 못한다면 오늘날의 세계와 세계에서의 중국의 위치에 대한 중국의 시각을 이해하는 것이 어떻게 가능하겠는가?

젊은이들은 앞으로 나아가야 할 방향에 대해서는 잘 이해하고 있는 반면, 경험과 과거에 대한 시각은 결여되어 있는 경향이 있다. 처칠은 "더 많이 되돌아볼수록, 더 많이 앞을 볼 수 있다."라고 언급했다. 우리는 정치에서 실수가 반복되고 역사의 교훈들이 무시되는 것을 매우 자주 목격한다. 조직 내에서 우리는 전에 시도하였으나 실패했었던 해결책을 찾아내기 위해 쓸데없이 시간을 낭비한다. 이러한 어리석음을 저지르는 주된 이유들 가운데 한 가지는 전에 발생한 것에 대하여 생각할 시간을 갖지 않기 때문이다.

미래와 미래가 필요로 하는 것에 대하여 생각하는 것은 미래를 어떻게 만들지에 관하여 생각하도록 이끈다. 미래를 만드는 것은 혁신 및 미래 기술에 대한 이해가 필요하지만 미래를 만드는 것은 과거의 경험으로부터 도움을 얻어야 한다. 이와 관련된 기본적인 질문은 다음과 같다.

- 우리는 과거에 무엇을 하였는가?
- 과거에 비해 현재 다른 것은 무엇인가?
- 과거의 교훈을 현재에 어떻게 도입할 것인가?

■ 폭넓은 사고

전체론적 사고는 자신의 조직을 넘어 다른 조직들이 제공할 수 있는 것을 보고, 다른 조직들을 포함할 수 있는 방법을 찾아서 모든 이해관계자들을 위한 가치를 창출하는 것을 모색하게 한다. 기업들은 자신들의 일이 새로운 서비스를 산출하는 것이라고 생각할 수 있으나 얼마 지나지 않아 파워가 공유되는 세계에서 정부와 사회가 게임에 이해관계가 있다는 것을 알게 된다. 1차원적 서비스 생산 운영은 더 이상 존재하지 않으며 상호 관련된 문제, 가치, 딜레마의 네트워크가 존재한다.

구글의 모토Motto는 "악행을 하지 마라."이다. 구글의 검색엔진은 정보가 전 세계에 걸쳐 이용 가능하고 수월하게 접근 가능하도록 만들어준다. 구글은 처음에는 검열을 받은 자료를 가지고 중국에서 인터넷 서비스를 시작했다. 사용자들로부터의 비난 세례에 직면하게 되자 구글은 4년 후 중국 당국의 경고에 대해 이의를 제기하고 중국 사용자들을 중국당국의 통제를 받지 않는 홍콩 사이트로 이동시켰다. 최근 구글은 검색엔진을 통한 아동 포르노의 접근을 통제해 달라는 압력을 정치가와 사용자들로부터 받고 있다

기술 회사인 구글은 일류의 검색엔진을 생산하는 것만이 모든 것이 아니라는 것을 깨닫게 되었다. 구글의 리더들은 사용자들의 의견을 경청하고 정치적 압력을 다루면서 미래의 인터넷 사용을 형성할 윤리적 경계를 정하고 있다.

연계와 연결

우리는 일부 피면접자들에게 미래에 대하여 생각하는 그들의 접근법에 대해 설명해줄 것을 요청하였다. 요청을 받은 피면접자들은 난색을

표하면서도 설명해 주었다. 원과 피드백 루프를 포함한 그들이 그린 그림들은 복잡하고 연결된 형태를 보였다. 비전·전략·산출은 비선형의 동적인 작용으로 묘사되었다. 진행을 향상시키거나 방해할 가능성이 있는 많은 변수들을 가진 시스템 전체에 걸쳐 연결하고 조사하며 그들은 변화에 대하여 경계를 게을리하지 않으며, 자신들의 비전이 순조롭게 진행되도록 하기 위해 적절한 조치를 취했다.

사람들이 생각하고 행동하는 것을 이해하기 위해 폭넓은 여행을 하는 것은 관계를 맺고 가능성을 인식하고 사람들과 사람들의 아이디어 및 사람들의 재능을 당신을 위하여 끌어내는데 좋은 기회가 된다.

시각, 아이디어, 경험에서의 다양성은 미래 비전을 개발하는데 도움이 된다. 창의성은 다르게 생각하는 것과 문제를 새로운 시각으로 다시 보는 것으로부터 생긴다. 혁신은 다른 용법들에 의지하여 이 용법들을 다른 맥락에서 어떻게 사용해야 할 지를 생각함으로써 유발되기도 한다. 가치를 더하는 것은 추가 비용이 없이 가치가 어디에서도 유용할 수 있도록 하기 위해 당신이 하고 있는 것을 적응시키기 위해 기회를 발견하는 것으로부터 발전한다. 사회에 도움이 되도록 기여할 수 있는 기업가의 재능을 가지고 기업이 할 수 있는 범위는 매우 넓다. 비전을 가진 비즈니스 리더들은 기회를 포착하지 않는다면 기회를 놓치게 된다.

3. 전략적 방향 설정 : 파트너를 식별하고 이해관계자를 이끌어 내어 제휴시킨다.

다른 사람들이 그들의 미래를 건설하도록 도와주어야만 우리 자신의 미래를 건설하는 것이 가능하다. (빌 클린턴 대통령, 일반 교서 2000)

전략적 방향의 설정

아이디어가 형성되면 리더는 아이디어를 어떻게 실현할 것인지에 대하여 생각한다. 방향을 설정함에 있어서 항해로부터 유래된 비유가 있다. '북극성'은 과정이 지향하는 비전이자 전략으로서 간주된다.

전 아프가니스탄 NATO 민간 대표인 마크 세드윌Mark Sedwill은 자신의 방법에 대하여 다음과 같이 설명하였다.

당신은 모든 디딤돌을 가지고 모든 조각들을 합치고 코스를 계획하며 전략을 세운다. 사안을 진전시킬 수 있는 모든 기회를 활용한다. 당신이 적시에 합의를 이끌어낼 수 있도록 하기 위해 사람들이 필요로 하는 것을 충분히 제공한다. 외교적 수완은 당신의 친구들과 이야기를 나누는 수준의 것이 아니라는 것을 명심하라.

파트너 식별

많은 이해관계자들에게 유익함을 주는 결과를 달성하기 위해서는 한 개 이상의 여러 조직이 필요하다. 적절한 파트너를 구하는 것은 (적절한 직원을 구하는 것과 마찬가지로) 중대한 일이며 프로젝트의 성공 여부를 좌우한다. 파트너는 한 명일 수도 있고 여러 명일 수도 있다. 파트너가 여러 명일 경우 관리하는 관계망은 더욱 복잡해지게 된다.

제휴할 사람을 항상 자유롭게 선택할 수 있는 것은 아니다. 예를 들어 칠레에서 운영을 하는 앵글로 아메리칸과 같은 광산회사는 면허를 얻기 위해 반드시 국유광산회사와 제휴를 하도록 되어 있다.

코카콜라는 환경 친화적인 플라스틱 병을 개발하여 운영이 더욱 지속 가능하게 되기를 원했다. 코카콜라는 과학계와 학계의 파트너를 선택해야 할 입장에 처했다(코카콜라는 인도에 있는 한 대학을 선택했음).

게이츠 재단Gates Foundation과 같은 비영리 단체는 다음과 같은 다수의 파트너들을 필요로 한다 : 협력할 자매 인도주의 단체, 운영을 위한 면허를 얻기 위한 정부, 산출을 도와줄 기업 등.

복잡한 프로젝트에 피할 수 없는 긴장 상태가 흐르는 동안 우수한 관계 및 비전과 가치를 공유하는 것은 매우 유용하다. 그렇다면 누가 가장 적합한 파트너인지를 어떻게 결정할 것인가? 이것과 관련하여 다음과 같은 질문들이 존재한다:

- 파트너는 비전에 대하여 얼마나 헌신적인가?
- 파트너의 가치는 당신의 가치와 얼마나 일치하는가?
- 파트너의 실적은 파트너의 가치와 얼마나 일치하는가?
- 파트너는 요구되는 실력과 경험을 가지고 있는가?
- 파트너는 예를 들어 자금, 인프라, 영향력과 같은 요구되는 자원들을 가지고 있는가?
- 파트너는 이해관계자들에 의해 어떻게 여겨지고 있는가?
- 각 분야에서의 핵심 플레이어들은 얼마나 잘 하고 있는가?

이해관계자의 동원과 제휴

이해관계자의 동원과 제휴는 왜 중요한가? 전략 설정에는 다음 사항이 포함된다.

- 프로젝트를 지원하기 위해 이해관계자와 제휴한다.
- 전문 지식과 기술의 공유를 통해 규모를 증가시킨다.
- 기세를 확장한다.
- 기금을 모은다.

이해관계자 동원과 관련한 실제 사례를 소개한다.

이해관계자 동원 ― 클린턴 글로벌 이니셔티브

2005년 9월 문제가 논의되었으나 어떤 조치도 취해지지 않은 회의에 참석한 후 빌 클린턴 대통령은 '클린턴 글로벌 이니셔티브'를 시작했다. 클린턴 글로벌 이니셔티브와 관련된 아이디어는 시급한 세계적 문제들에 대한 조치를 취하기 위해 세계의 지도자들과 미래를 생각하는 최고경영자들과 박애주의자들을 불러 모으는 것이었다.

8년 후 구성원들은 연례 회의에서 2,300개의 공약을 하였으며, 이를 금액으로 환산하면 총액 735억 달러(한화 약 73조 5천억 원)에 달하는 것이었다. 이 엄청난 금액은 4억 명의 삶을 개선시킬 수 있을 만큼의 액수였다.

― 클린턴 재단 웹사이트에서 발췌 ―

82페이지에서 우리는 세계은행 사례에 대하여 간단히 언급한 적이 있다. 우리는 복잡한 국제적 이슈를 더욱 효과적으로 다루기 위해 이해관계자의 동원과 제휴에 관한 실례로서 세계은행의 사례를 구체적으로 설명하고자 한다..

2007년 세계 식량 가격과 연료비가 급등했다. 이와 관련하여 당시 세계은행에서는 다양한 의견들이 존재했다. 대부분의 국가들이 위험을 상쇄할 수 있도록 하기 위해 높은 상품가격으로부터의 수익에 의존해야 한다고 생각하는 사람들이 있는가 하면 이 문제는 세계은행이 아니라 인도적 기관에 의해 다루어지는 것이 최상이라고 주장한 사람들도 있었다.

당시 세계은행장 총재였던 밥 졸릭은 전략적 방향을 정하였다. 그는 다음과 같이 설명했다 : "장기에 도달하기 위해서는 단기를 통해 사람들을 얻는 것에 중점을 두어야 합니다." 장기적 미래 상태는 사람들을 위한 더 많은 농업생산, 생산성과 더 많은 소득 능력을 가진 상태이다.

세계은행은 현장에 대한 지원을 강화하고 정보를 획득하고 파트너들을 돕기 위해 처음으로 사회 단체에 접근했다. 세계은행은 농업 정책, 인도주의 식량 정책, 영양 정책 공동체를 연결하였다. 게이츠 재단과 같은 국제적 관계자가 중요한 파트너로 영입되었다.

농업 가치사슬 문제에 대하여 연구하고 금융협정을 개선하고 민간부문을 발전시켜 세계은행은 미래 상태를 향하여 나아갔다.

이해관계자들을 동원하고 제휴하여 일이 성취되었다.

"나는 세계은행의 영역 밖으로 나가 인도주의 기관들과 비정부기구들을 들여왔습니다. 이제 여러분들이 일이 성취되도록 해야 합니다." -밥 졸릭-

파트너들과 관련된 이해관계자들과 전략을 제휴하여 리더들은 규모와 영향을 증가시키는 것이 가능했다. 예를 들어 정부 혁신 프로젝트에는 상업 부문과 비영리 부문 모두와 관련된 다수의 하위 프로젝트들이 포함될 수 있다. 각 파트너는 자신의 주안점을 갖는다. 예를 들어 상업 부문은 영리에 주안점을 두며 비영리 부문은 불평등의 완화에 주안점을 둔다. 하지만 상업 부문과 비영리 부문은 개별적으로 그리고 공동으로 활동하여 정부 단독으로 하는 것보다 더욱 큰 효과를 낳을 수 있다. 버진 애틀랜틱 항공사의 기획 이사인 에드먼드 로즈는 "항공사와 정부는 전략적인 목적을 위하여 제휴할 때 더욱 폭 넓은 사회를 위해 목적을 달성할 수 있다."라고 언급했다.

포괄성

이해관계자들이 권한을 부여 받았다고 느끼고 기여를 하는 것이 가능하다고 느끼도록 하기 위해 이해관계자들과 포괄적인 관계를 형성하는 것은 제휴 및 생산적인 결과를 위한 조건을 낳는다. 우리는 민간부문의 한 사례를 들면서 이 섹션을 마치고자 한다. 이 사례는 하니웰 우주항공이 자신의 가장 중요하고 유력한 이해관계자들인 고객들을 동원하고 제휴하는 방법과 관련된 것이다.

: :

사례 연구　하니웰 우주항공은 어떻게 핵심 이해관계자들과 제휴하였는가 

하니웰 우주항공은 100년 이상 동안 군용항공과 민간항공의 선두에 있었다. 지난 40년 동안 하니웰 우주항공은 항공 산업을 지원했다. 하니웰 우주항공의 글로벌 고객기반 (정부, 항공사, 군대)은 매우 유력하며 최고급 제품과 서비스를 요구했다.

하니웰 우주항공은 기술적 우수성에 전념을 하였으며 30년 이상의 오랜 기간 동안 소비자자문위원회를 운영했다. 그러던 중 하니웰 우주항공과 소비자자문위원회가 서비스 제품 문제를 해결하는 방법에 대하여 의견이 일치하지 않았으며 이로 인해 문제가 발생하기 시작했다.

하니웰 우주항공은 소비자자문위원회와 하니웰 우주항공이 상호작용하는 방식을 철저히 조사하여 고객과 더욱 효과적으로 관계를 가질 필요성이 있다고 결정했다. 하니웰 우주항공은 다음과 같은 조치들을 취했다.

첫째, 소비자자문위원회에게 위원들 중에서 의장을 선출해 줄 것을 요청했다. 의장은 진행에 어려움이 발생할 경우 해결을 촉진하면서 소비자자문위원회의 위원들과 하니웰 우주항공 간의 가장 강력한 가교로서의 역할을 한다.

둘째, 하니웰 우주항공은 소비자자문위원회의 위원들에게 자신들의 이익을 위해서가 아니라 모든 고객들의 이익을 대변하고 개선을 위한 문제와 우선사항에 대하여 상담해 줄 것을 요청했다.

셋째, 하니웰 우주항공은 소비자자문위원회의 위원들을 '내부자'로 만들었다. 각 위원은 하니웰 우주항공의 엔지니어링 팀이 기술적 조사, 설계 고려사항 및 이것들의 상업적 관련성을 논의하는 것을 가능하게 한 기밀유지협약에 서명했다. 이 조치만으로도 논의의 질이 변화되었으며 소비자자문위원회의 문제해결 능력이 상당히 향상되었다.

전술한 조치들로부터 발생한 결과에는 하니웰 우주항공을 위한 우선순위조치 리스트인 '원 리스트One List' 작성이 포함되었다.

'원 리스트'는 하니웰 우주항공과 소비자자문위원회가 해결을 필요로 하는 가장 중요한 문제들에 대하여 함께 노력을 할 때 한 목소리로 말하는 것을 가능하게 해 주었다.

하니웰 우주항공의 리더들은 소비자자문위원회와 충분하게 관계를 가지며 소비자자문위원회 위원들의 목소리는 회의 동안 전자투표 수단을 통해 반영된다.

소비자자문위원회 위원들이 동의하지 않을 경우, 그것은 라이브 디스플레이에 나타나며 더욱 심도 있는 논의가 필요할 경우 토의가 지속된다.

기술적으로 어려운 문제들을 다루기 위해 고객들과 하니웰 우주항공의 직원들로 구성된 '실무팀'이 만들어졌다. 이렇게 함으로써 고객들의 의견은 문제해결 과정 내내 지속되었다.

글로벌 고객위원회라고 알려진 하니웰 우주항공 자문위원회는 수년 동안 이렇게 운영되었다. 그 결과, 주요 문제는 신속하고 효과적으로 해결되었으며, 고객만족 점수는 지속적으로 상승하고, 최근에는 하니웰 우주항공 역사상 가장 높은 점수를 얻었다.

∙∙

4. 변화의 흐름 인식 : 기회를 포착하고 위험을 줄이기 위해 실행계획을 재설정한다.

어떠한 전투계획도 처음 적과 마주치면 무력하다.
– 헬무트 폰 몰트케, Helmuth von Moltke –

전략은 미래 비전의 실행에 대하여 알려주는 지도이며 미래에 대한 청사진이 아니다. 전략은 환경에서의 변화에 따라 필요시 새로워지거나 변경되거나 조정되어야 한다. 환경에서의 변화를 반영하기 위해 전략 조정이 필요함을 인정하는 것은 명확하고 우수하게 소통된 미래 비전의 중요성을 강조하는 것이다. 상황이 빠르게 변화하고 있을 때에는 의도에 대하여 잊어버리기 쉽다. 분명한 미래 비전이 없이 실행된 전략은 원하는 것을 낳지 못할 가능성이 있다.

복잡한 문제들이 중복되듯이 미래 비전들도 중복된다. 리더들은 어떤 비전이 가장 중요한 지를 선택해야 한다.

서구 민주주의 국가들은 시리아 인에 대한 화학무기 사용 후 시리아에서의 항공 파업 사용에 대하여 논의했다. 이 가운데 일부 국가들은 화학무기의 사용은 용서할 수 없는 것임을 알리는 조치를 취하기를 원했다. 이러한 국가들의 비전은 화학무기가 사용되지 않는 세계이다. 이러한 조치를 취하는 것은 화학무기가 사용되지 않는 세계라는 목표를 달성하고 화학무기 사용을 단념시키기 위한 결의를 보여준다. 이 평가에서 빠뜨린 것은 시리아 인들의 미래에 대한 항공 파업의 영향에 대한 고찰이다.

일부 국가들은 전략적인 조치를 취하기 전에 시리아에 대한 미래 비전을 알기를 원했다. 이들 국가들은 시리아에 대한 미래 비전에 대한 명쾌함이 없다면 서구 국가들은 항공 파업이 시리아 인들을 위한 유익한 결과에 도움이 될지 아니면 방해가 될지 여부를 평가할 수 있는 수단이 부족하다고 생각했다.

다양한 이해관계자들과 복잡한 문제들이 존재할 경우 결정을 하는 것은 어렵다. 이러한 상황에서 결정을 하기 위해서는 문제들과 이해관계자들이 중복됨에 따라 두 개 이상의 미래 비전을 가지고 작업하는 것이 요구된다. 선택이 필요할 때는 우선순위에 의해 선택한다. 파워가 공유되는 세계에서는 높은 수준의 합의가 요구된다.

상황의 변화

정부, 기업 및 비영리 단체는 모두 끊임없이 변화하고 확실성이 낮은 세계에서 운영된다. 정부, 기업 및 비영리 조직에서는 분열이 발생할 가능성이 있으며 분열을 공개적이고 창의적으로 다루게 되면 원래의 전략이 향상되고 전에는 계획되지 않았던 기회들이 제공된다. 분열을 변혁적인 것으로 재구성하는 적극적인 접근법을 취하는 것은 분열을 불가능하게 만드는 힘으로부터 가능하게 만드는 힘으로 변화시킨다.

불편하고 위협적인 분열은 즉각적인 조치를 필요로 한다. 우리는 종종애써 현실을 외면하고 싶은 감정을 느끼기는 하지만 경고 신호를 무시하는 것은 위험하며 종종 탈선에의 두려움으로부터 생긴다. 실제로 적극적인 조치를 취하는 것은 탈선의 위험을 감소시킨다.

자신의 경험에 대해 생각해 보라. 예상치 못한 사태가 프로젝트를 더욱 성공적으로 만든 적이 몇 번이나 있었는가? 우리와 마찬가지로 예상치 못한 사태가 프로젝트를 더욱 성공적으로 만든 적이 종종 있었다면 그 가르침은 도전과 혼란을 환영하고 이것을 긍정적인 힘으로서 활용하는 것이다.

타임워너의 회장이자 최고경영자인 제프 뷰케스는 이사회 회의실에서 도전을 장려했다:

우리는 상충하는 비전을 찾는다. 우리는 결정을 뒷받침하는 가정을 알아야 할 필요가 있다. 대안이 무엇인지를 물어보라. 그것을 하지 않은 이유를 알고 있는지를 확인하라. 상황이 잘못될 경우 이는 사람들이 자신의 문제에 지나치게 집착하기 때문이다. 리더로서 당신은 분별할 수 있는 능력을 가져야 한다.

재설정

재설정은 리더들이 일시 정지 버튼을 눌러 전략을 검토하고 조정을 하는 순간이다. 상황이나 외부적 사건에서의 변화에 의해 유발되는 재설정되는 순간에는 자원의 변화, 요구의 변화, 소비자/시민 태도의 변화가 포함된다.

외부 환경에 있어서의 상당한 변화는 대부분의 조직들에게 커다란 재설정 순간을 낳는다. 커다란 재설정 순간은 전략에 대한 조정 그 이상이다. 커다란 재설정 순간은 미래 비전을 향상시키는 기회를 창출하면서 변혁적이다. 예를 들어 모바일 기술의 도입은 모든 부문들에게 커다란 재설정 순간이다.

기술을 더욱 빠르고 접근 가능하게 만드는 것은 기업 부문, 정부 부문, 비영리 부문의 온라인 서비스 제공자에게 지대한 기회를 제공한다. 소비자들은 스마트폰을 사용하여 이동 중에 서비스에 접속함으로써 이익을 얻는다. 정보가 즉시 이용 가능하고 일을 곧 처리하는 것이 가능하므로 모든 사용자들은 전에 비해 더욱 우수하게 정보를 제공받는다.

비즈니스는 더욱 많은 실시간 활동을 가능하게 하므로 더욱 효과적이다. 외딴 지역에서 사람들과 함께 일하는 비영리 기관은 인터넷 접속을 가진 사이트들 간의 정보의 흐름과 더욱 나은 의사소통으로부터 이익을 얻는다.

혼란을 피드백으로 간주하는 것은 전략에 대해 의문을 제기하고 전략을 재설정할 수 있는 자유를 제공한다. 코카콜라의 무타르 켄트는 재설정이야말로 코카콜라를 글로벌 환경에서 활력 있고 성공적으로 만들어주는 긍정적인 작용이라고 묘사했다.

PQ 리더들은 재설정 순간을 찾아내는데 있어서는 기민하지만 공동 공공/민간 조합에서 일할 경우 신속한 조정이 항상 가능한 것은 아니다.

전 스페인 주재 영국 대사이자 현재 HSBC 은행을 포함한 여러 이사회에서 집행권을 갖지 않은 이사로 활동하고 있는 데니스 홀트는 정부와 산업체가 산출에 대하여 완전히 다른 스케줄과 방법을 가지고 있다고 지적했다. 일반적으로 정부에 비해 기업은 더욱 신속하게 결정과 행동을 할 수 있다. 정부의 작용을 관리하기 위한 방법을 찾고 비즈니스 신속성의 장점이 상실되지 않도록 하는 것은 시작부터 다룰만한 가치가 있다.

위험

정부와 기업 모두에게 있어서 전략을 실행하는 것은 골치 아프다. 파워가 공유된 세계에서 전략을 실행하는 것은 훨씬 더 골치 아프다. 공유된 비전을 향하여 전진하기 위해서는 위험을 다룰 필요가 있다.

위험관리는 프로젝트의 전 기간 내내 반복적이고 계속적이다. 위험관리는 다음과 같은 세 개의 요소들로 구성된다:

- 위험에 대한 예상과 완화
- 위험에 대한 모니터링
- 위험에 대한 관리

미래 비전을 만족시키기 위해 전략을 설계하는 것은 위험에 대한 예상이 반드시 수반되어야 한다. 완화될 수 없는 높은 수준의 위험을 가진 전략들은 당신이 극단적인 상황에 처해있거나 선택의 여지가 없는 것이 아니라면 실행 가능하지 않다.

전략의 튼튼함을 테스트하는 것에는 위험을 식별하고 위험을 완화하기 위한 방법을 찾는 것이 포함된다. 어떤 완화전략들은 즉시 실행 가능한 반면 어떤 완화전략들은 위험이 구체화될 때까지 기다려야 한다. 필요가 발생한다면 실행할 수 있도록 완화계획이나 비상계획을 준비해두어야 한다.

안전조치가 충분히 전달되지 않는다면 새로운 인프라를 건설하는 제안은 공동체의 반대에 직면할 가능성이 있다. 이런 상황에서는 위험이 발생하기 전에 위험을 완화하기 위해 의사소통 계획을 즉시 실행해야 한다.

새로운 서비스는 공동체에 능력을 제공하는 (말하자면 전기나 빠른 광대역) 다른 프로젝트에 의지해야 할 수도 있다. 다른 프로젝트가 실패할 경우, 새로운 서비스의 질이 제한된다.

이러한 상황에서 다른 프로젝트가 일정보다 늦어지게 되는 경우 당신의 프로젝트를 위한 비상계획과 모니터링 장치가 필요하다.

■ 위험 모니터링

위험을 모니터링하는 것은 필수적이다. 위험 등록부risk register가 널리 사용되고 있다. 위험 등록부는 의미 있는 정보를 가지고 있을 때 효과적이다. 위험 등록부는 적절한 모니터링 시스템에 의해 지원된다. 위험 등록부는 실제 상황을 반영하지 않고 리더들에게 일시적인 마음의 평화를 주는 것에 불과한 녹색 신호등으로 가득한 서류를 만드는 절차가 번잡한 수단이 되는 경우가 허다하다.

복잡하고 파워가 공유된 프로젝트들은 미래 비전을 향해 나아가는 일련의 프로젝트들이다. 프로젝트들은 상호의존적이다. 효과적인 감시에 필수적인 것은 프로젝트 리더들 간의 솔직한 의사소통이며 이는 믿을만한 자료를 주고 받는 모든 이들에게 달려 있다.

금융 위기는 위험에 대한 모니터링의 복잡성을 강조한다. 위험 관리는 금융시장에서의 거래에 필수적이다. 무역회사는 자신의 무역 전략을 결정하기 전에 위험을 평가하기 위한 다양한 측정기준을 사용한다. 위험에 대하여 복잡하게 이해함에도 불구하고 무역회사의 리더들과 금융 감독자들은 커다란 위험을 간과하였고 커다란 위험에 주목하는 이들을 무시하였다,

위험 관리에는 믿을 만한 정보와 객관적인 평가를 가능하게 해주는 편견이 없고 차분한 접근법이 필수적이다.

락 음악 스타이자 운동가인 보노에 따르면, 마이크로소프트의 창업자이자 게이츠 재단의 공동 이사장인 빌 게이츠는 이러한 특성의 전형을 보여준다. 블룸버그 TV의 인터뷰에서 보노는 게이츠가 새벽만큼이나 차분하다고 말했다. 이어 그는 "나는 스스로가 강인한 정신력을 가지고 있다고 생각해요. 하지만 게이츠는 나보다 훨씬 강인해요. 상황이 심각하게 되면 게이츠는 더욱 진지해집니다. 게이츠는 현실적입니다. 그는 현재 진행되고 있는 것에 대하여 알기를 원해요."라고 말했다. (Rose, 2013).

위대한 리더가 되기를 원하는 사람들에게 매우 설득력 있는 것은 게이츠가 의심할 여지없이 그의 일에 보여준 헌신과 열정, 그리고 상황에 따라 극명하게 객관성으로 전환하는 것을 가능하게 해준 융통성 간의 대조이다.

■ 위험 관리

효과적인 모니터링은 위험이 발생할 때 이를 식별하는데 도움이 될 뿐만 아니라 비상계획을 가동하는 것을 가능하게 해준다. 하지만 복잡한 프로젝트는 예상치 못한 위험과 마찰을 빚는다. 중대한 위험은 이를 관

리하기 위한 방법이 구해지지 않는다면 전략을 실패하게 할 가능성이 있다. 그러므로 중대한 위험은 종종 재설정 순간이 된다. 다음 질문들에 대하여 신속하면서도 신뢰할 만한 응답을 할 필요가 있다:

- 위험이 미래의 결과 달성을 실패하게 할 가능성이 있는가?
- 나는 위험을 얼마나 효과적으로 관리할 수 있는가?
- 나는 위험을 관리하기 위한 자원/영향력/관계를 가지고 있는가?

■ 가벼운 위험

강한 위험에는 재정 초과, 신용 부족, 인프라 부족, 기술적 문제, 악천후, 갈등 등이 있다. 가벼운 위험은 이해관계자와 파트너 간의 관계에서 발생할 수 있는 문제들이다.

파워가 공유되는 세계에서는 프로젝트들이 수많은 이해관계자들과 관련되며 리더들은 다양한 관계를 맺고 있다. 파워가 공유되는 세계에서는 관계의 양과 복잡성으로 인해 관계가 붕괴될 위험이 더욱 높다.

가벼운 위험을 완화시키는 것은 리더가 재정이나 운영의 다른 부분들을 관리하는데 들이는 것만큼이나 그 이상의 노력을 인간관계를 관리하는데 들이는 것이다. 타인들과의 신뢰와 공감을 증강하는 것은 어려운 문제들에 대하여 건설적이고 솔직한 토론을 하는 것을 가능하게 해준다. 모든 사람이 사리사욕이 아니라 협력을 향하여 주목하는 풍토를 조성하는 것은 경합하는 이익이 나타날 때 도움이 된다. 우리는 이 문제를 6장과 7장에서 더욱 깊이 있게 다룰 예정이다.

5. 다양한 사고방식의 균형

미래는 우리의 두뇌 전체가 다양한 사고 방식의 균형을 요구한다. 분석적이고 혁신적이며, 전략적이고 실행적이며, 정서적이고 이성적으로 생각하기를 요구한다. 타임워너의 CEO인 제프 뷰케스는 "문제들은 분석적으로 보이지만 실제로는 정서적이거나 이성적인 경우가 허다하다."라고 언급했다.

두뇌 전체를 관여시키면 다양한 관점으로 모든 문제와 결정에 접근하여 적합한 것들에 중점을 둘 가능성이 높아지게 된다. 이 섹션에서 우리는 분석적이고 혁신적인 사고와 전략적이고 조작적인 사고에 대하여 다룰 예정이다. 6장 목적에 대한 공감에서 정서적이고 이성적인 사고에 대해 설명하고자 한다.

뇌의 선호

뇌 선호도에 대해서 많은 연구 보고서가 있으며, 인간이 사고하는 방식과 좌뇌 사고와 우뇌 사고 선호에 대하여 기술하는 많은 심리측정 도구들이 있다. 이 가운데 잘 알려진 도구로는 마이어브리스 유형지표(MBTI, Myers – Briggs Type Indicator)가 있다.

네 가지 차원들 가운데 한 가지는 감지 또는 직관에 대한 우리 인간의 선호에 관련된 것이다. 감지에 대한 선호를 가진 사람들은 이성적이고 논리적인 사고를 선호한다. 이들은 사실, 세부사항, 수치를 가지고 일하는 것을 선호한다. 이들은 구체적인 증거에 기초하여 결정을 한다. 시간에 대하여 생각할 경우, 이들의 선호는 현재나 과거에 대한 것이다. 이러한 선호는 좌뇌 사고라고 불린다.

직관에 대한 선호를 가진 사람들은 개념, 가능성, 꿈에 대하여 생각하는 것을 선호한다. 이들은 종종 사변적이거나 창의적이라고 묘사된다. 이들은 사실과 세부사항 보다는 패턴과 연결을 훑어보는 것을 즐긴다. 이들은 시간의 대부분을 미래에 대하여 생각하며 보내는 것을 선호한다. 이러한 선호는 우뇌 사고라고 불린다.

심리측정 도구가 지닌 가치는 자신의 선천적인 선호를 이해하는 것을 도와줄 수 있다는 점이다. 물론 우리 인간은 두 가지 모두를 하는 것도 가능하지만 일반적으로 대부분의 인간은 사고하는 방식에 있어서 선호를 가지며 이 선호는 강한 선호, 보통 선호, 약한 선호이다. 당신의 선호를 이해하면 당신의 접근법을 조화롭게 하기 위해 다른 선호를 가지고 조절할 수 있다.

분석적 사고 vs 창의적 사고

PQ 리더들은 좌뇌 사고와 우뇌 사고간의 균형을 유지할 수 있는 능력이 있는 것으로 보인다. PQ 리더들은 가능성을 탐구하는데 시간을 보내는 것을 즐기며 호기심이 많고 쾌활하며 활기차고 질문을 하는 것을 즐기며 탐사하며 현재의 상황에 안주하지 않고 도전하는 경향이 있다. PQ 리더들은 꿈을 꾸는 것을 시간의 낭비나 비생산적인 것으로 여기지 않는다. PQ 리더들은 일을 하는데 있어서 새로운 방법을 시도하는데 개방적인 경향을 가지며 타인들이 주요 쟁점에 대하여 거의 관계가 없는 것이라고 여길 수도 있는 대화를 그만두지 않는다.

자신들의 제품을 계속하여 평가하며 PQ 비즈니스 리더들은 자신들의 제품이 사회에 유익함을 가져다 줄 것인지 아니면 유해함을 가져다 줄 것인지의 여부를 검토하고 제품, 전달 방법, 및 조직 행위가 소비자들에게 회사에 대하여 말하는 것을 고려한다.

정부에서의 정책 결정은 문제해결과 관련된 분석적 작용이다. 창의성이 없다면 문제를 재구성하고 옵션들을 평가하고 새로운 기술들을 활용함이 없이 과거의 사고 방식에 의존하는 편협한 해결책을 얻게 될 가능성이 높다.

전략적 사고 vs 실행적 사고

PQ 리더들은 전략과 세부사항을 만든다. PQ 리더들은 전략과 세부사항 사이에 걸쳐 있다. 전략을 세운 후 PQ 리더들은 세부사항에 몰두하며 전략의 실행이 튼튼하도록 확실하게 한다. 애플의 스티브 잡스는 자신이 맥Mac이나 아이폰을 설계하는데 들였던 만큼 애플 매장을 설계하는데도 관심을 들였다고 한다. 그는 자신의 디자인이 아무리 우수할지라도 현장에서의 고객의 경험이 제품을 판매한다고 생각했다. 그 결과 애플은 세계 최대의 브랜드가 되었다.

PQ 리더들은 머리는 구름에 있으면서 동시에 발은 땅 위에 있다. PQ 리더들의 구두끈은 구름에 묶여져 있다.

미래를 중시하는 리더들은 미래 비전을 낳기 위해 전략을 조작 가능하도록 하는 것의 중요성에 대해 의견이 일치한다.

밥 졸릭은 리더들이 분석적/실행적 사고를 가지고 혁신적/전략적 사고를 균형 있게 해야 할 필요가 있다며 다음과 같이 주장했다 : "개념적인 사고를 할 수 있는 사람들이 있다. 실행적인 사고를 할 수 있는 사람들도 있다. 하지만 당신이 필요로 하는 사람은 개념적 사고가 생산 옵션들과 연결되어 있는 실행 부문에서 일할 능력이 있는 사람이다."

영국 국가안보 고문인 킴 대럭Kim Darroch은 다음과 같이 언급하였다 : "수많은 외교정책들은 미래를 들여다보는 것과 관련되며, 한 달 후나 일 년 후 또는 십 년 후 우리가 되어 있기를 원하는 것에 대하여 생각하는 것과 관련된다. 하지만 개인적으로 나는 미래를 현재와 항상 연관시킨다. ‘방법’이 없이 ‘무엇’을 하는 것은 전략이 아니며 희망사항목록에 불과하다.”

타인들을 열광하게 하고 고무시키며 창의적이 되도록 만드는 새로운 상황을 만드는 것은 리더의 역할이다. 이와 관련하여 제프 뷰케스는 다음과 같이 말한다.

역동적이어야 한다. 사람들은 서로 다른 조직들로부터 왔으므로 당신은 다양한 시각들을 통합하고 구성원들 간의 협력적 관계를 만들어야 한다. 진정한 혁신은 진행 중이고 부단하다. 당신은 지도력이 리더의 사무실로부터 나오는 것이라고 생각하지 말아야 한다. 어느 누구라도 결정에 영향을 미칠 필요가 있다.

다음은 당신의 사고를 균형 있게 하기 위한 제안들이다.

균형적 사고

- 당신이 지닌 사고의 선호를 이해하라. 당신과 다르게 생각하는 사람들을 당신 주위에 두어라.
- 더 이상 꿈을 꾸지 않게 될 때까지 꿈을 꾸어 미래를 상상하라. 한계를 두거나 가능성을 제한시키지 말라. 미래 비전을 결정하기 전에 미래를 위한 많은 대안들을 만들라.
- 전략을 계획하기 전에 미래 비전을 결정하라.
- 예를 들어 ‘~라면 어쩌나?’, ‘그 외의 다른 것은?’, ‘oo는 무엇에 도움이 되는가?’, ‘성공은 어떤 모습이 될 것인가?’, ‘사람들은 미래에 어떻게 행동하고 느낄 것인가?’와 같은 수많은 질문을 한다.

- 당신이 동경하는 것을 타인들과 타 조직들이 행하는 지를 알아보라. 당신이 동경하는 것을 타인들과 타 조직들이 행한다면 그 가운데 어떤 부분들을 차용하여 당신의 것으로 만들 것인가?
- 당신의 현재의 사고방식을 확장시키기를 원하는 입장에서 이의를 제기하라.
- 적극성을 도모하라. 타인들과의 만남에 희망과 열정을 불어넣어라. 현재의 처지가 가능성이 되도록 하기 위해 상실이나 곤경을 격려하라.
- 성공과 실패에서 교훈을 얻으라. 실수를 미봉하려는 유혹에 현혹되지 말고 실수의 반복을 방지할 수 있도록 해주는 교훈을 놓치지 말라.

6. 미래 비전의 실현 : 복잡한 의사결정과 실행에 집중하고 명확하게 처리한다.

PQ 리더들은 미래를 산출하는 것이 자신들이 해야 할 역할이라고 생각한다. 미래는 미래에 대하여 상상하는 것 이상이다. 미래는 미래 비전을 낳기 위한 추진과 일을 완수하려는 열정에 의해 구동된다. 윈스턴 처칠은 "전략이 아무리 완벽해 보일지라도 결과를 검토해야 한다."라고 언급했다. 미래를 개념화하는 능력은 PQ 리더가 되기 위한 필수적인 요소이지만 윈스턴 처칠이 언급한 바와 같이 원하는 결과를 낳지 못한다면 전략은 가치가 없다.

토니 블레어는 2011년 발전에 관한 연설에서 국가 경영을 되돌아보며 다음과 같이 언급했다. "힘든 역할은 옳은 것을 하거나 또는 옳은 일이 의미하는 것을 아는 것이 아닙니다. 힘든 역할은 실제로 그것을 행하는 것입니다. 그것은 무엇을 하는가가 아니라 어떻게 하는가 입니다. 제휴 및 구조화된 의사결정과 결합된 능력이 필요하며 생산에서의 교훈들이 이용 가능합니다. 저는 영국의 수상으로서 10년 동안 재직하며 이것을 깨달았습니다. 우선순위를 결정하고 우선사항을 성취하기 위해 적합한 정책을 얻고 우선사항을 행하기 위한 집행기술을 얻고 우선사항을 추적조사하고 무엇보다도 우선사항이 실제로 실현되도록 하는 등의 많은 것들이 이제는 보편적으로 적용 가능하게 되었습니다.”

밥 졸릭은 공공정책 역할에 대하여 PQ 리더들에게 다음과 같이 상기시켰다. “공공정책 결정과 관련하여 진정으로 희열을 느끼게 만드는 것은 평가하고 분석하며 예측하는 것이 아닙니다. 공공정책 결정과 관련하여 진정으로 희열을 느끼게 만드는 것은 결과를 산출하는 것 입니다… 행동하는 사람이 되십시오. 결과를 성취하는 것을 계속하여 주시하십시오. 당신은 변화를 가져올 수 있습니다.’

복잡한 의사결정에 대한 집중과 명확성

리더들이 직면하는 도전은 미래 비전을 산출하기 위한 과정을 유지하면서 동시에 재설정을 위한 필요에 대처하는 것이다.

재설정을 하기 위한 결정은 증거에 대한 비판적 평가에 근거해야 한다. 우리는 앞에서 ‘신발끈이 구름에 묶여져 있다’라는 표현을 한 적이 있다. 바로 여기가 구름과 신발끈이 모두 들어오는 곳이다. 이 시점에서 리더는 미래 비전에 대하여 강하게 집중하며 엄격성과 세부사항에 대한 주의에 균형을 유지해야만 한다.

첫 번째 단계는 제시된 위협과 기회를 포함하여 재설정을 위한 증거에 대하여 엄격하게 평가하는 것이다. 기회에 집중하는 것은 적극적으로 재설정 순간을 재구성하는데 도움이 된다.

이 평가로부터 재설정을 위한 다양한 옵션들이 등장해야 한다. 우수한 옵션은 창의적 사고와 분석적 사고를 필요로 한다. 창의성은 아이디어를 낳는다. 분석은 각 옵션에 대한 비판적 평가이다. 옵션을 만들고 평가하는데 있어서 이해관계자들을 관련시키는 것은 옵션을 더욱 포괄적으로 만들고 의사 결정자들에게 이용 가능한 옵션들을 증가시킨다.

재설정을 위한 옵션의 실행 가능성을 고려할 때 질문은 다음과 같다:

- 미래 비전의 실행은
- 실현 가능하고 실용적인가
- 이해관계자들의 충분한 지지를 받고 있는가

재설정 옵션이 합의되면, 재설정 옵션은 계획으로 변화되어야 한다. 실행에 중점을 두며 관련된 모든 이들이 자신들이 수행해야 할 역할에 대하여 알고 있어야 하며, 각 계획은 파트너들과 관련된 이해관계자들에 의해 지지되고 이해되어야 한다. 일관성 있는 조치를 확실히 하기 위해 모든 계획들은 일치된다.

밥 졸릭은 모든 전략적인 계획들은 충분한 '이음매에서의 활동의 자유'를 가져야 한다고 주장했다. 계획에 충분한 융통성을 만드는 것은 계획을 실행하는 자들이 최상의 생산을 하는 방법에 대하여 생각하는 것을 가능하게 해준다.

분열이 미래 비전을 변화시킬 만큼 너무나 심각할 경우 이러한 분열은 재설정 순간 이상으로 간주된다. 그럴 경우 한 걸음 물러나 비전에 대하여 다시 생각해야 한다. 공공정책에서는 비전이 정치적 지배자의 변화로 인해 변경되는 경우들이 종종 발생한다. 정치적 수사에도 불구하고 미래 비전이 전과 동일한 상태를 유지하며 변화가 실행의 방법인 경우들도 흔하다.

7. 결론

PQ 리더들은 공상가이면서 동시에 현실주의자이다. 그들은 자신의 상상력을 펼치고 타인들이 상상력을 발휘하도록 유발하면서 미래를 창조하고 실현한다.

사회가 직면해 있는 문제들을 보면서 PQ 리더들은 이 문제들을 다루기 위한 환경을 만든다. PQ 리더들은 아이디어를 공유하며 타인들의 아이디어를 적극적으로 구한다. PQ 리더들은 미래 비전과 실행 전략에 대한 가차없는 도전을 장려하며 비전을 현실로 만들기 위해 타인들과 협력한다. 가장 암울한 시대에 신뢰를 받았던 윈스턴 처칠처럼 PQ 리더들은 결과가 중요하다는 것을 알고 있다.

우리는 사회적 과제를 다루기 위해 협력하며 일한 영향력 있는 리더 집단을 소개하며 이 장을 끝맺으려 한다. 저자들은 'B Team'에 대하여 이야기하기 위해 미래 지표를 사용하였으며 동시에 미래 지표가 실제 세계에서의 사례에서 어떻게 전개되는지를 보여준다.

· ·

사례 연구　　비즈니스를 위한 플랜 B : 인간, 지구, 수익 

버진Virgin 그룹의 회장인 리처드 브랜슨과 전 푸마Puma의 최고경영자이자 현재 케링Kering의 이사로 재직하고 있는 요헨 자이츠가 2013년 7월 B Team을 출범시켰다. B Team의 임무는 인간과 지구를 수익과 나란히 두는 것이었다. B Team은 전 세계 산업계와 정계에서 선발된 다양한 리더들의 

집단으로 구성되었다. B Team의 임무는 사회적 유익을 위해 산업이 추진력으로서의 역할을 하는 미래를 창조하는 것이다.

B Team의 비전은 다음과 같다.

미래를 상상한다

비전 : 수익과 함께 인간과 지구를 우선적으로 여기는 사업을 하는 새로운 방법을 만든다.

현재와 연계한다

B Team은 다음과 같은 사실들에 주목했다:

인구가 급증하고 있으며 전보다 더욱 많은 수의 사람들이 빈곤하게 생활하고 있으며 불평등이 증가하고 있다. 실업률이 놀라운 수준이며 비영리 단체들만으로는 당면한 문제들을 해결할 수 없음에도 불구하고 많은 정부들은 문제를 해결하기 위한 조치를 취하는데 있어서 소극적이거나 무능하다. 이러한 국면에 이르게 된 원인으로는 여러 가지 것들이 있으나 비즈니스의 원칙과 관행도 큰 원인이 되었다.

전략적 방향을 설정한다

리처드 브랜슨과 요헨 자이츠는 다음과 같은 세 가지의 초기 과제를 정했다.

- 지도력의 미래─도덕적인 잣대에 의해 뒷받침되는 새로운 종류의 포괄적 리더십
- 인센티브의 미래─기업과 직원에 대한 새로운 인센티브 구조를 개발하기 위해 파트너들과 협력함

- 미래의 수익 과제 – 경제, 환경, 사회에 대한 적극적 기여와 소극적 기여를 포함하기 위해 단기적 금전적 이익을 넘어 기업의 책임을 확대함.

파트너를 식별한다

리처드 브랜슨과 요헨 자이츠는 전직 총리와 대통령, 언론계와 학계에서의 영향력 있는 인물들을 포함하여 14명의 글로벌 리더들과 제휴하였다. 리처드 브랜슨은 "우리는 세계의 다루기 힘든 난문들을 해결하기 위해 정부 기관의 리더, 사회 부문의 리더 및 비즈니스 부문의 리더와 협력하고 있습니다. 우리는 타인들의 의견을 경청하고 타인들의 생각에 대해 배우고 공유하는데 커다란 관심을 가지고 있습니다."라고 말한다.

이해관계자들을 동원한다

B Team은 미국과 영국의 텔레비전에 출연하고 전 세계 신문에 기사를 싣고 115개 이상의 도시들에서 500개 이상의 모임들에서 온라인 라이브 방송을 하여 프로젝트에 대한 인식을 향상시켰다.

모임에 참석한 이해관계자들의 의견은 앞에서 언급한 세 가지의 문제들을 위한 계획을 만드는데 기여할 뿐만 아니라 종합적인 사업계획을 세우는데 있어서도 기여했다. 일반 대중은 웹사이트를 통해 비즈니스 개선을 위한 의견을 제출하도록 장려되었다.

장기적 계획

B Team이 출범했을 당시 요헨 자이츠는 B Team의 역할이 계획을 촉진시키는 것이라고 언급했다. 가디언 지와의 인터뷰에서 그는 장기적인 전념이 있을 것임을 인정했다. 그는 "일부 문제들은 중대하여 궁극적인

승리를 거두기 위해서는 여러 해에 걸친 시간이 필요하다.”라고 말했다.

분석적 사고와 창조적 사고의 균형을 이룬다

B Team은 새로운 기업 및 사원 장려 구조를 개발하기 위해 파트너들과 협력한다. 박애주의자이자 Celtel의 전 최고경영자인 모 이브라힘Mo Ibrahim은 다음과 같이 언급하였다:

공익으로 운영되고 있는 적극적인 시장 인센티브가 극히 적으며 그릇된 인센티브와 로비 활동의 끝없는 확장에 직면해 있다. 우리는 비즈니스, 사회 부문, 정부와 대화하여 새로운 인센티브를 창출하기 위해 노력할 것이다.

현재의 유익하고 유해한 보조금을 식별하고 조사하는 의도는 시장과 산업 활동이 긍정적으로 행해지도록 교육하고 영향을 미치기 위한 것이다.

전략적 사고와 운영적 사고의 균형을 이룬다

B Team은 비정부 기구이지만 최고경영자인 요헨 자이츠는 명확한 활동, 목표 및 주요 성과지표를 가진 사업체처럼 운영될 것이다라고 말했다.

실행에 집중한다

B Team의 구성원들은 더 나은 비즈니스의 원칙을 만족시키기 위해 우리 자신의 사업에 중점을 두며 최선을 다할 것이다. 집행과 실행에 집중함으로써 요헨 자이츠는 B Team의 리더들이 포괄적이고 지속 가능한 방식으로 일하고 수익을 획득하는 실적을 달성했다고 강조했다. 요헨 자이

츠는 더 나아가 B Team의 리더들이 새로운 계획을 시작할 뿐 아니라 다른 사람들의 기존 작업도 추가할 것이라고 강조했다.

www.bteam.org에서 Putting People and Planet First

05 파워(Power)

강해진다는 것은 숙녀가 되는 것과 비슷하다.
사람들에게 내가 숙녀라고 밝혀야 한다면, 당신은 진정한 숙녀가 아니다.
- 마가렛 대처 -

1. 파워란 무엇인가?

파워가 중요한 이유는 미래를 만드는 능력을 지도자들에게 부여하기 때문이다. 경험을 통해 알 수 있듯이 권력은 더 많은 자유와 선택권을 가져다 준다. 새로운 것을 만들 수도 있고, 지금 하고 있는 일을 바꿀 수도 있으며, 나쁜 일을 막을 수도 있다.

그렇다면 PQ에서 파워란 무엇일까? PQ에서 파워는 이익을 창출하고 더 나은 사회를 만들기 위해 관계를 형성하고 타인에게 영향을 주는 것을 의미한다. 파워가 공유되는 경우, 프로젝트를 성공으로 이끄는 데에 있어서 관계가 핵심적인 역할을 한다. 먼저 당신은 이해관계자를 파악해야 하고, 각 이해관계자가 얼마나 큰 영향을 미치는 지 알아야 하며, 이들을 어떻게 포섭할 지 알아야 한다.

그러나 현명한 리더들은 파워가 공유되는 세계에서 자신의 직위가 무엇이든지 간에 절대적인 권력을 가지지 못한다는 사실을 알고 있다. 미래를 만들어 가는 파워는 여러 사람이 함께 공유하고 있다. 이해관계자들은 다양하고, 복잡하며, 다차원적이다. 서로 다른 생각들로 가득 찬 세상에서 이슈와 관계들이 생겨난다.

PQ 리더가 다른 이들과 어떠한 방식으로 상호작용하는 지에 따라 그들이 행사하는 영향력은 달라진다. 파워가 공유되는 세상에서 파트너십을 촉진시키고, 이해관계자들로 하여금 이득, 경제적 성장, 운영자금과 더불어 사회에 대한 장기적인 이익을 창출할 수 있도록 하는 것이다. PQ 리더는 아래와 같이 다음과 같은 영역을 촉진한다.

- PQ 리더는 현대의 기업 리더들로 하여금 주주에게 가치를 제공하고 더 많은 사회적 이익에 공헌하게 한다.
- PQ 리더는 공공정책 리더들로 하여금 시민들을 위해 기업과 전략적으로, 그리고 포괄적으로 상호작용할 수 있게 한다.
- PQ 리더는 비영리 조직으로 하여금 더 효과적인 결과를 낳기 위해 정부와 기업의 파워를 활용하게 한다.

파워를 어떻게 활용할 것인가?

이 측면에서 보았을 때, 효과적인 성과를 나타내는 지표는 아래와 같다.

지표

√ 파워와 영향력이 각 이해단체의 어느 부분에 존재하는지 확인하고, 이와 관련된 네트워크와 관계를 형성하고 강화한다.

√ 영향력을 행사할 수 있는 기회를 잡고, 미래를 위한 비전을 발전시킨다.

√ 용기 있게 행동하고, 위험을 감내하며, 윤리를 준수한다.

√ 카리스마와 목적의식을 조화시켜 이해관계자들에게 영향력을 행사한다.

√ 복잡한 것을 이해하고, 복잡한 것을 간단하고 기억하기 쉽게 설명한다.

우리는 이어지는 장에서 이러한 지표들을 더 자세히 알아볼 것이며, 행위를 기술하고 예시와 이야기를 제시하여 개념을 생생하게 설명할 것이다.

2. 각 이해관계자 그룹의 힘과 영향력을 파악하고, 연관된 네트워크와 관계를 구축한다.

파워가 공유되는 세계에서는 이해관계자가 모든 운영의 성공에 있어서 핵심적인 역할을 한다. 이러한 사실을 이해하는 것은 매우 중요하다. 이해관계자와 상호작용하는 방식을 변화시키는 것 또한 중요하다. 필요한 것을 얻기 위해 이해관계자와 관계를 형성하라는 이야기가 아니다. 상호이익을 위해서 이해관계자와 함께 하라는 이야기다. 왜 그래야만 하는 걸까? 이해관계자는 강력하고, 더 넓게 분포되어 있으며, 더 잘 조직되어 있기 때문이다.

이해관계자가 왜 중요한가

리오 틴토Rio Tinto 사는 프로젝트를 시작할 때 회사가 100년에서 150년에 이르는 오랜 기간 해당 지역에서 활동하게 될 것이라고 예상한다. 이러한 측면에서 보면 회사가 이해관계자를 다룰 수 있는 방식은 수없이 많고, 각 개인들이 프로젝트에 영향을 미치는 방식 또한 무수히 많아진다.

"이해관계자는 아주 특별한 힘을 가지고 있어요. 이해관계자들은 우리의 발전을 방해할 수도 있고, 몇 년 동안 진행되어 온 수십억 달러의 프로젝트를 중단시키겠다고 위협할 수도 있죠. 프로젝트의 성공과 실패는 기술적 문제보다 이해관계자의 관여에 달려 있습니다." (주디 브라운, 리오 틴토의 이해관계자 관리 대표고문)

이러한 지표는 프로젝트와 관련된 권력의 관계도와 더불어 관계 형성 및 발전을 위한 대인관계 기술을 이해할 수 있도록 돕는 이해관계자의 정보수집 시스템 및 과정을 보여주고 있다.

시스템과 과정

이해관계자 간의 관계도를 효과적으로 파악하는 과정이 우선되어야 한다. 각 이해관계자 그룹에서 진짜 실세가 누구인지를 확인할 수 있는 시스템이 필요하다. 직위가 존재하기 때문에 조직의 고위층에서 권력을 지닌 사람을 찾아내는 것은 어렵지 않지만, 그 외의 레벨에서는 실제적인 영향을 행사하는 사람이 누구인지 알아내기가 어렵다. PQ 리더는 누가 일을 벌이고, 누가 일을 끝내는지 파악해야 한다.

- 누가 어떤 일을 하는가?
- 누가 누구와 사이 좋은가?
- 누가 일을 시작하는가?
- 누가 전문성으로 인정받고 있는가,

의사결정의 구조와 관계를 알아내는 데에 있어서 예비 연구가 중요한 역할을 한다. 세계적인 광산 기업 앵글로 아메리칸의 휴 엘리엇 전 대외업무 부서장의 말에 따르면, 이해관계자 관리는 더 이상 점심 몇 끼 같이 먹는 것으로 되지 않는다고 한다.

"파워는 상당 부분 분산되어 있습니다. 특히 시민사회, 커뮤니티, NGO와 같은 영역에서 관련 조사를 하고 우선순위를 부여할 수 있는 시스템과 과정이 필요합니다." 위험은 네트워크되어 있고 해결하기 힘들다. 전통적으로 기업들은 사회적 책임을 맡아왔으나, 우물을 짓고 장관이 그 앞에서 리본 컷팅을 하는 정도였다. 그러나 이제 기업은 커뮤니티에 먼저 다가가 '필요한 것이 있으십니까?'라고 먼저 물어야 한다.

존 그랜트 경은 BG 그룹이 접근법을 바꾸었으며, 그러한 접근마저도 넘어섰다고 말한다.

"정부가 우리를 좋아하는 것이 중요합니다. 그리고 우리가 지원해줄 수 있는 커뮤니티의 프로젝트를 찾는 일도 중요합니다."

아래의 글은 힘있는 다국적 기업이 커뮤니티의 이해관계자들에게 어떻게 접근하는지를 잘 보여준다.

BG 그룹의 접근법

BG 그룹에서 이해관계자와 협의를 할 때에는 투명하고, 포괄적이며, 문화에 적합한 방식으로 이뤄지며, 대중들에게 옹호를 받을 수 있도록 한다. 커뮤니티가 BG 그룹를 지지하게 하기 위해서다. 좀 더 참여적인 개입이 이뤄지게 하고, 선의의 협상이 진행되게 함과 동시에 정보를 공개한다. 그리고 필요한 경우에는 전략적인 파트너십을 발전시켜 나간다.

협의 과정은 다음을 포함한다.

- 커뮤니티의 의사결정 관습과 프로토콜을 이해한다.
- 충분히 대변되지 못하는 취약 계층의 이야기를 들어주고 해당 문제를 해결한다.
- 확인된 커뮤니티에 한해 정확하고 의미 있는 정보에 전적으로 접근할 수 있도록 하고, 긍정적인 영향과 부정적인 영향에 대한 정보를 전부 제공하며, 영향평가를 통해 부정적 영향을 감소시킬 수 있는 방책을 제시한다.
- 사업 의사결정에 있어서 커뮤니티 이슈와 우선순위를 반영할 수 있도록 참여가 양방향으로 이뤄지게 한다.
- 공식적인 모든 협의 활동과 결과를 기록하고, 커뮤니티의 입장이 합의에 있어서 얼마나 반영되었는지도 기록한다.

■ 권력의 유형

권력이 넓게 분산되는 다부문 프로젝트의 경우에는 공식적인 권력 네트워크와 비공식적인 권력 네트워크가 존재한다. 공식적인 권력 네트워크를 이해한다는 것은 리더십 구조와 의사결정 권한 및 과정을 아는 것이다. 비공식적인 권력 네트워크를 이해한다는 것은 조직의 내부와 외부에서 영향력을 행사하는 사람이 누구인지를 아는 것이다. 공식 미팅과 사전 미팅 중 어느 시기에 의사결정이 이뤄지는가? 의사결정에 직접 참여하는 사람은 누구인가?

비즈니스와 전략에 대해 책을 저술한 아트 클라이너Art Kleiner(2003)에 따르면, 많은 조직의 경우 의사결정에 영향을 주는 핵심적인 사람들이 있다고 한다. 그들은 자신들의 위치 때문이 아니라, 의사결정에 미치는 영향으로 인해 파워를 가진다. 파워와 영향력의 원천은 다양할 수 있다.

영국 총리실의 전 고문은 영향력에 대해 다음과 같은 이야기를 들려준다. "토니 블레어가 1997년 총리가 되었을 때, 여러 고위 정부관료들은 대변인 10순위이었던 알래스테어 캠벨Alastair Campbell이 미디어 브리핑을 하는 것을 목격했죠. 사람들은 캠벨이 총리에게 영향력을 행사하는 핵심적인 인물이라는 것을 금세 알아차렸어요."

가장 높은 직위의 공식적인 권력을 가진 사람들이 기대만큼의 권력을 행사하지 못하는 경우가 때때로 있다. HSBC 전 회장이자 영국의 현 무역투자국무상인 로드 그린Lord Green은 "고위층 인사가 사적 및 공적 영역에서 아무 영향력도 행사하지 못하는 경우가 얼마나 허다한가."라고 언급한 적이 있다. 전(前) 세계은행 총재이자 미국의 통상교섭 특사인 밥 졸릭은 "(미국) 대통령은 사람들이 생각하는 것만큼 파워가 있지는 않다."라고 말했다. 그는 오바마와 링컨의 유사성을 언급하기도 했다. 두 대통령 모두 재임에 성공했지만 자신들의 정책을 시행하는 데에는 많은 어려움이 뒤따랐다.

기술 혹은 법률에 초점을 둔 조직의 경우에는 전문가적 기술을 가진 사람들이 곧 '스타'가 된다. 전문가적 기술을 지닌 사람들은 조직이 그들의 전문성에 의존하기 때문에 더 많은 권력을 가지게 된다. 그들의 허락이 떨어지기 전까지는 의사결정이 이뤄지지 못한다.

파워가 공유되는 세계에서의 PQ 리더는 이해관계자들의 조직과 그룹에 존재하는 여러 공식적 및 비공식적 파워 구조와 함께 일하고 있다. 클라이너에 따르면 핵심 그룹이 운영하는 조직에서는 이해관계자와 사회의 이익은 생각하지 않고 자신들의 안위만을 살피는 경우가 자주 생긴다고 경고한다

경제 위기가 발생하기 이전의 은행가에서도 이러한 경우가 발생하기도 했다. 몇몇의 대형 은행들은 대출과 주식거래에 관해 의사결정을 할 때 고객, 주주, 그리고 사회에 대한 책임을 망각하기도 했다. PQ 리더들은 여러 조직과 함께 일하면서 파워 공유의 범위를 확장시킬 수 있는 방안을 찾아내야 하며, 자신의 이익을 좇을 것이 아니라 미래를 향한 합의된 비전을 위해 나아갈 수 있도록 장려해야 한다.

■ 혁신 불러오기

새로운 아이디어와 새로운 파트너를 통해 에너지와 혁신을 불러올 수 있다는 것이 파워를 공유하는 강력한 이점이다. 다른 부문과 다른 국가에서 파트너를 찾게 되면 새로운 시각을 얻을 수 있고, 정체될 수도 있는 사업에 에너지를 불어넣을 수도 있다. 예를 들어 P&G에서는 인도에 혁신 허브를 설립하고 대학 및 소규모 신생기업들과 협력함으로써, 이들의 새로운 아이디어가 신속히 시장에 적용되도록 하고 있다. (Huston과 Munoz, 2013)

모든 이해관계자들은 다음과 같은 이익을 보았다.

- P&G는 창조성을 높이고, 새로운 시장을 개척했다.
- 소규모 신생기업들은 사업을 키우고, 고용기회를 창출하며, 경제적 성장에 기여했다.
- 대학의 참여를 통해 학생들은 최신 연구 결과를 학습하고 혁신을 디자인한다.

다른 사고방식을 가진 세계(교차부문/국제/교차문화)와 일하는 모든 부문의 리더들은 서로 다른 시점, 혁신, 그리고 새로운 가능성을 통해 이익을 얻는다. 이러한 기회가 실현되는 정도는 크게 차이가 난다. 자신의 조직이 어느 수준으로 다른 세계와 교류하는지를 고려해야 할 것이다.

이해관계자 이해하기

이해관계자의 관계도 분석 시스템은 어떤 사람이 당신의 활동에 대해 권력과 영향력을 행사하는지 알 수 있게 해준다. 이러한 과정은 이해관계자의 정체성을 이해할 수 있도록 해주며, 다음과 같은 질문을 던지게 한다.

- 미래 비전을 달성하는 데에 있어 이해관계자가 어떤 도움을 주는가?
- 프로젝트의 성공에 있어서 이해관계자가 어떠한 위험 요소를 지니는가?

관계도 작성에 대해 논의하기에 앞서서, 검토해야 할 점들을 확인하여 반영하는 것이 얼마나 중요한지를 먼저 언급하도록 하겠다. 관계도를 주기적으로 업데이트하여 새로운 이해관계자나 변화를 기존의 구조에 잘 반영할 수 있어야 한다. 영국정부 고위각료의 전(前) 보좌관 한 명이 이러한 점을 특히 강조했다. 그는 정부의 운영방식에 대해 언급하면서 다음과 같이 밝혔다. "어느 경우에서든지 결정에 관여하는 사람들은 극히 소수에 불과하며, 이들은 주로 고위층이다. 기업들은 이들이 누구인지 잘 파악하고, 이들과 관계를 잘 형성해야 한다. 정부의 고위관료들은 정기적으로 바뀌기 때문에 결정에 관여하는 사람들을 파악하는 과정은 복잡할 수밖에 없다."

관계도(map)

가장 기본적인 형태의 관계도는 모든 활동에 있어서 관여되는 이해관계자 그룹을 설명한다. (이해관계자 그룹이란 이해관계자로 구성된 무리를 의미하며, 그 예로 정부/규제당국, 로비/캠페인 단체, 산업, 경쟁자, 고객, 소비자, 커뮤니티, NGO, 학계나 미디어가 있다. 각 그룹은 서로 다른 여러 이해관계자들을 포함하고 있다.) 또한 관계도는 이해관계자가 무엇을 요구하는지(목적과 목표)도 요약해서 보여주며, 당신에게 어떠한 도움을 줄 수 있는지도 보여준다.

이해관계자를 확인할 때에는 여러 부문에 걸쳐 넓게 봐야 한다. 좀 더 정교한 형태의 관계도는 여러 부문을 폭넓게 다룬다. 정교한 관계도는 이해관계자 간 관계를 보여주기 때문에 개인, 그룹, 부문 수준에서 당신의 협력자가 되어줄 수 있는 사람이 누구인지 알려준다. 이해관계자들이 미치는 영향의 범위를 파악한다면, 당신의 목표를 지원해 줄 수 있는 대안의 그룹과 관계할 수도 있다.

진정한 영향력을 행사하기 위해서는 이해관계자가 당신을 어떻게 도울 수 있는가에 대한 것뿐만 아니라 당신이 그들을 어떻게 도울 수 있는지도 알아야 한다. 각 이해관계자 그룹에 대하여 리더가 답할 수 있어야 하는 질문들이 아래에 제시되어 있다.

핵심 이해관계자에 관한 질문

- 당신의 이해관계자 그룹은 누구인가?

- 이해관계자들이란 누구이며 주요 연락처는 어디인가?

- 당신의 계획된 운용방침이 그들에게 어떠한 영향을 미칠 것인가?

- 당신의 목적을 달성하기 위하여 그들에게서 무엇이 필요한가?

- 그들은 당신에게서 무엇이 필요한가?

- 당신은 그들의 사회에 어떠한 공헌을 할 수 있는가?

- 당신의 활동에 부정적인 영향을 주는 상황에 대하여 어떻게 대처할 것인가?

- 누가 그들의 욕구나 목적을 공유할 것인가?

- 누가 그들에게 영향을 줄 수 있을까?

- 당신은 그들의 욕구를 충족시키기 위하여 어떠한 일을 할 수 있는가?

- 당신은 어떠한 방법으로 그들을 도울 수 있는가?

- 당신은 그들에게서 무엇을 배우는가?

- 당신은 그들과 어떻게 생산적으로 교류할 것인가?

일단 이해관계자들에 대한 핵심 정보를 가지고 있다면, 당신은 그들과 교류하기 위한 계획을 세울 수 있다.(그림 5-1 참조)

당신의 노력의 우선순위를 정하기 위해, 지원과 영향력의 순준에 따라 이해관계자들을 분석하는 그리드grid를 사용한다.

당신의 이해관계자가 그리드grid 상에 있는 곳을 안다는 것은 당신이 가지고 있는 자료를 어떻게 배분할 것인가를 결정하는데 도움을 준다. 특히 영향력이 있고/적극 지원하는 그룹에 계속 지원하도록 유지하는 것이 중요하다. 그들은 파워가 있고 당신의 편에서 지지해줄 필요가 있기 때문이다.

크게 영향력은 있으나 지원하지 않는 그룹들은 파워는 있으나 당신의 편에 있지 않다. 당신은 그들의 욕구를 이해하고, 그들과 교류하기 위한 방법을 찾기 위하여 노력하고 시간을 투자한다면 그들을 설득 할 수 있다.

많은 지원을 하고 있으나 영향력이 없는 그룹에게는 그다지 노력을 하지 않아도 되지만 관심은 가질 필요는 있다.

그림 5-1 이해관계자의 지원과 영향력 맵핑(mapping)

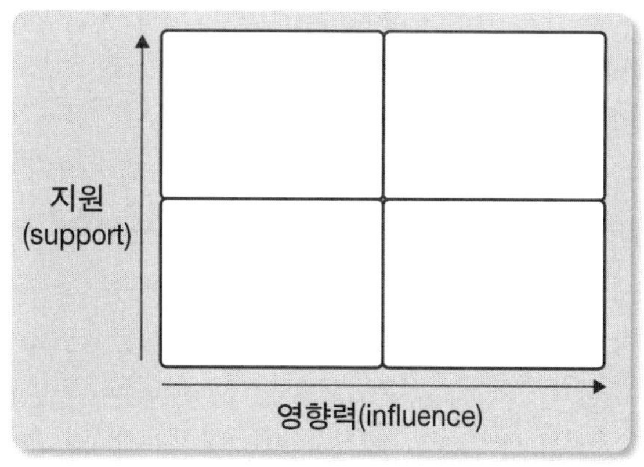

교류

당신이 이해관계자들과 교류한다는 방법은 당신이 가지고 있는 자원과 그룹의 본질에 따라 다양하다. 관심대상이 된 사람targeted individuals과의 관계를 형성하는 활동 범위는, 당신이 웹사이트에 정보를 올리거나 소셜 미디어와의 커뮤니케이션 혹은 특별한 문제를 논의하기 위하여 로비 단체(대표그룹)나 고객을 만나기 위하여 포럼을 준비하는 것이다. 각 이해관계자의 욕구에 맞는 접근법이 필요하다. 어떠한 접근법이 채택되든, 가장 중요한 것은 당신과 관심대상이 된 이해관계자 양쪽을 위하여 왜 이러한 관계가 중요한지 잘 이해하여야 할 것이다.

접촉

당신이 정확하게 생각하기 위하여 이해관계자에 대한 분석을 하도록 한다. 파워는 이사회, 규제기관 대표나 국무장관에만 존재하는 것은 아니며, 이사회의 비상임이사나 규제기관의 당신이 근무하는 부서의 임원, 장관의 비서관 그리고 대중, 고객, 로비 단체, 공급자 와 NGO 등에도 존재한다.

이러한 시도는 모든 사람과 원만히 교류하고 그들이 제공하는 것을 이해하는 것이다. 전 영국 외무부 장관이자 프랑스 주재 영국 대사인 로드 제이Load jay는 다음과 같이 충고한다.

모든 조직의 모든 부서는 효과적인 관계가 유지되어야 한다. 당신은 수준의 다양함이나 상사부하 관계를 잘 정립시켜야 하며, 너무 구조적으로 보아서는 안 된다. 부하직원은 좋은 관계를 유지하려고 할 것이며, 지속적으로 좀 더 긴밀하게 관여할 것이다. 당신은 제대로 된 사람이 누구이고 기대에 못 미치는 사람이 누구인지를 잘 파악하여야 할 것이다.

분명한 것은 우리의 욕구를 충족시키기 위해 올바른 접촉 방법을 찾는 것이 중요하다. 특히 정부 부처와의 접촉은 힘들 수 있다. 정부 관계자 한 명이 다음과 같이 조언을 하였다:

"정부를 목표 대상으로 두고 접촉할 때는 두 가지 타입의 정부 관리가 있다는 것을 기억해야 합니다. 첫 번째 타입은 장관에게 "예"라고 하는 사람이며, 두 번째 타입은 장관의 생각을 바꿀 수 있는 능력 있고, 전문지식이 있으며 자신감이 있는 관료입니다."

기업은 누가 영향력이 있고 파워가 있는지 파악하기 위하여 여러 가지 접근법을 시도한다. 많은 대형 조직들은 사회문제(일반대중에게 영향을 주는)에 대한 전문가를 두고 있으며, 다른 조직들은 로비스트를 고용하기도 한다.

존 그랜트 경은 BG 그룹의 접근법에 대해 다음과 같이 알려준다. "이해관계자들의 관점이나 문제들을 이해하기 위하여 귀를 기울이는 것이 중요합니다. BG는 외국에 있는 의사결정자와 접촉에 대한 데이터를 수집하기 위하여 시장 조사나 여론기관을 이용합니다. BG는 누가 발전할 사람이고 누가 기대 이하인지 알려고 노력하고 있습니다."

정부가 제대로 기능을 못하는 나라들은 미디어가 제한되어 있고 정보를 제대로 얻을 수 없으며 많은 지원이 필요하다. 이는 정치 위기 관련 상담 자문회사를 통하여 해결할 수 있을 것이다. 중소기업들은 무역협회나 정부지원정책 제도를 이용할 수 있다. 투명하고 광범위한 언론보도가 있는 개방사회에서는 외부전문가 없이도 운용이 수월하다. 이러한 환경 아래에서 영향을 줄 수 있는 사람이나 정보에 대한 조사는 미디어와 인터넷이면 충분하다.

관계 형성과 발전

관계 형성은 PQ 파워의 중심이다. 전 증권거래소 사무장이며 스리랑카 주재 영국 고등판무관인 피터 헤이즈Peter Hayes는 "당신이 필요로 하기 전에 중요 인물들과 관계를 형성하라."라고 충고한다.

PQ 없이 발생하는 일반적 실수는 그들이나 그들의 조직이 무언가를 원할 때까지 기다리다가 그때서야 영향력을 발휘하기 위한 무언가를 모색할 때에 일어난다.

파워는 내부적이고 계층적이다. 특히 당신이 이 계층에서 고위급이라면 이러한 접근이 가능하다. 그러나 오늘날과 같이 네트워크화된 세상에서는 크게 효력이 없다. 파워는 분배되고 영향력은 금방 변하지 않기 때문이다.

2012 런던 올림픽에 관한 일화

토니 블레어 총리는 2012 런던 올림픽을 유치하는데 있어 그의 부인인 채리 블레어가 얼마나 중요한 역할을 했는지 설명하였다.

120명의 IOC 위원 중 일부는 대단히 훌륭하고 잘 알려져 있으며, 그 중에는 체육 행정부에서 일하며 위원회에 속해 있는 사람들도 있었다. 사람들은 유명인사들에 대하여 지나치게 관심을 보이며 야단 법석을 떨었지만, IOC위원은 누구나 동일한 투표권을 가지고 있다.

"나의 아내는 다른 나라에 가서 덜 중요한 사람들을 만나는 것에 아주 능숙했어요. 우리가 싱가포르 도착했을 때 실제 이러한 사람들을 알게 되었고 이들과 만나서 이야기를 나누었죠."

– 토니 블레어 TV 인터뷰에서, 2012.7.22 –

알렉산더 에반스Alexander Evans (리처드 홀브루크 장관 재임시 미 국무부에 근무했으며 현재 UN에서 일하고 있음)는 "리더는 다중 중복 네트워크를 개발해서 폭넓게 전후 사정을 이해하고, 얻을 수 없는 기회에 적급해서 오래토록 유지한다."라고 말하며, "사람들에게 관대하고 도움이 되는 사람이 되라."라고 강조한다.

알렉산더는 관용을 베풀라고 강조한다. 피터는 이 말을 새겨듣고 다음과 같이 강조한다. "당신과 관계를 형성한 사람들은 잠재적으로 중요하다는 것을 알고 있지만, 당신이 예상치 않았던 다른 사람들이 당신의 미래에 불쑥 나타날 수도 있다. 그러므로 그들과도 좋은 관계를 유지해야 한다."

상사와 인간관계를 형성하는 것은 쉬운 일이 아니다. 조직의 부하나 중간 계급에서는 커피타임이나 점심시간에 만나면 좀 더 개방적이게 된다. 이러한 기회는 생각과 뉴스 그리고 가십거리를 서로 나눌 수 있도록 해준다. 이러한 것들이 인간관계를 돈독하게 만든다. 저널리스트와 외교관들이 항상 하고 다니는 방식이다.

흔치 않은 경우에나 가능한 더 높은 상급자들과 인간 관계를 형성한다는 것은 더욱 힘들다. 당신의 계획은 당신이 만나고 싶어하는 상급자들에게 관심을 보일 필요가 있다. 당신을 소개할 공유된 연락처를 가지고 있다면 도움이 될 것이다. 당신은 전화기를 들기 전에 그들에게 무엇을 말하고, 무엇을 할 것인지 알아야 할 필요가 있다.

피터 헤이즈는 고위정치인들과 만났을 경우에 대한 한 사례를 보여주었다. 그는 영국 재무장관을 새로 오픈하는 런던 증권거래소에 초대하였다. 그의 동료 중 일부는 재무장관이 초대에 응할지에 대해 회의적이었다.

정부에 관해 잘 알고 있는 피터는 참석할 경우 재무성이 혜택을 보는 점에 대하여 설명하였고 재무장관은 초대에 응했다. 결과는 윈−윈이었

> **유익한 정보**
>
> 유명한 외교관이자 미국주재 영국 대사인 피터 웨스트매콧Peter Westmacott 경은 다음과 같은 실용적인 조언을 한다.
>
> "직장에서 관계를 형성하려면, 개인적인 일로 다가가라. 테니스를 치거나 영화를 같이 보러 가면 그들과 훨씬 더 가까워질 것이다. 사람의 마음을 편안하게 해줘라. 기꺼이 그들 옆에 안도록 하고 그들이 만나면 즐거워할 사람을 소개하라. 친구나 동료들이 저녁식사에 와서 미래에 대해 얘기하면, 옆에 앉은 사람이 대단히 흥미로운 사람이라고 그들을 느끼게끔 놀라는 것 같이 행동하라. 그러나 이는 우연히 일어나지는 않는다.
>
> 또한, 보통 서로 말을 잘 하지 않는 사람들과 만나라. 그들과 관계를 형성하는 것은 영국 경제, 미국경제, 세계경제를 위하여 유익하다."

다. 재무장관의 멋진 사진과 함께 매스컴의 긍정적인 보도가 나갔고 증권거래소는 그와 함께 소중한 시간을 가졌다.

기업에 대한 이러한 교훈은, 정치인에게 할 일을 요구할 수 있는 자신감을 가지게 되고 그들이 정치적으로 무엇을 할 것인가에 대해 분명하게 한다.

3. 영향력이 있는 기회를 포착하고 미래 비전을 발전시킨다.

PQ 리더들은 미래 비전에 중점을 둔다. 영향력을 줄 수 있는 기회를 인지하고 만들면, 미래 비전을 발전시키는데 이용할 수 있다. 이렇게 함으로써, 그들은 동맹을 맺고 미래 비전을 현실화할 수 있는 파워를 가지고 지원과 영향력을 갖게 된다.

영향력

과거에는 거대한 재정적 압박이 규제 받지 않는 영향력을 행사할 수 있었다. 그러나 상황이 변하며 기업의 명성이 타격을 입었다.

로드 브라운Lord Browne과 로빈 너틀Robin Nuttall은 매킨지 기사에서 다음과 같이 강조한다.

특별한 소수 집단은 기업경영진이 사회를 희생하여 자신들만 풍요롭고 부유하게 만드는 악당이라고 여기고 있다. 훌륭한 CSR 보고서가 있는 회사들도 자신들이 공공의 적이라고 생각하게 되었다. 월스트리트 가의 주요 회사들은 금융 위기의 후유증을 앓고 있다. 외부 여러 나라와의 관계는 산산조각이 났고 수십억 달러의 가치를 잃어버렸다. (기업의 사회적 책임 회피: 통합적인 외적 교류와 참여, 매킨지, 2013년 3월)

대기업은 전보다 영향을 덜 받을 수도 있으나 일반대중은 더 많이 영향을 받고 있다. 기업은 선거운동 규제, 지속가능성, 조세 회피 등 여러 가지 많은 문제들로 인한 떨어진 신망으로 공허감만 남게 되었다. 이들은 선거운동 기간에는 영향력이 있었다. 대부분의 기업 리더들은 정부에 대한 영향의 균형을 잡아 이러한 변화에 어떻게 대처해 나갈 것인가를 고민하고 해결해야 한다.

■ 정부에 대한 영향

정부에 대한 용이한 접근은 나라마다 다르다. 기업간 이해관계는 국제 협상에서 정부에 의해 나타난다. EU에서는 단일 시장의 회원국들도 유럽규정을 따르고 있다. 유럽의회의 유럽연합집행위원회 직원과 회원들에 대한 접근은 상대적으로 수월하다. 이는 기업인들이 직접 그들과 접촉할 수 있는 기회를 제공한다.

일반적으로, 기업은 규정을 입안하는데 있어 정부가 EC 직원에게 그들의 의견을 반영되도록 도와줄 것을 기대하고 있다. EU나 다른 국제포럼에서 관심사를 지원하도록 정부에 요청할 때, 접근권과 적절한 시기 선택과 같은 실질적인 중요한 점들이 있다.

단순히 정부기구가 일하기 위해 충분한 시간을 갖는다는 것이 한 가지 요인이다. 영국 비즈니스 혁신 기술 부서의 국제정책관인 데이빗 포로스트David Frost는 국제적인 협상에 관한 한, 기업은 국제적으로 합의된 결과를 얻기 위한 시간을 과소평가한다고 말한다.

"명확한 지휘계통은 없으며, 다른 정부와 합의하고 의견 일치함으로써 진전이 된다."

초기에 아이디어를 생각해 놓고 협상을 이루기 위한 당신의 계획을 시간 내에 관철하도록 하라.

타이밍 (Timing)

정부의 영향력을 필요로 하는 기업이나 NGO는 가장 효과적인 결과를 얻기 위하여 그들을 간섭할 시간을 가져야 한다. 적시(適時)는 관련된 문제가 어떻게 진척되어가고 있는 지에 대한 정보수집과 관련된 사람이나 결정시기에 의거한다고 판단된다. 더 많은 부하들의 교류가 이러한 정보를 더 많이 알게 할 것이다.

한 고위 정부관리자는 다음과 같이 충고 한다 : 영향력을 줄 수 있는 기회가 있을 때, 결정되기 바로 전에 시간의 창문(window of time: 전체적인 시간이 아니라 제한된 시간 구간)이 있다. 이는 최고의 결과를 도출하기 위하여 당신의 개입이 필요한 중요한 시간이다.

■ 정치가에 대한 영향

정치가들은 정치와 미디어의 영향을 받는다. 그들은 선거기간 내에 전달될 수 있는 아이디어를 짜내고, 중요한 정치 당사자와 미디어와 함께 잘 이끌어 나간다.

HSBC 은행의 비상임이사이며 전 스페인 주재 영국 대사였던 데니스 홀트Denise Holt 여사는 실행기간에 대하여 다음과 같이 말했다 : "기업은 10~15년의 기간이 필요하고 장관들은 한달에 한번 변화를 원한다. 투자자는 장기적 관점에서 투자를 하고, 정부는 민주적 규범을 잘 실천하도록 노력하는 것이다."

정치가들을 위한 주요 이해관계자들은 주로 정부보다 정치 내에 있다는 사실을 반드시 기억하여야 한다. 예를 들면, 정당에서 고위 당직자들, 선거를 위하여 지역정당에서 후보자로 선출된 영향력 있는 인물들이다. 이러한 사람들은 자신들의 직업에(유권자들에게) 의존하는 정치인들이다.

이러한 사실들은 감안하여 정치가들에게 당신의 요지를 이해시키는 것이 중요하다. 그러나 항상 단기적 접근만 시도하라는 의미는 아니다. 다만 장기적 접근법의 정치적 이득과 이것이 유권자들에게 어떻게 강제적인 경우로 나타나는가를 설명해야 한다.

운동가이자 U2 록 스타인 보노Bono는 당신의 요구사항을 정치인들의 의제와 연결하는 것이 중요하다는 것을 깨닫고, 정치인들에 대해 "당신이 그들을 어떠한 방법으로 도울 수 있는가를 말한다면, 당신은 그 방에 더 오래 머물 수 있습니다." 라고 말했다.

■ 시민/시민사회에 대한 영향

파워가 공유된 세계에서는, 정부가 시민사회에 참여하여 상황에 앞서 주도해 나가야 하며 정책 개발에 있어 폭넓은 대중의 참여가 있어야 한다. 장래를 대비하여 공공정책을 세우는 담당자들은 NGO, 운동단체, 학계에 종사하며 법률 제정에 대한 그들의 생각과 아이디어를 공유한다. 한 발 더 나아가, 심각한 사회문제에 대한 해결책을 강구하고 이에 깊게 관련돼 있거나 영향을 받고 있는 사람들의 입장을 대변해 주려고 노력한다. 그들의 첫 참여 활동은 처음으로 공개된 제안이 이의를 받은 경우이다.

가끔, 방침을 결정하기 전에 그 이슈에 대하여 대중이 참여하도록 노력하기도 한다. 대부분의 정치가들은 소셜 미디어를 이용하고 이해당사자들에게 알려주기도 하고, 또 일부는 문제에 대한 폭넓은 시각을 가지고 해결하려고 노력하기도 한다. 우리는 소셜 미디어의 영향으로 유권자들과 좀 더 가까워지려고 변화하는 정치가들의 모습을 보아왔다. 선출되지 않은 공공정책 담당관들은 대중들과의 관계에 대해 좀 더 양면적인 태도를 보이는 것 같다. 그들은 정책 개발이나 방침을 결정하는데 대중과 의사소통 할 수 있는 기회를 많이 가지고 있다.

■ 기업에 대한 영향

기업과 정부간 빈번한 교류를 하는 정치적 시스템을 가진 나라들은 기업을 이해하고 협력에 대한 견해가 넓은 정부 관계자들이 있기 때문에 이득을 많이 본다. 미국 시스템은 부문별 양방향으로의 흐름이 가능하다. 사회 변화가 발전함에 따라 더 많은 기업이 관여할 수 있는 여지가 남아있다.

기업과 정부간 교류가 거의 없는 나라들은 이해관계가 부족하기 때문에 적절한 파트너십 관계를 가지고 기업이 관여하기가 어렵다.

국제개발 계획은 대규모 사회기반 시설이나 에너지 프로젝트와 같은 특수개발 문제를 논의하기 위하여 정부나 기업, NGO와의 파트너십에 관한 많은 사례들을 제공한다.

정부와의 파트너십으로 기업에 긍정적인 영향을 줄 수 있는 전략에 대한 성공 여부는 기업이 이익을 창출하는 것에 달려 있다. 제안이라 함은 투자를 독려하여 이익을 창출할 수 있는 설득력 있는 숫자를 포함한다. 이는 은silver을 매도하겠다는 의미가 아니다. 이는 투자와 수익의 균형을 잡기 위한 기술과 판단을 가진다는 뜻이다.

기업이 혁신적이고 실행할 수 있는 강한 의지를 갖는다는 것은 정책 시작부터 서비스 전달까지 모든 비즈니스를 수반하도록 전환한다는 것이다.

그러나 놀라운 것은, 기업은 미래 비전을 실현하기 위한 전략을 이미

결정하여 제시한다는 것이다. 정부는 이를 실현하기 위하여 기업에게 질문하기 전에 해결책에 대한 전반적인 내용과 입장을 구상해 놓고 있다. 이렇게 함으로써, 그들은 실행에 옮기기 위해 더욱 혁신적인 전략을 세우고 있는 기업과 교류할 기회를 놓치고 있으며, 목표와 맞지 않는 것을 만들어 내기도 한다.

한 가지 영향을 줄 수 있는 요인은, 공정한 공개경쟁 계약과정을 준수하고 있는 나라의 공공 조달 정책이다. 한 기업에 대한 편향된 시각을 두려워하여, 정부 관리들은 계약을 할 때 공평한 경쟁의 장을 만들기를 원하기 때문에 처음에는 기업이 관여하는 것을 꺼린다. 조달청장들은 파워를 공유하는 현실을 반영하는 좀 더 창의적인 방법으로 조달시스템을 재설계해야 한다.

경쟁 과정이 없는 시스템에서는, 처음에는 협력해서 일할 기회를 갖는 것이 관리하기에 수월하다. 경쟁력이 없는 시스템에서는 연고주의나 무사안일주의는 피해야 한다.

전략에 대한 영향

본 섹션에서는, 솔직한 설득이 미래 비전을 발전시킬 수 없을 때 해야 할 몇 가지 방법에 대하여 제안하고자 한다.

■ 버블현상 문제

성공한 PQ 리더들은 게임이 어떠한 상황으로 변하고 있고 어떻게 대응해야 하는지 파악하여 경기장에서 앞서간다. 또한 그들은 규제기관 담당자나 관료, 압력단체가 어떠한 압력을 받고 있는지 잘 알고 있으며, 표면 바로 아래 있는 버블현상 문제에 대해서도 잘 알고 있다.

버블현상 문제는 주로 생산적이고 유익한 지역에 초점을 맞춘다. 대부분의 이해당사자들은 아직 문제가 없는 레이더에 쟁점 사안을 가지게 될 것이다. 새로운 문제를 해결하거나 방지할 수 있는 방법을 모색한다는 것은 관계를 형성하는데 도움이 된다. 이는 문제에 대한 해결을 실행할 수 있게 하고 더 큰 영향력을 부여한다.

우리가 지금까지 언급한 것은, 영향력을 행사하기 위해 이해당사자들의 요구를 충족시키는데 대한 중요성을 강조한 것이다. 그런데 그들의 요구를 충족시킬 수 없다면 어떻게 할 것인가? 해답은, 물론 작전을 바꾸는 것이다. 여기에 몇 가지 선택방안이 있다.

■ 기다리는 게임

장기적 게임은 환경이 변화되기를 기다려야 하고(여론의 변화, 경제상황의 변화, 정부의 변화, 위기 상황 등), 상황이 바뀌면 유리한 경우가 된다. 이는 약간 무관심해 보일 수도 있으나 가끔은 잘 되어가지 않는 상황이라 볼 수 있다.

■ 해결할 수 있는 다른 사람 구하기

시간이 중요한 순간에 보다 빠른 접근법은 변화하기 위하여 다른 사람의 파워를 이용하는 것이다. 앞서 우리가 다루었던 영향권의 이해에 대해 다시 요점으로 돌아가 보자. 당신은 자신이 할 수 없는 영향력을 행사하는 누군가를 찾을 것이다.

다음의 행동은 지지도를 넓히고 전후 사정을 변화시킬 수 있다.

- 목표와 관심을 같이하는 이해관계자 그룹과 동맹관계를 맺어 목표대상자에게 더 많은 영향을 주도록 전략을 펼친다.
- 정치가들이나 미디어가 직접적 접근보다 훨씬 더 영향력이 있다는 사실을 그들과의 토론을 통해 인식시킨다.
- 정치적 관심이나 당신의 기업과 관련이 없는 협력자를 찾아서 자신의 목표나 생각에 대한 지지도를 넓힌다.

소셜 미디어 캠페인은 좋은 모형을 제공해 준다. 그들은 일반적인 관심을 가지고 있는 다양한 그룹으로 구성되어 있다. 영국 정부가 공유림公有林을 매도하려고 결정했을 때, 자선단체, 시민단체, 환경단체, 미디어, 다수의 시민들과 유권자들이 포함된 광범위한 캠페인 그룹이 연합하였다. 정부는 거센 반대에 부딪쳐 결국 제안을 포기하였다.

국제 무대에서의 또 다른 사례를 소개한다.

2005년 스코틀랜드 글랜 이글스에서 열린 G8 정상회담에서 정치가들과 다양한 시민운동단체 간에 아주 색다르고 강력한 동맹이 결성되었다. 그들의 목표는 빈곤을 줄이는 것이었다.

영국정부는 G8 정상회담을 주최하였는데, 정책 목표는 제3세계의 부채와 그에 대한 이자를 탕감하고 아프리카에 대한 원조를 늘리자는 내용이었다. 사실, 그 당시 이러한 목적은 G8 리더들에게 반드시 필요한 우선 사항은 아니었다.

정삼회담이 개최되기 몇 개월 전, '빈곤을 역사로 만들자' 캠페인은 전 세계에 가장 중대한 이슈로 부각하기 위해 라이브 8 콘서트(1980년대 중반의 라이브 에이드 Live Aid 콘서트의 후속)와 연합하였다.

국제 여론(라이브 에이드 세대 포함)과 이후의 젊은 세대가 이 캠페인의 참뜻을 살렸고, 부채를 탕감하고 과제를 해결하기 위하여 정상회담에 참가한 국가 지도자들에게 저항할 수 없는 압력을 넣는 계기가 되었다.

사회적 혜택의 제공

PQ를 가진 사람들의 중요한 신조는 PQ가 사회적 혜택을 제공하는 방식으로 작용하도록 우수한 비즈니스 감각을 만든다는 믿음이다. 예를 들어 1장에서 코카콜라의 회장이자 최고경영자인 무타르 켄트의 믿음은, 소비자는 '기업의 특성'에 관심을 가지고 있다는 것을 소개한 적이 있다. 당신이 운영하는 방식이 당신에 대한 평판을 좌우한다. 4장 즉 미래에서는 B Team에 대한 사례를 소개하였다.

현실 세계는 혼란스럽고 어지럽다. 리더들은 사회적 요구와 자신들의 핵심 사업의 균형을 맞추는데 어려움을 겪고 있다. 코카콜라의 핵심 사업은 당분이 함유된 탄산음료를 만드는 것이다. 비만 문제는 코카콜라에게 커다란 문제가 되고 있다. 이에 대처하여 코카콜라는 코크 제로 Coke Zero와 같은 신제품을 개발하였다.

버진 그룹의 산하의 기업들 가운데 다수가 운영에 지속 가능성을 포함시키지 않아 리처드 브랜슨 경의 버진 브랜드는 비판을 받았다. 버진은 이 문제에 대처하여 관리자들이 사회적 및 환경적 영향에 관심을 갖도록 지속 가능성 비전과 전략을 만들었다.

코카콜라는 이해관계자들과의 평판을 어떻게 유지하는가? 코카콜라는 공동체에 대한 책임을 진지하게 여긴다. 코카콜라는 비즈니스와 사회적 책임이 뒤섞일 때 민감한 정치적 문제로부터 물러서지 않는다. 무타르는 팔레스타인의 경제적 상태를 향상시키기 위해 토니 블레어(중동에서의 평화를 후원하기 위한 감독 활동을 하는 콰르텟[주]Quartet의 대표)과 협력했다. 코카콜라의 사업 목적인 코카콜라는 가자 지역에 세 개의 음료수 공장들을 가지고 있다. 평화와 번영은 코카콜라의 무역을 향상시킬 것이다. 지역에서의 평화를 확보하는 것은 지역적으로, 세계적으로, 사회를 유익하게 한다. 인도에서 코카콜라는 지속 가능한 지역사회를 건설하는 데 도움을 주기 위하여 비즈니스에서의 여성의 역할을 강화하기 위해 노력하였다. 무타르 켄트는 사회적 이익을 가져오는 것은 다음과 같은 이유들로 인해 견고한 비즈니스 가치를 낳는 것과 일치한다고 설명한다.

- 여성들은 신뢰할 만한 판매자들이다.
- 여성들은 남성들에 비해 비즈니스를 더욱 잘 관리한다.
- 여성들은 우리가 제품을 판매하는 지속 가능한 공동체를 건설하는 경향이 있다.

[주]콰르텟(Quartet) : 중동 평화를 위한 4자(UN, EU, 미국, 러시아) 회의기구

사회를 위한 이익 실현에 비즈니스를 포함하려면 비즈니스에 대한 재정 규칙이 필요하다. 아래에 소개하는 사례 연구는 비즈니스 관계에 있어서 사회적 기업이 혁신과 사회적 이익을 어떻게 결합시키는지를 보여준다.

: :

사례 연구   이동식 화장실 (Portaloos) 

UN에서는 2030년경 세계 인구의 20%가 슬럼에서 거주할 것이라고 예측했다.

나이로비 슬럼 지역 주위에 250개의 이동식 화장실 포탈루스를 설치한 새너지Sanergy와 같은 사회적 기업은 상업적으로 지속 가능한 위생 서비스를 제공함에 있어서 선도적 역할을 하고 있다. 하루에 10,000명의 사람들이 무료 음료와 비누가 함께 나오는 서비스를 사용하기 위해 돈을 지불한다.

새너지는 한번 이용에 약 4 케냐 실링을 부과하는 지역 주민들에게 화장실을 판매한다. 새너지는 매일 쓰레기를 수거하여 쓰레기를 유기비료로 만들어 나이로비 외부의 농부들에게 판매하고 있다.

: :

4. 용기 있게 행동하고, 위험을 감내하고, 윤리를 준수한다.

미래 비전을 확보하기 위해 파워가 공유되는 세계에서 일하는 것은 용이하지 않다. 이해관계자들의 상이한 이익, 경합하는 비전들, 상호의존과 같은 수많은 문제들에 직면할 수 있다. 미래 비전을 확보하기 위해 능력이 공유되는 세계에서 일하는 것은 용기와 위험 감수를 필요로 한다.

하지만 미래 비전을 확보하기 위해 능력이 공유되는 세계에서 일하는 것은 윤리적 범주 내에서 행해져야 한다. 그렇지 않으면 무모함과 타인들에 대한 무시로 타락할 우려가 있다.

도덕성

윤리는 리더들이 사회에 대한 정의, 책임 및 공정성의 측면에서 어떻게 행동해야 하는지를 구체화한 것이다. 철저한 도덕성과 이에 대한 가치는 당신과 협력할 사람들을 유치하는데 있어서 견고한 토대를 제공한다.

타임워너의 회장이자 최고경영자인 제프 뷰케스는 '도덕성은 지도력의 핵심'이라고 주장했다. 제프 뷰케스는 도덕성을 가지고 있다면 투명성·정의·책임과 같은 문제들은 제자리를 잡게 된다고 말했다. 제프 뷰케스는 2008년 금융위기 후 부시 행정부와 오바마 행정부에 의해 행해진 것에 대하여 언급했다.

1929년 이래로 최악의 경제 위기에 직면하여 부시 행정부 팀과 오바마 행정부 팀은 금융위기 문제를 신속하게 해결하기 위해 협력했다. 공화당원인 부시 대통령은 은행을 국유화하는 것을 승인해야 했으며, 이는 공화당 지지자들에게는 상상도 할 수 없는 일이었다. 오바마 대통령은 공금을 가지고 월 스트리트의 금융가들을 구제해야만 했는데, 이는 오바마가 못마땅해하는 것이었으며 민주당 지지자들이 예상치 못한 것이었다.

부시와 오바마는 자신들을 지지하는 유권자들의 이해관계를 넘어 미국 국민과 세계 경제의 이익을 위하여 자신들의 책임에 부합되게 행동했다. 부시와 오바마의 이러한 행동은 정책적 성공이었으며 미국과 유럽이 더욱 심한 침체에 빠지는 것을 방지하는데 도움이 되었다.

파워가 공유된 세계에서, PQ는 기업과 사회 이익이 창출되는 곳에서 파트너십을 만든다. 도덕적으로 행동하는 것은 기업이 자선단체로서 운영한다는 것을 의미하는 것은 아니다. 비즈니스는 비즈니스이다. 하지만 좋은 비즈니스는 사회의 요구를 무시하지 않는다.

무바달라Mubadala 개발회사는 550억 달러 규모의 전략적 투자를 하는 개발회사이며, 유일한 주주는 아부다비 정부이다. 맥킨지는 무바달라 개발회사의 최고운영책임자인 왈리드 알 무카라브 알 무하이리Waleed Al Mokarrab Al Muhairi와 인터뷰를 하며 어떻게 무바달라 개발회사가 사회에 대한 전략적인 기여에 대하여 금융수익을 잘 이용하였는지에 대하여 질문하였다. 이에 대해 왈리드 알 무카라브 알 무하이리는 다음과 같이 대답했다.

우리는 이것에 대해 타협을 하지 않습니다. 타협을 위한 거래를 하기 시작하면 원치 않는 곳으로 떠밀려 갈수도 있는 미끄러운 언덕에 처하게 됩니다. 그러므로 우리는 투자를 할 때 첫 번째 여과기로서 금융 수익을 이용합니다. 그것이 금융 시험을 통과하면 우리는 전략적 방법을 검토하고 금융 방법과 전략적 방법이 아부다비의 관점에서 보기에 합당한 클러스터나 비즈니스를 창출하는지의 여부를 지켜봅니다.

우리의 주주가 사회적 관점에서 합당한 것을 하도록 요청한다면 우리는 경제적 수익을 낮으라는 무바달라의 명령을 존중하는 방식으로 도모할 것입니다. 이것이 효과가 없을 경우, 우리는 주주에게 돌아가 "우리는 이것이 무바달라의 관점에서 적합한 프로젝트라고 생각하지 않습니다."라고 말할 것입니다. 아부다비 정부와 우리의 이사회는 진실을 유지하는 것에 대하여 매우 단호합니다. (Zafer Achi, Mckinsey Quarterly, 2010년 9월)

용기

최고의 리더들은 용기가 있다. 미래 비전이나 프로젝트가 아무리 훌륭할지라도 자신들을 위협하는 행위를 못하게 하려는 기득권자들의 비난에 직면할 가능성이 있다.

전술한 기득권자들은 다양한 수준의 영향력을 갖는다. 언론매체에 발언권을 가지고 있는 자들과 언론매체에 의하여 의견이 옹호를 받는 자들은 자신들의 의견을 표현하기 위해 기존의 청중들에게 접근한다. 어떤 기득권자들은 중요 이해관계자들에게 더욱 많은 영향력을 미치기도 한다.

새로운 작업 방식을 만드는 것, 현재 상태에 도전하는 것, 그리고 기존 파트너들을 교체하기 위해 새로운 파트너들을 구하는 것은 초기 단계에서 상당한 변화와 실패의 위험을 수반한다. 리더들은 새로운 접근법을 옹호하고 위험을 수반한다. 리더들은 위험을 무릅쓴다. 변화를 가져오기 위해서는 위험을 무릅쓰고 비난을 감수할 각오가 되어 있어야 한다.

위험에 대처하는 성향

위험에 대한 선호도와 관심은 비전과 추진력을 가진 리더의 특징이다. 조심스러운 접근을 해서는 미래 비전에 도전할 수 없다. 위험을 감수하는 것은 리더가 해야 할 일이다. 위험을 무릅쓰는 성향을 갖는 것은 PQ 리더십의 특징이다. 원대한 미래 비전을 실행하는 것은 리더를 실패에 노출시킨다. 최상의 리더들은 무모하지 않고 위험이라는 전율을 즐긴다. 두려움이 지각 가능한 것과 마찬가지로 성공적인 위험 감수에 의해 고취되는 자신에 대한 믿음도 지각 가능하다. 파트너들과 이해관계자들은 리더의 자신감을 인지하며 리더가 성공적인 결과를 낳을 수 있다는 믿음을 가지고 있다. 이에 대해 글로벌 리더들은 다음과 같이 말하고 있다.

- 무타르 켄트는 "위험을 감수하지 않고 얻을 수 있는 것은 없다."라고 언급하며, 용기야말로 리더십의 특징이라고 말한다.
- 아랍 에미리트를 국제 비즈니스의 중심과 중동의 허브로 만든 두바이의 지도자인 세이크 모하메드 알 막툼은 "가장 큰 위험은 위험을 무릅쓰지 않는 것이다."라고 언급했다.
- 아프가니스탄 주재 NATO 민간대표를 지낸 마크 세드윌은 "위험을 기꺼이 감수하는 것 이상이어야 한다. 위험을 즐겨야 한다."라고 언급했다.
- 리처드 브랜슨은 "모험을 하지 않고는 아무 것도 얻을 수가 없다.― '모험을 한다면 삶은 더욱 흥미진진하다."라는 말을 인용했다. (Regan and Branson, 2013)

■ 우리가 의미하는 것은 어떤 종류의 위험인가?

비즈니스에서 사회를 보호하거나 이롭게 하는 방식으로 이익을 얻기를 원하는 리더들은 변화가 비용과 가격을 증가시키고 단기적 이익을 위협할 가능성이 있으므로 투자자와 주주로부터의 이의에 직면하게 될 가능성이 있다. 회사를 운영하는 방식을 변화시켜 위협을 무릅쓸 때 리더들은 수익을 창출해야 하며 그렇지 않을 경우 기업이 오래가지 못한다는 것을 알고 있다.

4장에서 소개된 B Team의 구성원들은 타인들에게 수익, 인간 그리고 지구를 우선적으로 두라고 장려하기 전에 자신의 집을 정돈해야 한다는 것을 인식했다. B Team의 구성원들은 타인들에 대한 윤리적 기준을 설정하기 전에 윤리적 기준의 설정에 의해 위협을 느낀 자들로부터 비난을 당하는 위험을 감수해야 했다.

정부에서 '권력자에게 진실을 말하는 자'는 공공정책 공무원이다. 예를 들어 공공정책 공무원은 현명하지 못한 정책을 실행하는 것이 초래할 가능성이 있는 결과에 대해 권력자에게 명확하게 말한다. 정치가는 커다란 인기가 없는 조치일지라도 사회에 이익이 되는 조치나 (예 : 주점/식당에서의 흡연 금지) 평등과 관련된 조치(예 : 동성애자 커플이 결혼을 하는 것을 허용함)를 옹호한다.

비영리 세계에서 정치적 압력에 굽히기를 거부하거나 재정이 어려워도 비도덕적인 기업으로부터의 기부를 거절하는 것은 NGO이다. 지역 분쟁이 발생할 때 독재자에게 중재하는 것은 UN의 임무이다.

모든 분야에서, 다른 사람들이 주저해도 더 나은 미래를 만들기 위해 헌신하는 사람들이 있다.

그래서 어떻게 해야 하는가?

우리는 대기업들과 저명한 리더들의 사례들에 의도적으로 의지하였다. 그 이유는 대기업들과 저명한 리더들의 사례들이 신뢰할 만 하기 때문이다. 하지만 PQ는 모든 부문과 국가들에 걸친 리더들에 대한 것이다. 타인들과 협력하여 더욱 많은 것을 생산하고 정치 지능을 발전시키기를 원하는 사람들은 자신의 세계에서의 목표를 확대해야 한다. 게이츠 재단의 제프 레이크스는 이러한 확대의 필요성에 대하여 제대로 이해한 사람들 가운데 하나이다. 그는 "리더는 가치를 공유하는 사람들과의 제휴에 의해 조직과 의사소통에서 더욱 용기가 있어야 한다."라고 주장했다.

우리는 사람들이 새로운 아이디어와 새로운 사람들을 받아들이는데 거부감을 가지고 있는 것을 사회의 모든 계층에서 목격한다. 우리는 통제력을 상실하고 이용당하고 정체성을 잃어버리는 것을 걱정한다. 조심스러운 태도는 세계화 및 통합적인 세계와 조화되지 않는다. 자신의 조직과 더욱 커다란 공동체를 위해 변화를 가져오고자 하는 리더는 마음을 터놓고 타인들과 협력할 용기가 있는 사람들이다. 이것은 쉽지 않으며 조직은 수월하게 변화하지 않는다. 리더는 다르게 행동하는 것의 가치를 사람들이 이해하는 것을 도와주기 위해 PQ 능력을 사용할 필요가 있다.

용기는 오래 지속할 수 있는 지도력에 필요한 요소이다. 변화를 가져오는 지도력은 단기적 승리에 대한 것이 아니다. 변화를 가져오는 지도력은 장기적으로 투자하고 중요한 것들을 인지하며 진정한 이익을 창출하는 함에 있는 것이다. 도전을 즐긴다면 위험을 무릅쓰는 것을 두려워하지 말라.

5. 카리스마와 목적을 결합하여 이해관계자들에게 영향을 미친다.

목적이 없는 카리스마를 가진 사람은 접대자이거나 아첨꾼이다. 뚜렷한 목적이 있는 카리스마는 타인을 격려하고 영향을 주는 강력한 결합체이다.

카리스마

하버드대학 조지프 나이Joseph Nye 교수는 카리스마에는 다음과 같은 세 가지의 요소들이 있다고 언급하였다. (Harvard Business Review, 2006년 10월)

- 비전
- 자신감
- 의사소통 능력

나이 교수는 리더십의 고취시키는 방식을 기술하기 위해 전술한 세 가지의 요소들에 감성 지성을 추가시켰다.

카리스마는 우리로 하여금 무능함을 느끼도록 해주는 단어들 가운데 하나이다. 카리스마를 지닌 대표적인 인물들로는 존 F.케네디, 마틴 루터 킹, 넬슨 만델라, 간디가 연상된다. 목표를 지나치게 높게 설정하면 우리 자신의 한계에 대하여 인식하게 된다. 개인적인 카리스마를 통해 타인들을 고취시키고 영향을 미치기 위해서는 나이 교수가 언급한 네 개의 요소들을 입증해야 한다. 블록을 쌓는 일련의 작업으로서 카리스마에 대하여 고려하는 것이 존 F.케네디가 되기 위해 노력하는 것보다 더 현실적이다.

■ 비전

더욱 많은 카리스마를 지니기 위해서는 타인들의 상상력을 사로잡는 방식으로 미래 비전과 미래 비전을 어떻게 실현할 것인지를 설명해야 한다. 사람들은 감정과 이성이 뒤섞인 심리 상태로 새로운 사고에 이끌리는 경향이 있다. 타인들을 열광하게 하고 격려하는 설득력 있는 비전을 제시한다면 타인들을 끌어당길 수 있다. 비전을 제시할 때 자신의 비전이 실행하기에 얼마나 현실적으로 가능한지를 보여준다면 훨씬 더 효과적이다.

설득력 있게 당신의 미래 비전을 설명할 수 있는지의 여부는 미래 비전에 대한 명확한 이해의 정도, 미래 비전이 중요한 이유에 대한 이해 그리고 미래 비전 실현을 위한 전략에 대한 이해에 달려 있다. 이와 관련하여 제프 뷰케스는 "전략적으로 행하지 않는다면 당신은 영향력을 미치지 못한다."라고 언급했다.

■ 감성 지능

열정과 확신을 가지고 말하면 설득력이 있는 사람이 될 수 있다. 열정과 확신을 가지고 말하며 타인들의 의견을 경청하고 타인으로 하여금 자신들의 의견과 요구가 존중받는다고 느끼도록 만든다면 더욱 카리스마를 가지게 된다. 카리스마를 지닌 리더는 타인들의 의견을 경청하고 존중하면서 열정과 열의에 균형을 유지하므로 카리스마는 감성 지능에 의지한다.

■ 자신감

자신감이 자신감을 낳는다. 당신이 자신감을 가지면, 다른 사람들도 당신을 신뢰한다. 한 영국 각료의 보좌관은 자신이 목격한 경험을 바탕으로 다음과 같이 조언한다. "명확한 사고와 당신이 원하는 것에 대하여 분명하게 방향을 제시하는 능력, 당신이 동등한 권리를 가지고 있다고 믿는 용기와 자신감을 가져야 한다. 각료들은 진지한 도전에는 좌절하겠지만, 관련 없다고 여기는 사람들은 무시할 것이다."

앞에서도 언급한 바와 같이, PQ를 가진 리더들은 정보를 입수하는 것에 정통하다. 그들은 호기심이 많으며 세계에 대하여 잘 이해하고 있으며 국내 문제뿐만 아니라 국제 문제에 대해서도 정통하다. 그들은 전후 관계를 이해하기 위해 역사에 의지한다. PQ를 가진 리더들의 다수는 학계와 연결되어 있다. PQ를 가진 리더들의 대다수는 다문화적 경험을 가지고 있으므로 전 세계에 인맥을 갖추고 있다.

자신감을 갖는다는 것은 당신이 말하고 있는 것에 대하여 잘 알고 있다는 뜻이다. 개략적으로 말하는 것으로는 충분하지 않다. 사실들을 집중시키는 능력과 지식이 필요하다. 주미 영국대사, EU 주재 영국대사, 로열 더치 셸 석유의 부회장을 역임하고, 현재는 스코틀랜드 전력의 부회장으로 있는 커Kerr는 "지식에 포위되지 마라."라고 언급했다. 기술적인 주제이고 그 주제에 대한 전문적인 지식이 없다면 전문가에게 도움을 받아야 한다.

제이Jay경은 다음과 같이 말한다.

정부 각료들은 선천적인 위신이 있고 자신이 말하고 있는 것에 대하여 알고 있으며 침착하고 사려 깊고 지식과 이해를 합리적으로 전달하는 사람들을 선호한다. 당신은 내용과 어떻게 변화를 가져올 수 있는지에 대하여 잘 알고 있어야 한다.

당신이 영향을 미치고자 하는 사람들이 당신을 신뢰하고 당신이 말하는 것을 듣기를 원한다면, 이것은 당신의 자신감을 증강시키고 모든 것이 순조롭게 흘러간다. 이러한 흐름을 느낄 때, 당신은 다른 사람들에게 영감을 줄 수 있는 능력을 가지게 된다.

■ 목적의식

카리스마는 사람들을 당신의 미래 비전으로 이끄는 역할을 한다. 목적의식은 당신이 진심이라는 것을 보여주며 비슷한 경향을 가진 사람들을 끌어당기는 역할을 한다. 목적의식이 있는 리더들은 미래 비전을 성취하는데 있어서 우선순위를 정한다.

능력이 공유되는 세계에서는 다양한 이해관계자들과 자주 협의를 해야 한다. 자신의 자아를 중역 회의실 바깥에 두고 상황을 진전시키기 위해 필요한 것을 하는 것은 미래 비전을 추진하는 데 도움이 된다.

기업의 이사회와 다국 간 외교 분야에서 폭넓은 협상을 한 경험이 있는 커는 다음과 같은 조언을 하였다.

성공적인 협상은 피를 흘리지 않고 전투에서 이기는 것이다. 상대방은 패배를 당하지 않는다. 카펫에 피를 흘리지 않고 상대방이 패배를 당했다는 느낌이 들지 않도록 하면서 전투에서 승리하라. 협상 상대방이 필요로 하는 것에 얼마나 도움이 될 수 있는지를 보여주라.

정치가들과 정부 고위 관리는 다른 이해관계자들에게는 거드름을 피우는 것으로 비칠 가능성이 있다. 산업체로부터의 협력을 필요로 하는 정부 고위관리를 관찰한 피터 헤이즈는 정부 고위 관리에게 "사업가들은 돈을 벌지만 우리는 국가를 운영한다."라는 인상을 사업가들에게 주는 것은 협상에 도움이 되지 않으므로 주의해야 한다고 말한다. 피터의 이러한 견해는 정부 고위 관리에 의해 호응을 받았으며, 그들은 '정부는 항상 자신이 타인들에 비해 훨씬 더 적법하다고 생각한다. 정부는 편리할 때 협의를 하는 경향이 있다'는 것을 주목했다.

복잡한 프로젝트, 수많은 이해관계자들, 변화하는 환경으로 인해 최선을 노력을 경주해도 일이 순조롭게 않게 될 가능성이 있다. 게이츠 재단의 제프 레이크스는 자신의 직원들에게 다음과 같이 말했다. "우리는 세계의 가장 어려운 문제들을 해결하는데 도움이 되기를 열망합니다. 문제를 해결하는데 성공하기 위해서는 위험을 무릅써야 합니다. 위험 감수에는 실패의 가능성이 내재해 있습니다."

이해관계자

목적의식을 가진 리더들은 실패를 통해 교훈을 얻으며 활동을 조정한다. 하지만 뉴스가 빠르게 전달되며 사회적 매체를 통해 연결되어 있는 다양한 이해관계자들을 가진 능력이 공유된 세계에서는 당신의 방법을 조용하게 조절하는 것으로는 이해관계자들을 안심시키기에 충분하지 않다. 이럴 경우 당신은 이해관계자들의 신뢰를 유지하기 위해 이해관계자들과 쌓은 인맥에 의지할 필요가 있다.

마크 세드월은 "파워는 당신이 논쟁에서 승리하고 있는지 그 여부에 달려 있다는 것을 명심하라. 파워는 썰물과 밀물처럼 변한다. 파워가 공유되는 세계에서 당신의 파워는 모든 사람이 당신에게 부여한 파워이다. 파워를 과신하지 말라. 당신은 다름 사람에 의해 허용된 파워를 가지고 있을 뿐이다."라고 경고하였다.

6. 복잡성을 이해하고, 기억하기 쉽게 간단하게 설명한다.

이해관계자들과 정기적이고 설득력 있게 의사소통하는 것은 PQ 리더들의 역할 가운데 중요한 역할이다. 프로젝트에 대한 이해관계자들의 참여·관심·지원이 없다면 리더들이 프로젝트를 진전시키기 어렵다. 우리와 이야기를 나누었던 리더들은 자신들의 역할이 의미를 만드는 사람이라고 생각했다. 그들은 다양한 이해관계자들을 사로잡기 위해 다양한 의사소통 채널을 사용해야 할 필요가 있다는 것을 알고 있었다. 사람들을 참여하도록 만들고 그들의 의견을 구하고 그들에게 진행 상황과 성과에 대하여 알려주는 것이 헌신을 구축한다.

의미가 있고 청중의 관심과 에너지를 사로잡는 설득력 있는 의사소통은 영향력에 핵심적인 역할을 한다. 데이빗 프로스트David Frost는 이에 대하여 다음과 같이 명쾌하게 말한다. "중요한 능력은 복잡성을 관리하고 이를 이해하고 난 후 기억하기 쉬운 비전을 가지고 간단하게 전달하는 것이다." 말하기는 쉬우나 실행하기는 어렵다.

복합적으로 생각하고 간단하게 말한다.

간단하고 기억하기 쉽게 전달하기 위해서는 노력과 훈련이 필요하다. 간단하고 기억하기 쉽게 전달하기 위해 노력하는 것은 청중이나 독자를 존중한다는 표현이다. 명쾌함은 메시지를 현재의 정보에 논리적으로 체계화하여 획득된다. 공공 캠페인 전문가들인 애런 바너드Alan Barnard 와 크리스 파커Chris Parker(2012)는 "우리가 정보를 전달하는 순서가 청중의 반응을 결정한다."라고 역설했다.

무엇을 말할 것인지 명확하게 한 다음 예리하고 명료하게 될 때까지 다듬어야 한다. 그리고 나서 다른 사람들 앞에서 그것을 시험해 보고 그들의 피드백을 구한 후 당신의 메시지가 청중에 의해 이해될 수 있을 때까지 계속하여 다듬어야 한다.

논리와 감성을 활용한다.

이것은 주제의 세부사항을 충분히 마스터하고 헤드라인 이슈만을 추려내어 청중에게 전달하는 기술이다. 이것을 잘하는 사람들은 사람들이 제공된 정보를 이해하고 처리할 수 있도록 사실을 가지고 세부사항의 분량과 전후 관계를 조화시킨다. 이것을 잘하는 사람들은 특정 이슈가 왜 중요한지에 대하여 설명하고 어디에서 청중이 주의를 집중시켜야 하는지에 대하여 설명한다. 집중되고 논리 중심적인 접근법은 사실을 알기를 원하는 청중들에게 가장 효과적이다.

대부분의 사람들은 특히 정부와 기업이 회의적으로 보일 때 사실을 알기를 원한다. 사람들은 과대광고에 대한 의심이 증가하다가, 사실 이면에 나쁜 뉴스로 포장된 무익한 기업 홍보, 정치가, 정책 입안자에게 관심을 끊어 버린다.

청중을 사로잡기 위해서는 사실적 정보를 제시하는 것만으로는 충분하지 않다. 감정에 접촉하는 것은 영향력을 증대하고 오랫동안 기억에 남게 한다. 사실적 정보를 제공하는 것과 대중의 삶에 어떻게 영향을 미치는지를 설명하는 맥락 속에 두는 것의 균형을 이루는 방법을 찾는 것은 커뮤니케이션을 더욱 의미 있게 만든다. 언론 매체는 이것을 매우 잘 알고 있으며 대부분의 뉴스들은 전술한 두 개의 요소들을 결합한다.

전략적 서술

파워가 공유되는 세계에서는 일관성과 집중이 유지되도록 하기 위해 전략과 활동이 미래 비전에 일치해야 한다. 이익부터 장기적인 사회적 혜택에 이르기까지 다양한 이익을 창출하는 것을 지향하는 수많은 이해관계자들을 가진 복잡한 프로젝트들은, 다양한 사람들에게 프로젝트가 하고 있는 것은 무엇이며 왜 그것이 중요한지에 대하여 설명을 해야 한다.

전략적 서술은 미래 비전과 연계된다. 수많은 파트너들이 관련된 프로젝트들에 있어서 전술한 접근법은 이해관계자들 간의 혼란을 유발하는 상이한 메시지 전달의 위험을 방지해 준다. 미래 비전을 향하여 노력하는 프로젝트들은 각 프로젝트로부터 전체 서술로의 전달들을 연계하여 이익을 얻을 수 있다.

가장 중요한 메시지를 식별하고, 모든 커뮤니케이션이 메시지들에 일치하도록 하는 방법을 시행하는 것은 다양한 관객들이 프로젝트가 무엇에 관한 것인지, 프로젝트가 왜 중요한지, 그리고 활동들이 프로젝트에 어떻게 관련되어 있는지를 이해하는데 도움이 된다.

빈번하고 일관성 있는 커뮤니케이션은 장기적인 이익을 낳으면서도 단기적인 불이익을 가져오는 변화를 설명할 때 특히 중요하다. 단기적인 불편함이나 곤란에 직면할 때, 왜 그것이 중요하고 미래에 어떤 차이를 가져올 것인지에 대하여 알아야 할 필요가 있다.

스토리텔링

스토리는 미래 비전이 사람들의 생활에 어떻게 영향을 미칠 것인지를 설명할 때 전략적 서술에 적합하다. 정서 반응을 불러일으키기를 원하거나 매력적이고 설득력 있는 미래상을 채색하기를 원할 때 리더들은 스토리텔링에 의지한다. 스토리텔링은 사람으로 하여금 자신이 원하는 것이 무엇인지를 상상하고 원하는 것을 미래에 어떻게 성취할 수 있는지에 대하여 이해하도록 자극한다. 마틴 루터 킹 목사의 '나에게는 꿈이 있습니다I have a dream.'라는 메시지는 이와 관련된 뛰어난 사례이다.

스토리는 사람들의 주의와 이해를 얻기 위한 가장 간단한 형태들 가운데 하나이다. 스토리는 문화·세대·시간을 가로지르는 능력이 있다. 모든 상황에 대해 스토리가 존재한다. 인간은 스토리를 말하고 듣고 기억하도록 오랜 세월 동안 프로그램화되어 왔다. 스토리텔링은 인간의 DNA에 존재한다. 수많은 이해관계자들과 함께 일하는 리더들에게 있어서 사실을 명쾌하고 단순하게 전달하고 스토리와 은유를 통해 컬러를 더하는 능력은 리더들에게 의견에 영향을 미치고 심지어는 변화시키는 힘을 준다.

노련한 정치가들은 자신들의 정치적인 전략적 서술에 적합한 스토리를 찾는다. 정치 지능을 가진 비즈니스 리더들은 이러한 점을 인식하고 있으며 스토리의 일부가 되고 자신들의 비즈니스 요구를 전략적 서술에 연관시켜 응답한다.(예 : 탄소 배출 감소, 고용 증대, 평등 지지) 고객들이 누구로부터 무엇을 구입할지에 대하여 더욱 분별력을 가지게 됨에 따라 '회사의 특성'과 회사가 더 넓은 사회에 얼마나 기여하는지 알려주는 스토리가 점점 더 중요해지고 있다.

Story : 보다폰Vodafone 이동통신 — 스토리텔링

역사는 오래되지 않았으나 매우 성공적인 국제 기업인 보다폰Vodafone은 금융이나 상업 부문에서 근무하는 사람들로 구성된 글로벌 CEO 네트워크를 발전시켰다. 보다폰의 초기의 성공은 이러한 엔지니어들의 창의력과 노력에 바탕을 두었다. 이동통신 시장이 더욱 정교해짐에 따라 전술한 전문적 우수함 만으로는 최고경영자들이 고객과 정부와 효과적으로 관계를 맺도록 해주기에는 충분하지 않았다.

보다폰이 뉴베리Newbury에 인도 식당을 세운 것은 널리 알려지지 않았다. 보다폰은 야망과 신념이 결합된 소박한 출발로 청중을 놀라게 하고 기쁘게 하는 능력을 가지고 있다.

새로운 문화에서 일하는 사람들에 의해 말해지는 다채로운 스토리 — 예를 들어 노인들을 위한 더 크고 단순한 버튼을 가진 핸드셋 설계, 아프리카의 농부들이 여러 마일을 걸어 시장에 가지 않고도 송금하는 것을 가능하게 해주는 기술, 당뇨병을 가진 사람들을 위한 지원 시스템 — 는 거의 공유되지 않았다.

보다폰은 이러한 스토리들이 위대한 스토리일 뿐만 아니라 보다폰의 가치와 행위에 대하여 사람들에게 알려주므로 전술한 스토리들을 말할 필요가 있다는 것이 명백해지게 되었다. 2011년 보다폰은 직원들에게 스토리를 제출하도록 요청하여 보다폰 스토리북을 만들었다. 이 스토리북은 보다폰의 역사, 직원, 고객에 대한 축하 행사였다. 지금은 각 나라의 보다폰 최고경영자들이 사람들을 만날 때, 그들은 자신들이 제공하는 제품과 서비스뿐만 아니라 스토리에 대해서도 생각한다.

한 국가의 CEO는 다음과 같이 말했다 : "장관과의 다음 미팅에서 스토리를 말해야겠다고 생각했습니다. 그리고 장관을 만나서 스토리를 말했더니 좋아했습니다. 지금 그가 우리에 관해 알고 있다는 것이 믿어지지 않습니다."

《스토리텔링으로 성공하라The Leader's Guide to Storytelling》(2011)에서 스티븐 데닝Stephen Denning은 공유된 비전을 만들고 행동에 점화를 하고 변화를 실행하기 위해 서술이 사용될 수 있다고 암시했다. 가치를 사람들의 삶과 경험에 연결하는 것은 효과적인 연결을 하는 것을 가능하게 해준다. 다음은 마스터 연설가의 예이다.

Story : 마스터 연설가

오바마 대통령은 2012년 당선 연설에서 미국에 대한 자신의 비전을 공유하기 위해 서술을 사용했다. 그는 권리와 책임에 대하여 이야기를 했으며 건강관리 개혁을 지지하는 캠페인 스토리를 말했다.

"나는 이러한 정신이 미국에서 작용하고 있다는 것을 보았습니다. … 나는 이 정신을 오하이오 주에 있는 멘토에게서 본 적이 있습니다. 당시 한 아버지는 백혈병으로 고생하는 8세 된 딸에 대해 이야기를 하였습니다. 딸의 백혈병을 치료하는 데 엄청난 비용이 들었다고 말했습니다. 그는 몇 주 전에 통과된 건강관리 개혁이 없었더라면 보험회사는 딸의 치료를 위한 보험금 지급을 중단했을 것이라고 말했습니다. 그가 딸에 대한 이야기를 했을 때 방에 있던 모든 부모는 눈물을 흘렸습니다."

7. 결론

사람이건 국가이건, 리더에 대한 테스트는 시간의 제약 안에서 미래를 형성하기 위해 파워를 어떻게 전개하는가에 대한 것이다.

– 밥 졸릭 –

리더들은 조직이나 비즈니스에서 개인적 파워 관점으로만 파워가 공유되는 세계에서 운영을 할 수 없다. 리더들의 파워는 타인들에 의해 허가되는 것이다. 파워가 공유될 때 미래를 형성하는 것은 주요 이해관계자들과의 의미 있는 관계를 쌓는 것에 달려 있다.

조직이 아무리 강력해도 PQ 리더들은 자신들이 더욱 넓고 연결된 세계의 일원이라는 것을 알고 있다. PQ 리더들은 누가 중요한지를 알고 있으며 그들의 의견을 기꺼이 경청하고 그들로부터 배운다. PQ 리더들은 모든 이해관계자들이 포함되도록 하기 위해 시스템과 방법을 필요로 한다는 것을 알고 있다. PQ 리더들은 모든 사람이 유익한 스토리를 말하도록 하기 위해 기꺼이 양보한다.

PQ 리더들은 필요하면서도 중요한 것을 할 용기와 자신감을 가지고 있다. PQ 리더들은 무모함이 없이 위험을 즐긴다. PQ 리더들은 게임에 대하여 잘 알고 있으며 게임을 앞서 간다. PQ 리더들은 관대하며 타인들에게 유익한 행위를 한다. PQ 리더들은 강력한 중복되는 네트워크를 가지고 있다. PQ 리더들이 도전을 하거나 영향을 미칠 필요가 있을 때, 그들은 성공에 대한 신뢰성을 갖는다. PQ 리더들은 왜 중요한지에 대하여 사람들이 이해할 수 있도록 하기 위해 어떻게 이야기를 해야 할지를 알고 있다. PQ 리더들은 조직과 사회에 이익을 주는 것들이 발생하도록 만든다.

다음은 파워에 대한 정치 지능의 많은 측면들을 포착하는 사례 연구이다.

· ·

사례 연구　　앵글로아메리칸의 페루 꾸엘라베코 광산 프로젝트 

앵글로아메리칸Anglo American 광산회사에서 정부관계 책임자로 일했던 휴 엘리어트Hugh Elliot는 다음과 같은 스토리를 말한다.

페루의 광업에 대하여

페루에서는 광업이 오랫동안 생명선이자 논란을 불러일으켰다. 페루는 세계에서 광물자원이 가장 풍부한 국가들 중의 하나이며 스페인이 페루를 침략한 때부터 광업 갈등이 있었다.

앵글로아메리칸은 페루에 두 개의 커다란 미개발된 구리광산 채굴권을 가지고 있었다. 2010년 나는 우리의 프로젝트에 반대하여 거리에서 시위하는 갈등을 해결하는 것을 도와주기 위해 모케과Moquegua 지역에 있는 꾸엘라베코Quellaveco 프로젝트에 파견되었다.

모케과에 대하여

과일, 올리브 그리고 무엇보다도 전통 술 피스코Pisco로 유명한 모케과는 페루 남부에 위치하고 있으며, 칠레 국경으로부터 자동차로 3시간도 되지 않은 거리에 자리잡고 있다. 모케과에는 꾸아호네 광산과 일로Ilo 제련소와 정제소가 약 50년 동안 운영을 해왔으며 수십 년 동안 광업에 대한 논쟁이 존재했다.

앵글로아메리칸은 1992년 페루에 투자를 하여, 모케과에서 40km 거리의 2,000m 더 높은 곳에 위치한 해발 3,500m에 있는 꾸엘라베 광산에 대한 공개입찰을 따냈다. 2000년대 후반 앵글로아메리칸은 타당성 조사, 광산 계획과 허가를 완성하는 것에 착수했다.

어려운 문제들

우리는 물이 중요한 문제라는 것을 잘 알고 있었다. 광산은 많은 양의 물을 필요로 하며 모케과는 물이 부족한 지역이다. 지형은 광대하고 갈색이며 아타카마 Atacama 사막의 연장이다. 하곡이 태평양을 향해 안데스 산맥의 5,000m 이상으로부터 굽이치며 나아간다. 이 강들은 우기에 풍수해를 낳지만 건기에는 수량이 줄어든다. 육지의 많은 부분은 비옥하며 용수를 구하려는 치열한 경쟁이 있다.

공동체의 우려에 대한 응답으로 지하수를 이용하는 것을 피하기 위해 물 공급 계획을 조절했다. 우리는 다년간에 걸친 참여 프로그램과 공동체 발전 프로그램을 통해 현지의 다양한 이해관계자들과의 견고한 연대를 발전시켰다.

그래서 우리는 2010년 8월 정부가 우리에게 용수 허가를 내준 후 1,000명이 넘는 주민들이 우리의 사무실 바깥에서 시위를 하는 것에 매우 놀랐다. 시위가 있은 때로부터 수 주가 경과한 후 페루 정부는 허가를 중지했다. 우리는 프로젝트 개발을 급박하게 준비해 왔으므로 현지 주민들이 앞으로 전개될 것에 대하여 얼마나 우려하고 있는지에 대해 과소평가했다. 당국을 이용하여 압력을 가하는 대신 우리의 최고경영자는 협상에서 중요한 지도적 역할을 한 마틴 바즈카라를 만나기 위해 페루로 갔다. 우리는 현지 주민의 우려를 다루고 해결하기 위한 방법을 모색하고 대화를 하기로 합의했다. 이 대화는 용수, 환경에 대한 영향, 지역에 대한 회사의 사회적 공헌에 관한 것이었다.

우리의 대응

나는 문제를 해결하기 위한 우리의 접근법을 지도하는 것을 도와주기 위해 페루에 도착했다. 전조는 상서롭지 않았다. 페루에서의 대화 테이블은 협상이 합의에 이르지 못한 채 끝나버리고 마는 역사를 가지고 있었다. 리마와 모케과에 있는 페루 동료들과 함께 우리는 성공에 중요한 역할을 한 것으로 입증된 조치들을 취했다.

첫째, 이해관계자들에 대한 종합적인 이해를 하기 위해 우리는 이해관계자들과 관계를 맺었다. 30개 이상의 시민사회단체, 전문가 협회, 정부 협회, 산업 협회들이 있었으며 이들은 꾸엘라베코 대화 테이블을 구성했다.

둘째, 우리는 우리의 계획을 적절히 이해시키기 위해 노력했다. 특히 우리의 프로젝트에 의해 수질과 수량이 부정적인 영향을 받지 않는다는 것을 적절히 이해시키기 위해 노력했다. 우리는 광산을 수십 번 방문했으며, 정보센터들을 만들고 공동체 봉사활동을 하였으며, 광업 부문에서 가장 개방적이고 투명하며 폭넓게 의사소통되는 것을 만들었다.

셋째, 대화 테이블의 구성원들과 직접적인 관계를 맺었다. 꾸엘라베코에는 후원자들이 있었으나 후원자들 가운데 다수는 의심을 품고 있었으며 일부 후원자들은 노골적으로 반대하는 태도를 보이기도 했다. 우리는 모든 사람과 기꺼이 대화했다. 대화 테이블에서 우리는 우리의 계획에 대하여 제시하고 주민들의 우려에 대하여 경청하고 응답했다.

18개월에 걸친 협상 후, 대화 테이블은 마침내 2012년 8월 성공적으로 마무리되었으며 앵글로아메리칸은 다음과 같은 공약을 하였다:

- 강수량의 변동을 다루는 것을 도와주며 농업을 위한 용수 이용을 증가시키기 위해 지방 정부와 협력하여 대규모의 추가적인 인프라 작업을 한다.

- 하곡이 원래의 수로를 회복하도록 광산폐쇄 계획을 변경한다.
- 미숙련직에 현지인의 80% 채용, 노동자들에 대한 훈련, 공급자와 기업 발전 계획, 지역개발 기금의 설립을 포함한 모케과지역과 페루에 더욱 많은 이익을 프로젝트가 가져다 줄 수 있도록 한다.
- 현지의 습지, 동식물을 더욱 잘 이해하고 보호하기 위한 환경 프로그램을 실행한다.
- 우리의 공약에 대한 준수를 시민단체 대표 및 지방정부 대표와 함께 공동 감시한다.

우리의 경험

대화 테이블의 가장 중요한 것은 대화 테이블의 모든 참여자들이 상대방의 관심사항에 대하여 기꺼이 경청하여 상대방에 대한 깊이 있는 이해를 하게 되었다는 점이다. 프로젝트에 대한 개인적 의견들이 어떻든 간에 지역주민들은 커다란 투자가 자신들의 발전을 위하여 제공한 기회에 대하여 고마워한다. 지역 주민들은 광산 운영에서 위험이 어떻게 효과적으로 관리될 수 있는지에 대하여 이해하게 되었다. 앵글로아메리칸은 지역 주민들의 관심과 우려에 대하여 깊은 이해를 하게 되었다.

대화는 종종 어려움을 겪기도 했다. 지배력의 상실은 불편했다. 기업들은 지배를 선호하는 경향이 있다. 하지만 관계로 형성된 세계에서는 파워가 점차 분산되며 비즈니스의 성공은 공식적이고 비공식적인 파워의 중심들을 이해하고 다루는 것에 달려 있다.

이것은 꾸엘라베코에게 긍정적인 출발이며 페루에서의 광업 프로젝트에 독특한 경험이다. 모든 이해관계자들은 중요한 역할을 하였다. 지방정부 뿐만 아니라 우말라Humala 중앙정부도 칭찬을 받을 만하다. 그들은 변화를 위한 작용에 투자를 하였으며 광업을 위한 새로운 모델을 만드는 것, 즉 갈등이 협력으로 변화되는 것이 가능하다는 것을 증명하였다.

앵글로아메리칸은 우리가 만들어내고 있는 긍정적인 변화에 자부심을 느끼며 많은 교훈을 얻었다. 우리는 대화 테이블이 출발에 불과하다는 것을 알고 있다. 프로젝트를 추진해나가는 과정에 앞으로 수많은 어려움들이 있을 것이다. 우리의 공약에 대한 충실한 실행과 이해관계자들과의 지속적이고 허심탄회한 대화가 성공에 중요할 것이다.

– 가디언The Guardian 기사에서, 2013. 4. 12 –

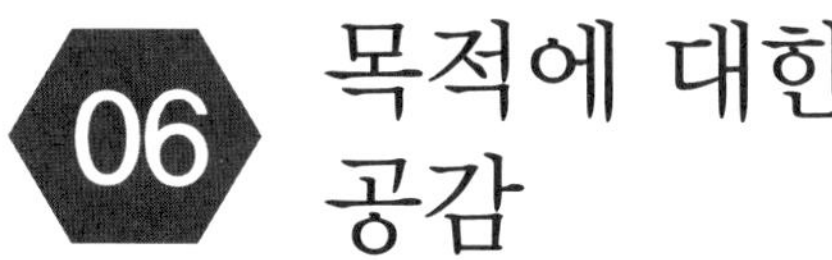

06 목적에 대한 공감

그들이 당신에게 많은 관심을 가지고 있기 전까지,
아무도 당신이 얼마나 많이 알고 있는지에 대하여 모른다.
- 데오도르 루즈벨트 -

1. 목적에 대한 공감이란?

공감은 정서적으로 타인이 느끼는 것을 느끼며, 인지적으로 타인이 세계를 보는 방식을 이해하기 위해 타인의 입장이 되어 생각하는 능력이다. 파워가 공유되는 세계에서 목적에 대한 공감은 상호 이익을 낳는 결과를 획득하기 위해 서로 공유하는 관계를 활용하면서 프로젝트의 성공에 중요한 역할을 하는 이해관계자들과의 강고한 신뢰관계를 구축하는 것을 의미한다.

목적에 대한 공감은 계략적인가?

사람의 마음을 읽는 능력은 기술이다. 사람의 마음을 읽기 위해서는 시간과 투자가 필요하다. 하지만 사람의 마음을 읽는 것은 문을 여는 열쇠가 된다.
– 주디스 맥그리거 Judith MacGregor, 남아프리카 주재 영국고등판무관 –

목적을 갖거나 '문을 여는 열쇠'를 구하는 것이 조작적인 행위라고 생각할 수도 있다. 하지만 반드시 그렇지는 않다. 목적에 대한 공감은 적극적으로 의도되는 것이다.

이러한 요인은 사람들을 연결하고 공유되는 가치를 구하고 다양한 이익을 제공하는 해결책을 낳기 위해 긴밀하게 협력한다.

목적에 대한 공감은 어떻게 작용하는가?

PQ 리더는 다른 사람을 이해하고 관계를 맺기 위해 감지한다. 이렇게 하기 위해서는 깊은 사색과 정신적 및 행동적 기민함이 필요하다. 이러한 통찰력을 얻는 것은 신속하게 관계를 쌓고 다양한 관점에서 상황을 이해하고 다양한 이해관계자들의 요구를 만족시키는 방법들을 제안하는 데 도움을 준다.

타인의 마음을 헤아리는 것은 쉽지 않다. 타인에 대해 생각하는 것을 멈출 때도 우리는 우리의 관점에서 타인의 실체를 생각하는 경향이 있다. 우리가 우리 자신의 관점에만 의지한다면 우리는 타인이 세계를 이해하는 방식, 타인이 원하는 것, 타인의 동기, 신념, 가치에 대한 그릇된 가정을 할 위험이 있다. 통찰의 위험은 협력하는 능력을 크게 약화시킨다.

타고난 공감력을 가진 자는 누구인가?

연구에 따르면 타고난 공감력을 가진 사람은 최고의 기업인들이며 남성에 비해 여성이 더 많았다.

감성지수(EQ) 테스트 결과 남성에 비해 여성이 공감 능력이 더욱 우수한 것으로 나타났다. 2003년 영국의 과학학술지 〈뉴로리포트 Neuroreport〉는 타인의 감정을 식별할 때 남성과 여성이 어떻게 반응하는지에 대하여 보도했다. 여성의 뇌 활동은 본 것에 대하여 감정을 느끼는 반면 남성의 뇌 활동은 느끼는 것을 합리적으로 해석하는 모습을 보였다.

남성 PQ 리더들이 가진 특징은 타인과 공감하고 관계하는 능력이 있다는 것이다.

보스턴에 있는 헤이즈 그룹Hays Group에서 심리학자인 루스 말로이Ruth Malloy는 리더들의 장점에 대하여 연구했다. 비즈니스맨의 상위 10%를 검토했을 때 그녀는 감성지수에 있어서 성 차이는 없다는 것을 발견했다. 최고경영자들의 정치적 참여 능력을 검토하기 위해 발레리Valerie가 보다폰과 협력했을 때, 그들은 최고의 비즈니스맨은 최고의 공감 점수를 가지고 있다는 것을 발견했다. 이런 연구결과는 최상의 리더는 성과 관계없이 공감 능력을 가지고 있다는 것을 시사한다.

감성지수에 관한 저자인 다니엘 골먼Daniel Goleman은《오늘의 심리학, Psychology Today, 2011》에서 영장류에 대한 연구로 독자들의 주목을 끌었다. 다니엘 골먼은 수컷 침팬지에 비해 암컷 침팬지가 더 자주 화가 난 침팬지를 위로해 주었으며, 우두머리 수컷 침팬지는 암컷 침팬지에 비해 훨씬 자주 위로해 주었다.

목적에 대한 공감은 PQ에서 어떻게 작용하는가?

우리는 목적을 가진 공감이 타인과 공감하는 능력으로부터 시작하여 조직과 인류에 대한 공감으로 발전하는 네 개의 수준으로 작용한다고 생각한다.

- 개인과의 관계에서의 공감을 발전시킨다. 파트너와 이해관계자에게 영향을 미치는 능력을 증가시키도록 해주는 더욱 깊이 있는 관계를 이해하고 발전시키는 능력을 갖는다.
- 조직이나 국가에 연결된 사람들을 이끄는 행위를 하여 사람들 간의 공감을 일으킨다.
- 파트너나 이해관계자로서 공유된 프로젝트에 참여하는 자들 간에 공감을 형성하고 유지한다.

- 인류에 대한 공감을 느낀다. PQ 리더들은 타인들에 대한 책임을 느끼며 미래 세대를 위한 긍정적인 유산을 남기기를 원한다.

목적에 대한 공감은 어떻게 하여야 하는가?

목적에 대한 공감에서의 효과적인 성과에 대한 지표는 아래와 같다. 아래에서는 행위에 대하여 기술하고 예와 스토리를 제공하여 목적에 대한 공감에서의 효과적인 성과에 대한 지표에 대하여 설명하고자 한다.

지표

√ 주요 이해관계자들에 대해 연구한다. 주요 이해관계자들의 시각으로 세계를 보고 느끼며, 그들이 가치 있게 여기는 일을 한다.

√ 더욱 커다란 사회와 관계한다. 문화적으로 유능하고 문화를 존중한다.

√ 공감을 쌓는다. 가치, 행동, 혁신을 통해 사람들을 끌어당긴다.

√ 프로젝트에 다른 이해관계자들의 공감과 참가를 불러일으킨다.

√ 인류에 대한 공감을 느끼며 미래 세대가 더욱 살기 좋은 세계를 만들기 위해 노력한다.

2. 주요 이해관계자들에 대한 연구 : 주요 이해관계자들의 시각으로 세계를 보고 느끼며, 그들이 가치를 두고 있는 일을 한다.

이해관계자들에 대한 연구

목적에 대한 공감은 PQ 맥락에서 개인적 차원과 조직 차원 모두에서 작용한다. 주요 이해관계자와 그들의 조직이 세계를 어떻게 인식하는지를 알아야 하고, 이것으로부터 자신과 자신의 조직이 어떻게 행동해야 하는지를 결정해야 한다.

PQ 리더들은 이해관계자 관리에 양면 접근을 한다. 5장 파워에서 기술한 바와 같이 PQ 리더들은 이해관계자 식별 및 참여 방식에 체계적 접근법을 취한다.

둘째, PQ 리더들은 다른 사람들과 조직들이 어떻게 세계를 보고 무엇을 원하는 지를 이해하기 위해 정서적 공감과 인지적 공감을 하는 것이 중요하다고 여기며 이것에 시간을 투자한다.

상대방의 이력과 선호를 공감하고 이해하는 것은 서로 이해하고 어떻게 반응할 것인지 가장 잘 추측할 수 있기 때문에 관계라는 바퀴에 기름

사례 : 존 커 주미 영국대사(I)

주미 영국대사 존 커John kerr는 클린턴 대통령에게 신임장을 제출하기 전에 클린턴이 연설할 일곱 곳의 행사에 참석했다. 행사에 참석할 때마다 가장 앞 줄에 앉아 클린턴에 대해 관찰하여 클린턴에 대하여 더욱 잘 이해할 수 있게 되었다. 클린턴은 청중 가운데 관심을 가지고 자신의 연설을 경청하는 존 커 대사를 보게 되었다. 존 커는 "자료를 통해서 뿐만 아니라 인물을 직접 관찰하라. 상대방에게 중요한 것을 하여 상대방의 관심을 이끌어내라."라고 조언한다.

을 치며 빠르게 굴러가게 한다.

예를 들어 관심사항이나 경험과 같이 상대방에게 중요한 것에 대해 아는 것은 인맥을 만드는 것을 더욱 용이하게 해준다. 한 여성 사외이사는 저녁 식사에서 최초로 글로벌 은행의 회장 옆에 앉았던 경험에 대하여 들려주었다. 그녀는 회장과 주로 럭비에 대하여 이야기를 나누며 좋은 시간을 보냈다고 당시의 경험을 회고했다. 그녀는 럭비 팬은 아니었지만 회장이 럭비에 흥미를 가지고 있었으므로 그녀는 럭비에 대한 이야기를 계속하였고 이는 회장과의 관계를 형성하는 데 도움이 되었다.

비슷한 배경, 조직 또는 문화를 가진 사람들에게 공감하는 것은 당연히 너무나 쉽다. 그러므로 정부·재계·사회를 연결하는 것은 힘든 일처럼 여겨질 수도 있다. 런던 증권거래소 홍보부서의 책임자이자 외교관으로 근무한 피터 헤이즈는 "재계는 정부의 시각을 이해하지 못하여 정부에 대해 놀라울 만큼 순진하며, 이와 마찬가지로 정부도 재계의 시각을 이해하지 못하여 재계에 대해 순진하다."라고 말한다.

피터의 이러한 언급은 교차 부문의 문제 해결을 위한 기회가 한정되어 있는 이유에 대하여 시사한다. 즉 재계와 정부 간에는 이해가 부족하여 결과적으로 신뢰가 결여되어 있다.

우리는 리더들이 자신과 비슷한 배경, 조직 또는 문화를 가진 사람들과 공감하는 능력을 활용하지 말아야 한다고 말하는 것은 아니다. 하지만 진정한 가치는 우리와 비슷하지 않은 사람들을 이해하는 것으로부터 얻어진다. 다른 시각을 가진 다른 부문이나 문화 출신의 사람들을 이해하는 것은 새로운 지평, 혁신과 새로운 기회를 위한 가능성을 연다.

타인들에게 중요한 것이 무엇이고 비즈니스나 정치에서의 의사결정을 하는 데 있어서 이를 활용한다면 위험 관리는 더욱 견고해지게 된다. 우수한 관계는 잠재적인 문제를 없애거나 감소시킬 수 있다. 밥 졸릭(세계은행의 전 총재이자 미국 무역 특사)은 자신이 항상 국회의원들과 관계를 조성하였다고 회고했다. "좋은 친구는 골칫거리인 적보다 낫다. 미래를 위한 자산을 끊임없이 만들어야 한다."

요점은 다음과 같다. 비즈니스, 정부, 국제관계에서 혁신적이고 장기적이며 지속 가능한 해결책을 제시하기를 원하는 리더들은 다양한 의견, 아이디어, 발언을 포용해야 한다. 우리는 이것에 대하여 알고는 있지만 충분히 실행하고 있지 않다.

상대방의 세계를 이해하고 느끼는 방법

공감은 당신의 내면에서 타인의 메아리를 발견하는 것이다.
– 모신 하미드, Mohsin Hamid –

주요 이해관계자들에 대한 사전 연구는 주요 이해관계자들에 대한 기초적인 정보는 제공해주지만 이것만으로는 충분하지 않다. 만나야 하는 사람들을 충분히 이해하기 위해서는 그들의 눈 흰자위를 보고 표면 아래에 도달하고, 그들을 움직이게 하는 것과 그들이 선호하는 것, 그들에게 가장 효과적인 접근법을 알아야 한다.

많은 시간을 함께 보낸 사람들에게 공감하기는 비교적 더 쉽다. 타인들과 함께 보내는 시간이 많으면 타인들이 말하는 것, 목소리의 톤, 보디랭귀지와 행동에 있어서의 패턴을 발견하기에 더욱 많은 기회를 준다. 인간은 보디랭귀지를 통해 자신에 관한 정보의 70~90%를 전달한다. 보디랭귀지는 인간이 의사소통을 하는 중요한 방식이다. 보디랭귀지는 인간이 현실을 경험하는 것에 대하여 많은 것을 보여준다.

PQ 리더들은 시간을 투자하는 것에 인색하지 않으며 사람들과 사귀는 것을 즐긴다. 그들은 호기심이 많으며 타인들은 자신들 이상으로 흥미롭다고 생각한다. 이와 관련하여 리처드 브랜슨은 다음과 같이 언급했다. "사람들에게 관심을 갖는 것은 중요하다. 사람들을 좋아하지 않고는 뛰어난 리더가 될 수 없다. 사람들에게 관심을 갖고 사람들을 좋아하면 타인에게서 최선을 이끌어낼 수 있다."

호기심을 가지고 수많은 질문을 하고 경청을 함으로써 PQ 리더들은 타인들이 중요하게 여기는 것, 타인들이 원하는 것, 타인들을 제약시키는 것 등에 대하여 더욱 깊이 있는 이해를 할 수 있다.

■ 경청

우리는 경청에 대하여 앞에서 이미 언급한 적이 있다. 경청은 공감을 위해 필수적이다. 뛰어난 리더는 우수한 경청자이다. 뛰어난 리더는 언어적 및 비언어적 신호를 읽는 데 집중하면서 100%의 주의를 기울여 경청한다. 그들은 말해지는 것뿐만 아니라 말해지지 않는 것에 대해서도 주목한다. 경영 컨설턴트이자 교육자, 작가인 피터 드러커 Peter F Drucker 는 다음과 같이 말했다. "의사소통에서 가장 중요한 것은 말하지 않은 것을 듣는 것이다."

말하지 않은 것을 듣는 것은 우리로 하여금 작은 망설임, 응답되지 않은 질문, 대강 훑어본 요점에 대해 주의 깊게 들으려는 노력이 필요하다. 경청을 잘하기 위해서는 '그것에 대해 말해주세요', '그 밖에 또 없나요' 와 같은 질문을 하고, 침묵을 유지해야 할 때를 아는 것이 필요하다.

침묵을 적절하게 사용하는 것은 기술이다. 침묵을 부적절하게 사용하면 상대방에게 위협을 줄 수 있다. 마치 어린아이에게 자신의 행동에 대해 설명하도록 기다리고 있는 것처럼 침묵을 적절하게 사용하면 관대하고 타인을 존중하는 것으로 보일 수 있다. 침묵은 상대방에게 숙고하고 자유롭게 말할 수 있는 여지를 준다. 침묵은 상대방이 편안함을 느끼도록 해주어 경청자로 하여금 더 많은 이해를 하도록 해준다.

다음과 같은 테크닉에 의해 관심을 가진 메시지를 보강할 수 있고 충분히 이해할 수 있다.

- 듣는 것을 요약한다.
- 당신이 올바르게 이해하였는지 여부를 알기 위해 다른 사람에게 확인한다.

■ 지각적 입장

대부분의 사람들은 동정과 걱정을 하는 능력을 가지고 있다. 사람은 누군가가 곤란에 처해 있는 것을 보면 그를 도우려고 한다. 사람은 누군가가 슬픔을 느끼면 그를 위로하려고 애쓴다. 동정이나 걱정보다 더 힘든 것은 공감이다.

공감은 지각적 입장을 이동시킬 수 있는 능력을 요구한다. 최상의 리더들은(영장류에 대한 연구가 옳다면 우두머리 수컷 침팬지) 무의식적으로 지각적 입장을 이동시킬 수 있는 능력을 가지고 있다. 최상의 리더들은 타인들의 세계에 대한 통찰을 제공하는 모든 미묘한 신호들을 알아채는 타고난 능력을 가지고 있는 것처럼 보인다.

대부분의 리더들에게 있어서 지각적 입장을 이동시키는 능력은 타고나는 것이 아니다. 이러한 능력을 증강시키기 위해 가장 효과적인 기술들 가운데 한 가지는 신경언어 프로그래밍(NLP)에서 유래한다.

그림 6-1 NLP 지각 위치

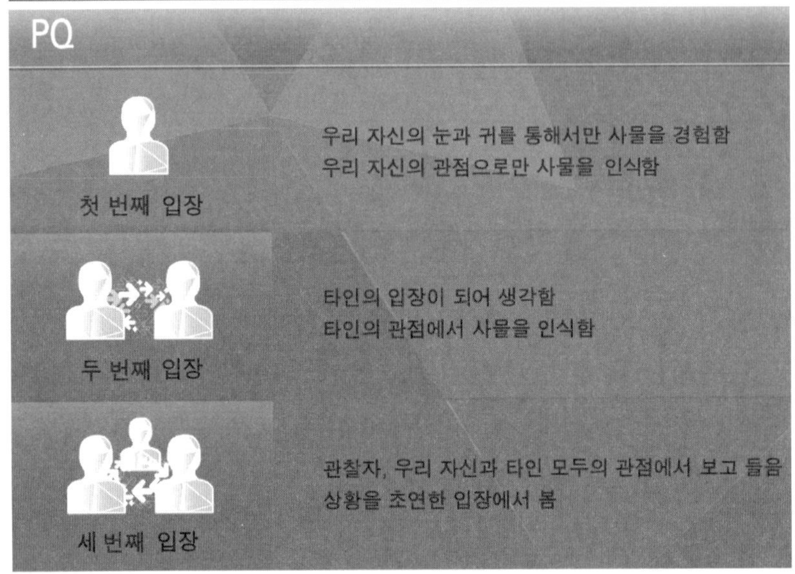

그림 6.1에서는 세 개의 NLP 지각적 입장을 설명한다.

첫 번째 입장 : 이것은 우리가 우리의 세계 속에 머물러 있으며 세계를 직접적으로 경험하며 우리에게 이해되는 방식으로 응답한다는 것을 의미한다. 우리는 우리 주위에서 일어나고 있는 것에 관련되면서 순간 속에 있다.

공감하기 위해서는 두 번째 입장으로 이동하여 타인의 실체를 이해할 수 있도록 하기 위해 타인의 세계를 일시적으로 경험할 수 있는 능력을 필요로 한다.

두 번째 입장으로 이동하는 능력을 증가시킬 수 있게 해주는 방법들은 여러 가지가 있다. 예를 들어 보디랭귀지를 시도해 보라. 앞에서도 언급한 바와 같이 모든 커뮤니케이션의 약 70~90%는 보디랭귀지이다.

타인의 보디랭귀지를 주의 깊게 관찰하고 시도함으로써 타인의 세계에 접근하고 타인이 생각하는 방식에 대한 이해에 더욱 근접할 수 있다. 다음과 같은 테크닉을 시도해 보라.

- 당신이 이해하고자 하는 상대방의 입장이 되어 본다.
- 그런 다음 그들처럼 걸어 본다. 그리고 그들이 편안하지 긴장 상태인지 에너지 수준에 관한 단서를 알아차린다.
- 모든 습관적 동작을 시도해 보고, 당신에게 말하는 것을 알아차린다.
- 상대방이 말하는 방식, 상대방이 사용하는 언어, 상대방이 선호하는 어구, 톤, 구두법을 따라 해본다. 이것은 무엇을 의미하는가? 예를 들어 말하는 것이 빠른 사람은 열정적이거나 신경질적일 것이다.

보디랭귀지와 관력한 테크닉은 다음과 같다.

두 번째 입장에서 사용되는 방법과 연극배우들이 사용하는 방법은 비슷하다. 예를 들어 연극배우들은 링컨 대통령을 연기한 다니엘 데이 루이스Daniel Day Lewis처럼 자신이 연기하는 인물에 감정을 이입하기 위해 두 번째 입장으로 의식적으로 이동한다.

세 번째 입장에서는 뒤로 물러나 중립적인 관점이나 '제3자의 눈'으로 첫 번째 입장과 두 번째 입장을 본다.

세 번째 입장으로부터 우리는 우리 자신과 타인에게 일어나고 있는 것을 분석하여 관계를 발전시키기 위해 무엇이 필요한지에 대하여 생각할 수 있다.

이렇게 하기 위해서는 PQ의 '융통성'과 직접적으로 연관되는 행동에서 변화가 필요하다. 우리가 입장을 이동할 때 우리는 우리가 진행에 방해물이 된다는 것을 종종 깨닫기도 한다.

지각적 입장을 이동시키는 것은 복잡한 것으로 들릴 수도 있으나 연습함에 따라 제2의 천성이 될 수 있다. 보다폰의 홍보부서 책임자인 매튜 커크Matthew Kirk는 조직 차원에서의 이 능력을 '어떻게 기관들이 작용하는지에 대한 중추부, 의사결정의 정서'를 읽는 능력이라고 설명한다.

이해관계자들이 소중하게 생각하는 것들을 행한다.

주요 이해관계자들과 공유된 관계를 발전시키기 위해서는 관계를 구축하고 그들이 소중하게 생각하는 것을 하는 것이 필요하다. 당신이 사람들을 좋아하고 사람들과 어울리는 것을 좋아한다면 거래관계에서 친밀한 관계로 전환할 수 있다.

■ 왜 친밀한 관계인가?

관계를 구축하는 목적은 관계를 상호 신뢰의 위치로 신속하게 이동시키는 것이다. 우리는 다음 방법을 통해 친밀한 관계를 이룰 수 있다.

- 공감하고 있음을 입증한다.
- 우리가 공통점을 가지고 있다는 것을 강조한다.
- 다른 사람들이 소중하게 생각하는 것을 그들을 위해서 한다.

스페인 주재 영국 대사인 시몬 맬리Simon Manley는 "최상의 대사는 다른 방식으로 주최국 밑에 숨는 대사이다."라고 언급했다.

아프가니스탄 주재 NATO 민간 대표인 마크 세드월은 정보를 공유하고 각 NATO군을 방문하고 외국 언론에 이야기하기 위해 시간을 내고 '그들과 협력하기 위해 내가 그곳에 있다.'라는 것을 보여주어 군대와 NATO 외교관들로부터 신뢰를 쌓았다.

▪ 공감을 보여주기

앞에서 어떻게 공감을 발전시키고 활용하는지에 대하여 논의한 적이 있다. 그러므로 여기에서는 실용적인 사례들만 소개하기로 한다.

▪ 공통적 관심과 가치

공통적 관심과 가치를 강조하면 타인들과 더욱 용이하게 관계를 맺는 것이 가능해진다. 공유된 가치와 관심을 강조함으로써 우리는 함께 협력하여 잘할 수 있는 공간을 계획한다.

PQ 맥락에서 이것은 공유되는 목표를 성취하는데 도움이 될 수 있는 다른 리더들, 이해관계자들과 관계를 맺는 것을 의미한다. 예를 들어 우리는 4장의 융통성에서 B Team의 공유된 가치와 공통적 목표를 가진 리더들의 협력을 강조했다.

불화가 존재하는 경우, 공통된 관심에 대한 공유된 이해는 모든 사람들이 믿고 획득해야 하는것에 대해 노력을 집중하는 데 도움이 된다.

> **이해관계자와 공감적 관계를
구축하기 위한 조언**
>
> 1. 친밀한 관계를 구축한다 : 타인과 타인의 역할에 대하여 질문하고 충분한 주의를 기울여 경청한다. 상대방이 소중하게 생각하는 것을 알아차리고 깊이 있는 대화를 하며 관심을 보이고 유익한 관계를 맺는다. 상대방이 허심탄회하게 이야기를 할 수 있도록 편안한 분위기를 조성하라.
> 2. 연락을 유지한다 : 관계를 구축하기 위해서는 시간과 돌봄을 필요로 한다. 상대방을 흥미롭게 할 기사나 소식을 가진 이메일을 보낸다. 커피나 점심을 함께 할 약속을 한다. 창의적이 되어라. 상대방이 즐거워할 활동을 제안하라.
> 3. 밤 10시 리스트에 합류하라 : 상의할 문제가 있을 때 업무시간 외에도 전화를 하여 상의하고 싶어하고, 당신의 의견과 지원이 환영받는 사람이 되어라. 당신을 필요로 하는 사람들을 위해 그곳에 있으라.

공유하는 관심이 약화되면 협력관계도 역시 약화된다. 사람들의 관심이 상이한 경우 사람들을 단합시키는 것은 더욱 어렵다.

■ 가치 활동

상대방이 소중하게 생각하고 있는 것을 해줄 때 관계가 맺어진다. 특히, 상대방이 성취하도록 도와주거나 상대방이 압력을 당하고 있거나 의기소침해 있을 때 도와준다면 관계가 굳건해지게 된다.

뉴욕 시장이며 브룸버그 인더스트리의 억만장자인 마이클 블룸버그 Michael Bloomberg는 시사월간지 〈애틀랜틱 The Atlantic, 2012〉의 제임스 버넷James Bennet에게 다음과 같은 이야기를 하였다. 이 이야기는 상대방이 의기소침해 있을 때 상대방을 위하여 무엇인가를 하는 것이 오래가는 효과를 낳는다는 것을 보여준다.

나는 다음과 같은 방침을 가지고 있습니다. 친구가 승진을 한다면 굳이 그에게 곧바로 전화를 하지 않습니다. 시간이 지난 후 그를 만나 그 일에 대해 웃어넘깁니다. 친구가 해고를 당하면 그날 저녁 그 친구와 식사를 합니다. 모든 사람이 나를 볼 수 있는 공공장소에서 친구와 식사하기를 원합니다. 내가 살로먼브러더스에서 해고를 당했을 때를 기억하기 때문입니다. ─그때 나에게 전화를 했었던 모든 사람들의 이름을 열거할 수 있습니다. 그것은 중요한 뭔가를 의미합니다. 언제 내가 파트너를 만들었나요? 나는 그것에 대한 기억이 없습니다.

당신이 누군가를 도와준다면, 당신은 그와 굳건한 관계를 구축하게 된다. 터키 주재 영국 대사로 재직할 당시 피터 웨스트매콧은 폭탄 공격으로 인해 부상을 당한 영국인들을 방문하고 병원을 나서려는 순간, 한 기자가 난데없이 나타나 여행자들이 터키를 방문해도 되는지를 물어보았다. 그러자 피터 웨스트매콧은 이러한 사고는 어디에서나 발생할 수 있으며 자신은 휴가를 터키에서 보낼 것이라고 말했다.

피터 웨스트매콧의 이러한 대답은 터키 당국이 원하던 메시지였다. 피터 웨스트매콧은 '터키의 미래를 믿는' 초빙연사로서 행사에서 소개되었다. 만일 그가 영국정부의 지시에 의해 터키를 옹호하는 발언을 했었다면 터키 정부가 그에게서 받은 감동은 덜했을 것이다.

이해관계자들이 어려움에 시달리고 있을 때가 아니지만 이해관계자들이 소중하게 생각하는 것을 하여 친밀한 관계를 구축하기를 원할 경우,

이해관계자들이 소중하게 생각하는 것이 무엇인지를 이해하기 위해 당신의 공감 기술과 창의성을 활용해야 한다.

공감은 PQ의 연금술이다. 공감은 신뢰와 공유되는 이해를 쌓게 하는 관계에서의 요소이다. 종종 이 두 가지가 성공과 실패 간의 차이를 만든다.

3. 더 넓은 사회와 교류 : 상대의 문화를 존중하며 숙달한다.

문화는 사람, 조직 및 국가가 행위하는 방식에 영향을 미치는 신념, 가치 및 가정의 표현이다. PQ 리더들은 정보 제공, 여행, 직무 배치, 외국어 학습, 관습에 대한 학습 등에 의해 다른 문화에 대하여 잘 알고 있다. PQ 리더들은 조직 문화와 국제 문화 모두에 능통하다.

더욱 넓은 사회에 관계할 능력이 있는 사람들은 다른 사람들이 생각하고 느끼는 방식에 대하여 이해할 수 있는 융통성을 가지고 있으므로 다양한 집단의 사람들과 국가들 사이를 다니며 관계를 맺을 수 있다.

　다문화로 구성된 협력 관계이거나 다양한 분야 출신의 사람들로 구성된 협력관계에서 리더로서의 역할을 해야 할 때 이것은 특히 중요하다.

　PQ 리더들은 다양한 문화들을 연결시키는 것을 새로운 사고방식을 고취하기 위한 기회로 간주한다. 그들은 문화들 간의 유사성을 이해한다.

　파트너 및 이해관계자들과 일할 때 공유된 가치와 미래 비전을 강조하면서 리더들은 관계를 확립할 토대를 모색하고 협력하기 위한 새롭고도 더욱 효과적인 방법을 탐색한다.

　문화적으로 유능한 리더들은 문화를 뒷받침하는 신념과 가치를 이해한다. 문화적으로 유능한 리더들은 국가의 역사와 관습을 관찰하고 사람들이 관계하는 방식을 주의 깊게 관찰하고 언어를 학습하여 통찰력을 획

생각의 세계

　보다폰의 홍보부서 책임자인 매튜 커크는 다양한 시각들을 가진 다양한 부문과 국가 출신의 사람들을 다양한 사고의 세계 출신의 사람들이라고 묘사했다. 이해관계자들이 접촉함에 따라 각 세계는 다른 세계들과 충돌한다. 각 세계는 다른 세계들에 대하여 자신의 가정을 가지고 있다.

　정부와 규제기관들은 민간 부문은 수익을 내는 것에만 관심이 있으므로 자신들이 원하는 것을 성취하기 위해 기업을 장려할 수 있는 것을 이해하려고 노력하지 않는다.

　실업가들이 정치인들을 만날 때는 자신의 이익에 관한 문제에만 관심을 두며 경제를 둘러싼 정치적인 문제들이나 실제적인 문제들은 인정하지 않으려는 경향이 있다.

　매튜는 PQ 리더들은 생각의 세계에서 공감을 구축할 수 있는 능력이 있다는 것을 인정한다.

득한다. 해당 국가의 언어로 대화를 하는 것은 의사소통을 용이하게 하고 해당 국가를 존중하고 있음을 보여준다. 해당 국가의 언어로 대화를 할 경우 리더들은 모임에서의 대화에 포함될 가능성이 더욱 높아지게 된다.

PQ 리더들은 다른 문화와의 보조를 맞추도록 해주는 새로운 방법을 발견하기 위해 이러한 통찰을 활용하고 있다. 그렇다면 이것은 국제 협력에서 리더들에게 무엇을 의미하는가? 이것은 PQ 리더들이 문화를 뒷받침하는 주요 문화 가치를 이해하는 것을 의미한다. 예를 들어 동양에서는 관계와 체면을 중시하는 반면 서양은 더욱 분석적이고 직접적이다.

폰스 트롬페나스Fons Trompenaars와 찰스 햄튼 터너Charles Hampden-Turner가 공동 저술한 《기업문화 혁명Riding the Waves of Culture, 1998》은 문화에 대한 깊이 있는 분석과 통찰을 제공하고 모든 이해관계자들의 가치들을 존중하는 방식으로 생각하고 행동하는 방법을 제공한다.

폰스 트롬페나스와 찰스 햄튼 터너는 문화적 차이의 진수는 사람들이 세계를 해석하는 방식이라고 결론을 내린다.

조직 문화

국가마다 문화가 다른 것처럼 조직마다 문화가 다르다. 공감이 단지 행동을 관찰하고 가정을 만드는 것 이상일 때 조직 간의 협력은 발전한다. PQ 리더들은 기업의 문화를 이해하기 위해 기업의 이면으로 파고든다.

리더들은 이것을 어떻게 하는가? 조직 문화를 읽는 기술은 문화를 읽는 기술과 비슷하다. 즉 경청하기, 관찰하기, 존경심을 나타내기 등이다. 조직의 역사를 연구하고 국가와 기업의 문화가 연계된 지점을 인식하고 창립자의 신념과 현재 지도자들의 신념 간의 연결을 이해하는 것은 조직

> 국제화는 세계 공통 문화를 만든다는 추정되고 있다. 공통성은 국제적 매너저들의 생황을 훨씬 간편하게 만든다. 모든 곳에서의 취향, 시장, 문화가 유사하게 되는 예로써 맥도날드와 코카콜라가 있다. 세계 시장에서 보편화되고 있는 많은 제품과 서비스들이 존재한다. 고려해야 할 중요한 점은 그것이 무엇이며 물리적으로 어디에서 발견되는지가 아니라 그것이 각 문화에 존재하는 사람들에게 무엇을 의미하는가 하는 것이다. 문화의 진수는 표면의 이면에 존재한다. 문화는 사람들의 집단이 세계를 이해하고 해석하는 공유된 방식이다.
>
> – 《Riding the Waves of Culture》에서 발췌 –

에 어디에서 유래하고 그것이 현재의 활동에 어떻게 영향을 미치는지를 이해할 수 있도록 해준다.

리셉션에서 기다리고 있는 동안 보이는 모습, 사람들을 어떻게 맞이하는지, 서로 어떻게 이야기를 나누는지, 복장은 어떻게 하고 있는지를 보면 그 기업의 문화에 대한 통찰을 할 수 있다.

다른 조직과 협력할 때 그 조직에서 사람들이 중요하게 간주하는 것이 무엇인지, 그리고 그들이 성공을 어떻게 측정하는지에 대하여 물어볼 수 있다. 이 문화에서 '스타들'의 프로필을 알아내고 왜 그 스타들이 중요한지를 알아내라. 가장 인기 있는 기업 스토리를 들어라. 여기에서 해고되기 위해서는 어떻게 해야 하는지를 물어보라.

조직 차원에서 공감을 보이는 것은 문화와 부합되는 방식으로 행동하는 것과 관련된다.

복장, 실시요강, 정보를 제시하는 방식, 질문을 하는 방식, 협상을 하는 방식에 대해 고려하라. 문화에 대한 주의는 존중을 나타내고 차이를 인정하고 더욱 성공적인 관계와 결과에 기여한다.

　PQ 리더들은 다른 문화들을 판단하지 않는다. 그들은 호기심이 많으며 다양한 방식들에 대해 배우는 것을 즐기며 다양성을 수용하고 다양성과 보조를 맞춘다.

　문화적으로 유능한 리더들은 사람과 행동을 구별하는 능력을 갖추고 있다. 그들은 겉으로 보이는 것 너머에 있는 것을 보며 가치들의 차원에서 연결하는 방법을 찾는다. 이렇게 하는 것은 긍정적이고 건설적이며 목적적인 관계를 유지하도록 해준다. 모든 사람은 타인들에게 도움이 되는 것으로 보이지 않는 방식으로 행동할 가능성이 있다. 특히, 상대방이 자신들의 가치와 신념이 무시되고 있다고 느낄 때 그러하다.

4. 공감대 형성 : 가치·행동·혁신을 통해 사람들의 마음을 이끌어낸다.

　사람들은 가치를 표현하여 타인들을 잡아끈다. 조직과 기관은 수용된 가치에 따라 행동하고 창의성과 혁신을 보일 때 매력적으로 보인다. 매력은 공감을 증강시킨다. 우리는 이러한 사실을 개인적 관계를 통해 알고 있으며 이것은 우리가 어떻게 다른 방식으로 대응하는 지에도 영향을 미친다. 이 섹션에서는 이것이 사업과 정부에 대하여 무엇을 의미하는지를 다루어보기로 한다.

기업에서

　기업은 글로벌 시장에서 운영되고 있다. 기업은 다양한 소비자들을 유치해야 하며 소비자들의 대부분은 인터넷과 소셜 미디어를 통해 서로 연결되어 있다. 제공되는 제품이나 서비스가 가치를 가지고 있다는 것을 받아들인다면 타인으로부터 구매하는 것 이상으로 기업을 더욱 매력적으로 보이도록 만드는 것은 무엇인가?

코카콜라의 회장이자 최고경영자인 무타르 켄트는 소비자는 단지 좋은 맛을 지닌 제품만을 구입하는 것은 아니라고 말한다. 소비자들은 기업의 특성을 알기를 원한다. 과거의 마케팅은 우수한 광고와 제품을 통해 소비자들에게 좋은 평가를 받는 데 중점을 두었다. 지금은 소비자들로부터 긍정적인 평가를 받는 데 중점을 두고 있다. 그러면 사람들은 그들 사이에서 기업에 대해 긍정적으로 이야기한다고 무타르는 말한다.

무타르 켄트의 이러한 견해는 가장 눈에 띄는 미국 기업들에 대한 평판을 연구한 2013 해리스 폴Harris Poll의 증거에 위해 뒷받침된다.

조사 결과는 '위대한 기업'의 특징에 대한 대중의 인식에 있어서 현저한 변화가 있음을 보여 주고 있다. 2011년에는 대중들은 '신뢰'와 '높은 도덕적 기준'을 중요시하는 것으로 나타났다. 2013년에는 '신뢰', '가치 있는 사회적 역할을 함', '기업에 대한 좋은 감정'을 중요시하는 것으로 나타났다.

■ 평판

우리는 앞에서 해리스 폴을 언급하였다. 해리스 폴에서는 존슨앤존슨Johnson and Johnson이 계속하여 상위에 올랐다. 2006년 이래 매년 존슨앤존슨은 가장 평판이 좋은 상위 브랜드에 올랐다. 2006과 2011년 사이에 존슨앤존슨은 1위 또는 2위로 평가되었다.

흥미로운 사실은, 존슨앤존슨은 1943년에 그들의 가치를 제정했다는 것이다. 그 가치들 가운데 한 가지는 '우리는 우리가 생활하고 일하는 공동체에 대하여 책임을 질 뿐만 아니라 세계에 대해서도 책임을 진다'이다. 존슨앤존슨의 이러한 가치는 '기업의 사회적 책임'과 '공유된 가치'

와 같은 아이디어가 만들어지기 전에 제정된 것이었다. 존슨앤존슨의 공동체에 대한 공감과 헌신이 존슨앤존슨의 비즈니스 성공에 결정적인 역할을 하였다고는 단언할 수 없으나 존슨앤존슨은 수익뿐만 아니라 대중에 의한 평판에 있어서도 우수하다.

역사는 우리에게 통찰력이 있고 공감 능력을 가진 리더들이 PQ 리더십을 개척했다는 것을 말해준다. 미국의 존슨앤존슨과 영국의 존 루이스 John Lewis Partnership와 같은 기업들은 그 기풍을 유지하고 있으며 직원들과 소비자들을 매혹시키고 있다.

정부에서

민주 정부는 투표에 의해 권력을 획득한다. 정치 지도자들은 자신들에게 찬성표를 던질 유권자를 유치하는 것이 얼마나 중요한지를 잘 알고 있다. 정부는 자신의 영향력을 증가시키고 경제를 향상시키기 위해 자신에 대해 호의적으로 생각하는 외국의 국민들도 유치할 필요가 있다. 2장에서 우리는 소프트 파워의 개념과 정부가 소프트 파워 수단으로부터 이익을 얻는 방법에 대하여 다룬 적이 있다. 우리는 이와 관련된 사례들을 검토할 예정이다.

문화

하버드 대학교 조지프 나이 Joshep Nye 교수는 문화는 소프트 파워 수단들 가운데 하나라고 말했다. 문화자산은 우리가 좋아하고 즐기는 것들이라고 기술될 수 있다. 문화에는 스포츠·음식·음악·영화·예술·문학·패션·역사·교육·언어가 포함된다. 우리 각자는 선호하는 것을 가지고 있다. 사람들은 자신이 선호하는 분야에 세계에서 가장 우수한 능력을 가진 나라들에 이끌린다. 예를 들어 패션과 디자인에 있어서는 이탈리아가 세계 최고로 인정받고 있다.

그렇다면 왜 문화가 중요한가? 문화는 경제적이고 정치적으로 중요하다. 사람들은 특정한 나라에 끌리면 그 나라를 방문하고 그 나라에 대하여 연구하며 투자하며 생각을 공유하며 협력한다. 이러한 모든 활동은 그 나라의 일자리를 창출하고 경제를 향상시키는 역할을 한다.

외국에서 보낸 시간은 그 나라의 가치와 생활방식에 대한 이해를 심화시킨다. 외국에서 보낸 시간은 경험과 기억에 바탕을 둔 공감을 증강시키며 고국으로 돌아 온 후에도 외국 생활자의 선택과 태도에 영향을 미친다. 외국에서 생활한 사람들 가운데 어떤 사람은 고국으로 돌아온 후 해외 정책이나 투자에 대한 결정을 하는 영향력 있는 정치가나 재계의 리더가 되기도 한다. 외국에서 생활한 사람들은 자신이 외국에서 생활하며 경험했던 것에 대해 이야기를 하며 영향을 미칠 가능성이 있다.

브랜드

가이 솔터Guy Salter는 명품에 대하여 잘 알고 있는 유명 인사이다. 로랑 페리에Laurent Perrier 샴페인과 아스프레이 보석Aspreys Jewellers과 같은 명품 브랜드 이사를 역임한 가이는 명품 브랜드가 원산지 국가에 대한 공감과 매력을 만들어낸다고 말한다. 명품 브랜드 시장은 아시아를 비롯한 여러 시장들에서 가장 빠르게 성장하고 있는 시장들 가운데 하나이다. 그림 6.2는 소비자와 브랜드 사이의 매력/공감 관계와 이것이 어떻게 국가의 경제에 이익을 줄 수 있는지를 보여주고 있다. 우리는 사례로 영국을 들었지만 영국뿐만 아니라 매력적인 브랜드를 가진 프랑스, 이탈리아, 미국 등의 어떤 나라라도 예가 될 수 있다.

혁신

두바이 정부는 그 어떤 정부보다도 매력의 힘에 대해 잘 알고 있다. 지난 30년 동안 두바이는 전에는 사막에 불과했던 곳에 글로벌 비즈니스·국제 금융·관광·스포츠·투자를 유치했다. 2013년 두바이의 관료들은 두 나라 사이에 공감을 형성하는 방법에 대한 상당한 이해를 보여주었다.

두바이는 세계 최초로 중국 탁구팀의 후원자가 되었다. 탁구는 중국에서 매우 인기 있는 스포츠이다.

두바이가 중국 탁구팀의 후원자가 된 거래에 대한 이야기는 흥미롭다. 두바이 측에서는 "우리는 중국과 매우 강력하고 지속적인 관계를 가지고 있다. 중국은 두바이의 제2의 무역 파트너이며 우리는 스포츠를 통해 중국과의 관계를 강화하기를 원한다."라고 언급하였으며, 중국 측에서는 "이것은 스포츠를 뛰어 넘는 협력으로서 의사소통과 문화적 대화에 대한 것이다."라고 언급했다.

미국에서는 거대 기술 브랜드들이 혁신과 권능을 결합한다. 애플·구글·마이크로소프트·이베이·페이팔은 우리가 생활하는 방식에 변화를 가져온 세계적인 브랜드들이다. 우리들은 무언의 메시지를 가지고 있다. 즉 미국은 기술과 혁신의 본 고장이다. 만일 당신이 기발한 아이디어를 가지고 있다면 실리콘 밸리로 가라.

영국은 전 세계에 영국의 가치·역사·문화를 보여주기 위해 올림픽의 개막식을 활용했다. 할리우드는 수십 년 동안 미국의 가치·역사·문화를 보여주기 위한 역할을 하였다. 최근에는 볼리우드Bollywood가 인도의 활기를 보여 주었다.

그림 6–2 공감의 실행과 영향

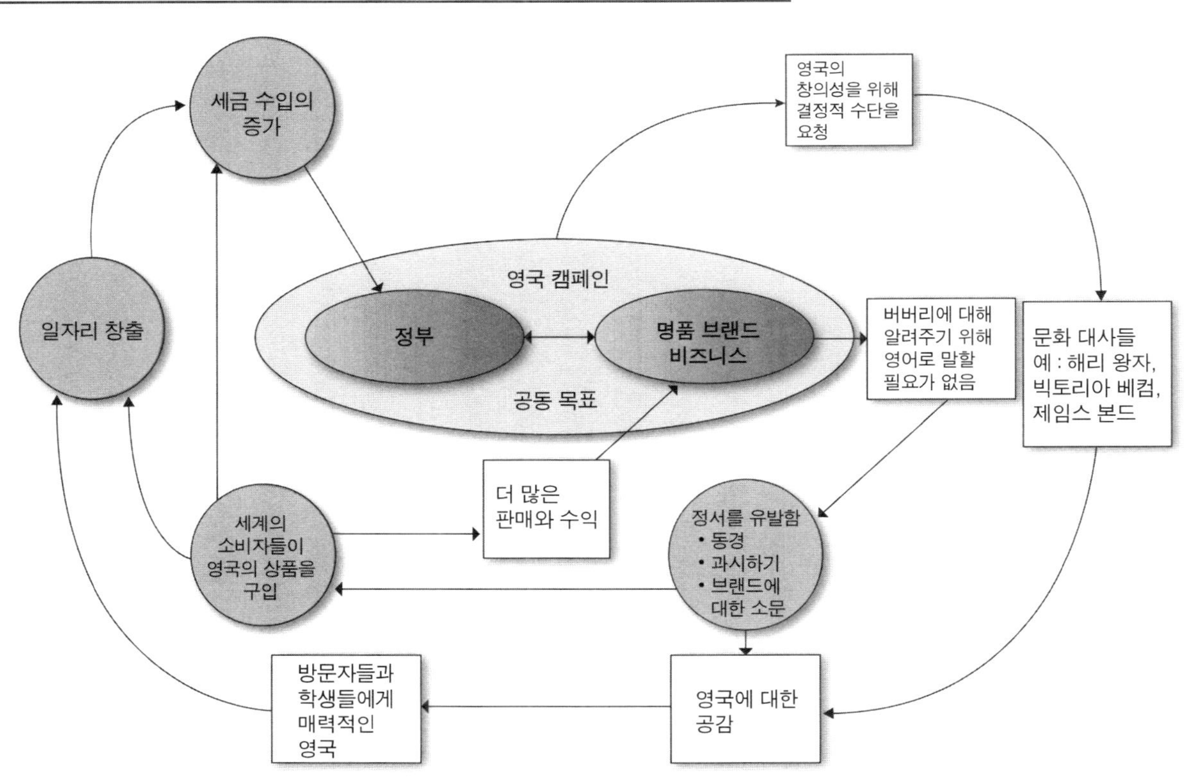

가치와 스포츠의 결합

걸프 만에 있는 또 하나의 부유한 국가인 카타르는 가치, 외교 정책 개입, 스포츠를 통해 세계의 각 나라들과 공유하는 공감을 형성하고 있다. 카타르는 아랍과 세계에서 신뢰를 받고 있는 알 자지라 Al Jazeera 언론사의 본거지이며, 카타르는 2022년 월드컵 개최국으로 예정되어 있다. 카타르는 동양과 서양 간의 그리고 중동 지역 내의 수많은 어려운 국제적 상황들에서 정치적 중재자로서의 명성을 쌓아가고 있다.

다양성

문화적 다양성은 국가와 문화 집단들 사이에 존재하는 세계에 대한 다양한 해석들을 반영한다. 국제 파트너들과 함께 일하는 리더들은 문화에 부합되기 위하여 의사소통을 어떻게 해야 하는지에 대하여 터득한다. 다양한 인력으로부터 이익을 얻는 조직들은 직원 간의 상호작용과 공유된 경험을 통해 더욱 커다란 문화적 통찰을 발전시킨다.

글로벌 디지털 매체 시대에 의사소통은 넓은 공동체에 걸쳐 공유된다. 놀랍게도 조직의 의사소통은 조직의 국가나 지역에 있는 사람들을 대상으로 하는 경우가 종종 있다. 문화적 다양성은 조직이 더욱 개방적으로 의사소통하고 다양한 청중들에게 맞추기 위해 의사소통을 차별하기 위한 전략을 갖는 데 도움이 된다.

5. 프로젝트 공유 : 다른 이해관계자들의 열정과 헌신을 이끌어 낸다.

문제가 되었던 것들 가운데 어떤 것도 쉬운 것은 없다. 리더의 역할은 사람들이 공유된 프로젝트에 계속하여 집중하도록 만드는 것이다. 특히 프로젝트가 복잡하고 경합하는 이해관계가 많을 때, 집중해야 한다.

열정

성공과 실패를 결정하는 것은 무엇인가? 어떤 사람들은 비전이라고 말하고, 어떤 사람들은 전략이라고 말하며, 어떤 사람들은 파워와 영향력이라고 말하며, 어떤 사람들은 신뢰라고 말한다.

비전·전략·파워·영향력·신뢰가 필수적이지만 가장 중요한 것은 목표를 성취함에 있어서의 열정적인 믿음이며 목적을 가진 공감이다.

열정은 우수한 운동선수들을 위대한 운동선수로 만든다. 열정은 극복할 수 없는 도전을 이겨내는 모험가들에게 연료를 공급한다. 열정은 사업가들로 하여금 무로부터 다국적 제국을 건설하게 한다. 열정은 재난과 갈등의 희생자들을 돕는 인도주의자를 지지한다. 열정은 성공을 위한 눈에 보이지 않는 연료이다.

다양한 파트너들과 함께 일하는 리더들은 열정을 유발하기가 더욱 어렵다. 문제를 더욱 어렵게 만드는 것은 각 파트너가 자신의 문화, 가치 및 행동 방식을 가지고 있기 때문이다. 목표에 대한 헌신을 장려한다면 이 문제를 극복할 수 있다.

PQ 리더들은 목표를 실현하는데 헌신하며 사명에 강력한 공감을 갖는다. 열정은 PQ 리더들에게 활력을 준다. 열정은 PQ 리더들로 하여금 타인들에게 비슷한 공감을 불어넣는 것을 가능하게 한다. 열정이 없는 협력으로는 힘든 시기를 이겨낼 수 없다. 공유된 노력을 위한 열정은 추진력과 결단력, 성공의 의지를 제공하는 연료이다.

공유된 프로젝트에 헌신

리더들은 다양한 방법으로 헌신을 이끌어내지만 다음과 같은 공통적인 주제들이 있다.

- 미션에 대한 명확성
- 공포심을 주입
- 프로젝트 전체에 걸친 원활한 의사소통

사례 : 2012 런던 올림픽

런던 올림픽 조직팀을 이끌었던 세바스찬 코Seb Coe는 올림픽에서 2개의 금메달을 수상한 선수였으며, 올림픽 게임의 열정적인 지지자이다. 그는 런던이 올림픽을 개최하기에 적합하다고 확신했다.

올림픽을 조직하기 위해서는 최고의 PQ 리더십 기술을 필요로 한다. 올림픽을 조직하는 것과 관련된 문제들은 복잡하고 다차원적이다. 정부의 변화, 예산의 변화, 인프라의 엄청난 개발, 보안, 직원 채용, 교통, 기한, 세계의 주목 등의 문제가 있다.

런던 올림픽도 역시 어려운 문제들에 직면했다. 예를 들어 민간보안업체가 필요한 보안요원들을 제공하지 않아 마지막 순간에 군대가 투입되어야 했다.

런던의 이름에 부합되는 행사를 치르겠다는 결의가 돋보였다. 7만 명의 런던 올림픽 자원봉사자들 가운데 한 명은 다음과 같이 말했다.

> "군인이건 경찰이건 자원봉사자이건 여기에 있는 모든 이들은 도움이 되기 위해 최선을 다하는 사람들입니다."
>
> 팀 전체가 공유하는 노력을 이끌어낸 세바스찬 코의 개인적 헌신은 그의 폐막식 연설에서 명백하게 나타났다.
>
> "이 게임의 첫 날, 저는 우리 모두가 잘해내겠다는 결의에 차 있다고 말했습니다. 오늘 폐막식을 맞아 저는 이렇게 말하고 싶습니다. 영국이여, 우리에게 기회가 왔을 때 우리는 잘해냈습니다."

■ 미션에 대한 명확한 이해

미션에 대한 명확한 이해는 모든 이해관계자들이 미래 비전과 이를 실현하기 위한 전략에 대한 이해를 공유하는 것과 관련된다. 여러분들 가운데 이것에 대해 아는 사람들이 많을 것이지만 앞에서 언급한 것을 반복할 만한 가치가 있다. 존 F.케네디 대통령이 NASA 우주 정거장을 방문했을 때 청소부와 마주치게 되었다. 케네디 대통령은 청소부에게 담당하는 일이 무엇인지를 물어보았다. 그러자 그는 '사람을 달에 보내는 것'이라고 대답했다.

수익을 내는 것을 목적으로 하고 지역사회에 거주하는 사람들이 수용하는 방식으로 수익을 내는 다국적 기업은 미션의 명확성을 필요로 한다. 직원들은 적절한 결정들을 하기 위해 무엇을(수익을 내는 것) 그리고 어떻게(지역사회의 참여와 함께 수익을 냄) 해야 할지를 이해할 필요가 있다.

일자리를 창출하기 위해 지역의 산업계와 협력하도록 되어 있는 지방정부당국은 공무원들이 자신들의 특정한 직무가 전체적인 목적에 어떻게 부합되는지를 이해하도록 만들어야 한다. 그렇게 하지 않는다면 응용 프로그램의 계획, 주차 허가, 쓰레기 수거 등에 대한 결정을 할 때 사람들은 비즈니스 친화적인 관행을 우선시하지 않을 가능성이 있다.

대규모의 공공부문 조직에서 좋은 의도를 사람들은 자신들의 목적을 잊어버릴 가능성이 있다. 밥 졸릭(세계은행 전 총재이자 미국 무역 대표)은 다음과 같이 언급했다. "고학력자들은 자신에 대해 분석하느라고 시간을 소비하며 매우 편협하게 될 가능성이 있다. 당신은 사람들에게 미션에 대하여 상기시켜야 하며 사람들은 미션에 집중하여야 한다." 미션은 사람들이 일을 하고 역할을 하고 싶어서 아침에 일찍 기상하도록 만드는 것이다. 주주들에게 이익을 주고 싶어서 잠자리에서 일어나는 사람은 거의 없을 것이다. 수익과 사회적 편익을 일치시키는 것은 훨씬 더 설득력 있는 제안이 된다.

PQ 맥락에서는 모호함에 대한 범위가 있다. 예를 들어 지속 가능한 방법으로 수익을 내는 기업은 짧은 시간에 두 개의 목표는 갈등을 빚을 가능성이 있으므로 해결하기에 어려운 단기와 중기에서의 선택에 직면할 수 있다.

상황에 맞는 특정 용어를 사용하여 가능한 최대한 다양한 맥락으로 목적과 우선순위를 설명하는 것이 리더의 역할이다. 비영리 단체의 지출에 있어서 '삭감 Cuts'을 예로 들면, 'Cuts'는 비즈니스에 쓰이는 용어이며, 이 용어는 '동일한 지출로 두 배나 많은 사람들을 대접함'이라고 쓰일 수 있다.

빈번한 메시지 전달의 필요성을 인식하라. 한 저명한 정치 고문은 다음과 같이 조언했다.

"메시지를 자주 보내라. 한 번 더 보내면 병이 날 것 같은 느낌이 들 때까지."

■ 두려움

두려움은 주의를 집중시키는 역할을 한다. 문제에 냉엄하게 착수하면 사람들이 실패의 결과에 대해 이해하는데 도움을 준다. 이러한 접근법은 구호단체들이 미래에 발생할 수도 있는 비극에 대비하여 기금을 모을 때 종종 사용되기도 한다.

제이미 올리버Jamie Oliver는 PQ 리더이다. 그는 성공한 요리사이며, 기업가, TV 사회자, 작가이기도 하다. 음식과 사람에게 열정적인 그는 자신의 상업적 관심을 사람들의 삶을 개선시키고자 하는 소망과 결합시켰다. 영국과 미국에서, 그는 사람들에게 요리를 가르치고 학교 급식을 개선하고 식품회사들이 더욱 책임감 있게 행동하도록 장려하는 캠페인을 시작했다. 그는 놀라운 성공을 거두었다.

제이미는 노련한 TV 연기자이며 현명한 전달자이다. 그가 권위 있는 TED상을 미국에서 받게 되었을 때 그는 시상식을 활용하여 미국의 유력자들로 구성된 청중 앞에서 자신의 사례를 소개했다. 그의 연설은 열정적이었으며 풍부한 자료로 뒷받침되었으며 때로는 매력적으로 유쾌했다. 그는 청중의 관심을 끌기 위해 공포심을 유발하는 메시지로 연설을 시작했다. 다음에 그의 연설을 소개한다.

■ 원활한 의사소통

파워가 공유된 세계에서는 다양한 배경들을 가진 수많은 이해관계자들이 존재한다. 우리는 재계와 정부 간의 의사소통이 실패했다는 이야기를 끊임없이 듣는다. 재계와 정부 모두 상대방을 이해하지 못하고 있을 뿐만 아니라 상대방으로부터 최상의 것을 얻는 방법에 대해 모르고 있다. 재계와 정부 모두 무엇을 요구할지 그리고 무엇을 제시할지를 이해하지 못하고 있다. 기업체, 정부 관료, 외교관, 최고경영자들도 위에서 언급한 것과 같은 어려움을 호소한다.

영국 무역 책임자는 실업가들이 정치가들에게 자신들이 필요로 하는 것을 요청하는데 소극적이라고 우리에게 말했다. 모든 사람이 혁신과 경제 발전이라는 동일한 목표를 가지고 있어도, 자신만만한 비즈니스 리더들은 혁신과 경제 발전을 어떻게 추진해야 할지에 대해 확신이 없는 것처럼 보였다.

최고의 외교관인 제이Jay는 다음과 같이 말했다.

"그것은 양측의 신뢰가 부족해서가 아니라 양측의 이해가 부족해서입니다. 서로에 대하여 알기 위해서는 오랜 시간에 걸쳐 지속적인 관계를 쌓을 필요가 있습니다."

제이미 올리버의 TED 시상식 연설

제 이름은 제이미 올리버이고 34세입니다… 지난 7년 동안 저는 제 나름대로의 방식으로 생명을 구하기 위해 끊임없이 노력했습니다. 저는 의사가 아닙니다. 저는 요리사입니다. 저는 값비싼 장비나 약도 없습니다. 저는 정보와 교육을 이용합니다. 저는 음식이 가정에서 가장 중요하며 우리를 결속시켜 준다고 믿습니다.

우리는 지금 끔찍한 현실에 처해 있습니다.

미국은 세계에서 가장 비위생적인 국가들 가운데 하나입니다.

제가 여러분들에게 몇 명의 자녀가 있는지 물어봐도 될까요? 손을 들어 주시기 바랍니다.

지난 4세대들의 성인인 우리들은 우리의 아이들에게 부모보다 단명이라는 축복을 내려주었습니다. 당신의 자녀는 우리가 그들에게 만든 음식 상황으로 인해 당신보다 10년 더 일찍 사망하게 될 것입니다. 미국인들의 2/3가 과체중이거나 비만입니다. 사실 식사와 관련된 질병은 미국에서 최대의 사망 원인입니다. 식사와 관련된 질병은 미국 뿐만 아니라 세계적인 문제입니다. (Oliver, 2010)

(연설 전문 : http://ented.babblebuzz.com/tag/jamie-oliver 참조)

PQ 리더들은 공유된 프로젝트에 관련된 사람들과의 원활한 의사소통의 중요성에 대해 잘 알고 있다. 프로젝트가 상호의존적일 경우 파트너들 간의 허심탄회한 대화를 위한 여건을 만드는 것이 필수적이다. 이러한 여건이 없다면 사람들은 자신이 원하는 것이나 공유된 프로젝트가 필요로 하는 것을 요청할 수 없다.

파워 아프리카Power Africa는 미래 비전을 향하여 작업하는 일련의 상호의존적인 프로젝트이다. 스탠다드차터드 은행은Standard Chartered 이 프로젝트에 20억 달러의 자금을 융자하고 있다. 미국 정부가 700만 달러를 제공했다. 파트너 중에는 여섯 개의 아프리카 정부들과 다양한 미국 정부기관들이 포함된다.

이 프로젝트는 1만 메가와트의 청소기에 대한 이용, 더욱 효과적인 전기에 대한 이용을 제공하고 2,000만 가정과 사업체에 전력을 제공하기 위한 것이었다. 공유된 프로젝트의 성공적인 산출은 혁신적일 것으로 예상된다. 사하라 이남 아프리카의 2/3 이상이 전기 없이 생활하고 있으며, 농촌지역에 거주하는 사하라 이남 아프리카 주민의 85% 이상이 전기에 대한 접근이 어려운 상태에 처해 있다.

이 프로젝트 기간 중에 정부가 바뀌고 직원들이 이동하고 국경 문제와 지역사회 문제 등 여러 가지 문제들이 필연적으로 발생할 것이다. 일부 위험들은 아프리카에서의 인프라 개발을 위한 모범 실무를 도입하기 위해 파트너들과 협력하는 스탠다드차터드 은행에 의해 관리될 것이다. 하지만 대부분의 위험들은 협력관계를 형성하는 리더들에 의해 관리될 필요가 있다. 서로 얼마나 적절하게 관계를 맺고 있는지의 여부와 의사소통의 정도는 비전을 낳는데 있어서 프로젝트의 유효성에 크게 기여할 것이다.

6. 휴머니티에 대한 공감 : 미래 세대가 더욱 살기 좋은 세계를 만들기 위해 행동한다.

우리는 받아서 삶을 꾸려 나가고 주면서 인생을 꾸며 나간다.
– 윈스턴 처칠 –

역사를 통틀어 인간은 타인을 위하여 노력했다. 이것은 새로운 것이 아니며 지금도 계속되고 있다.

PQ 리더들은 자신이 현재 살고 있는 세계뿐만 아니라 자신이 뒤에 남겨두고 올 세계에 대해서도 마음을 쓴다. 그들은 지구에 미래를 보증하는 유산을 낳는 방식으로 일하고 행동해야 할 책임을 느낀다. 그들은 자신들의 조직을 위한 성공을 낳는 자신들의 역할에 대하여 명확히 이해하고 있으며, 이렇게 하는 것이 세계를 더욱 살기 좋은 곳으로 만든다고 믿고 있다.

인류에 대한 책임을 느끼는 것은 기업과 사회적 책임과는 같지 않다. PQ 리더들은 사람들의 삶을 개선하고 지구를 유지하는 것에 대해 열심이다. 사람들의 삶을 개선하고 지구를 유지하는 것은 PQ 리더들의 일에 있어 필수적이다.

공감과 휴머니티(humanity)

다양한 연구를 통해 괴롭힘에 대항하고 불평등에 맞서 싸우기 위해 다양한 사회 집단들이 사람들을 도우려는 높은 수준의 개인적 공감과 소망 간의 관련성을 탐구되었다. 사무엘Samuel과 펄 올리버Pearl Oliber에 의한 연구는 홀로코스트가 자행되는 동안 유대인들을 구한 사람들은 어려서부터 타인의 시각에서 세상을 보도록 장려되었다고 보고했다.

인터넷, 텔레비전, 여행 등으로 인해 사람들은 전 세계에서 일어나고 있는 일들에 대하여 더욱 잘 인식하게 되었다. 세계에서 발생하고 있는 고난과 불평등에 대하여 아는 것은 우리가 세계를 인식하는 방식에 영향을 미친다. 우리가 자신을 행운아라고 생각하는지의 여부, 세계 공동체로부터 소외되고 있다고 생각하는지의 여부 그리고 우리가 어떻게 느끼는가 하는 것은 우리가 하는 것에 영향을 미친다.

전 세계에서 일어나고 있는 것에 대해 아는 것은 우리로 하여금 휴머니티에 대한 공감을 느끼도록 해주고, 우리가 해야 할 것과 그것을 하는 방법에 대하여 알려주기 위해 공감을 사용하도록 장려한다. UN 인권 고등 판무관은 다음과 같이 말한다.

> 인간의 존엄성은 타인에 대한 공감을 불러일으키며 서로를 연결시킨다. 가족, 공동체, 국가에 있어서 공감은 특히 중요하다. 상호 연결되어 있는 세계에서 공감은 정의에 대한 중대한 문제를 제기하는 불평등을 다루도록 확대되어야 한다. (Robinson, 2013)

문화 역사가인 로먼 크리즈나릭Roman Krznaric은 우리가 공감을 기를 수 있으며 이것을 사회 개혁을 위한 근본적인 힘으로 사용할 것을 제안했다 (2012). 사회적 매체에 대하여 그가 식별한 어려운 문제는 정보를 전달하는 것을 너머 행동의 변화를 낳는 공감을 불러 일으키는 연결을 만드는 것이다.

미래 세대와의 공감

"리더십은 옳다고 생각하는 것을 하고 그것을 지지하는 유권자들을 구축하는 것이다. 리더십은 여론조사를 하고 뒤에서 따라가는 것이 아니다."

뉴욕 시장으로서의 네 번째 임기 중에 마이클 블룸버그는 위와 같은 발언을 하였으며, 미국의 총기 로비에 맞서고 청량음료의 판매를 제한시키고 지속 가능한 계획들을 지지하는 등의 장기적인 문제들을 다루어 자신의 발언을 증명했다. 자신의 생활방식을 선택할 권리를 침해하는 문제들을 다루는 것은 정치적으로 어렵다. 미래 비전과 함께 공감을 가진 용기 있는 리더들은 현재를 넘어 미래를 본다. 그들은 현재 행동하지 않는 것이 미래 세대들에게 무엇을 의미하는지를 이해하고 있으며 이를 방지하기 위해 행동한다.

기업과 정부의 대부분의 리더들은 부모이거나 조부모이다. 사회는 현재를 넘어 미래를 보며 미래 비전과 함께 공감을 가진 용기 있는 더욱 많은 리더들을 필요로 한다.

7. 결론

타인들의 시각을 이해하고 목적에 도움이 되도록 하기 위해 그 통찰력을 사용하는 능력은 PQ의 핵심이다. 이것은 조작에 관한 것이 아니다. PQ 리더들은 공동체와 사회가 직면하고 있는 가장 커다란 문제들을 해결하도록 도움을 주는 것이 자신들의 역할에 있어서 필수적이라고 생각한다.

파워가 공유된 세계에서 다양한 이해관계자들과 좋은 관계를 형성하는 것이야말로 리더가 해야 할 역할이다. 가장 성공적인 기업·국가·비정부기구는 자신의 가치와 행동을 통해 타인들이 자신을 지지하도록 만든다.

복잡한 관계, 경합하는 이익, 글로벌화된 세계를 헤치고 나아가기 위해 리더는 타인들의 입장에 대한 깊은 이해와 존중이 있어야 한다. 리더들은 경쾌하게 걸음을 옮기며 사람들을 끌어모은다.

현재와 미래의 인류를 위한 진실한 공감을 발전시키는 것은 우리가 나아가는 방향을 변화시키는 힘이 된다.

07 신뢰

신뢰 관계는 우리 자신의 이익뿐만 아니라
타인의 이익도 내다보는 우리 자신의 의지에 의존한다.
- 피터 파퀀슨, 해비타트 CEO -

1. 신뢰란 무엇인가?

신뢰는 모든 관계의 토대이며 성공의 가장 강력한 결정 요인이다. 신뢰는 관계를 결합시키고 평판을 향상시킨다. 신뢰를 낳는 행위에는 도덕성·투명성·포용·일관성·신뢰성·타인의 최선의 이익에 대한 관심이 포함된다.

모든 개인과 조직은 행동에 의해 평가받는다. PQ의 다른 면들과는 달리, 신뢰는 양자택일이다. 사람들은 당신을 믿거나 믿지 않는다. 신뢰에 대해서는 연속체가 존재하지 않는다.

그렇다면 PQ에서는 왜 신뢰가 중요한가? 파워가 공유되는 상황에서 활동하는 리더들은 독점적인 적법성과 권한을 부여하는 전통적인 위계적 지위는 없다. 리더들은 관계망 내에서 활동한다. 타인으로부터 신뢰를 받는 리더는 더욱 많은 것을 성취할 수 있다.

평판

신뢰는 평판에 중요한 역할을 한다. 우리는 어떻게 비즈니스를 인식하는가? 이는 이 책의 전반에 걸친 주제이다. 2013년 미국 해리스Harris 조사에 따르면 기술 산업이 가장 긍정적인 평판을 누리고 있는 것으로 나타났다. 기술 산업은 사람들이 서로 연락하고 정보를 이용하는 것을 가능하게 하는 도구를 생산한다. 해리스 조사는 평판에 근거하여 미국에서 가장 두드러진 60개의 기업들을 순위대로 열거했다. 지난 3년 동안 지속적으로 상위에 속한 기업들로는 아마존, 애플, 코카콜라, 디즈니, 구글, 존슨앤존슨이 있었다.

코카콜라의 회장이자 최고경영자인 무타르 켄트는 '기업의 평판'을 강조했다. 2013년 해리스 조사에서 코카콜라가 사회적 책임 부문에서 3위, 정서적 호소 부문에서 4위를 차지한 것은 우연의 일치가 아니다.

기관들에 있어서의 신뢰성에 대한 미국 갤럽 조사에 따르면 2006년 이래로 기업에 대한 평점이 20%나 감소한 것으로 나타났다. 영국에서는 모리Mori 조사 결과 영국의 기업이 매우 또는 상당히 윤리적으로 행동한다고 생각하는 사람들의 비율이 현저히 감소한 것으로 나타났다 (2011년 58%, 2012년 48%). 2013년 에델만 신뢰도 지표조사(Edelman Trust Barometer)는 기업에 비해 최고경영자들이 상당히 덜 신뢰받고 있는 것으로 나타났다. (미국에서는 32%, 중국과 호주에서는 35%, 독일에서는 29%). 일반 대중들의 18%만이 최고경영자들이 진실을 말한다고 믿는 것으로 나타났다.

미국 포춘지 선정 500대 기업인 80억 달러 자산 규모의 AECOM의 회장이자 최고경영자인 존 디오니시오John Dionisio는 윤리적 경영으로 상을 받으면서 다음과 같이 말했다. "불행하게도 재계에서 타인들을 타락시키기 위해서는 한 명의 불량한 인간이면 충분합니다. 특히 동일한 업계에서는 더욱 그렇습니다." 이어서 그는 다음과 같이 말했다.

재계의 우리 모두는 대중의 신뢰를 형성하고 유지하기 위해 지속적으로 노력해야 할 책임이 있습니다. 갤럽 조사에서 본 것처럼 신뢰를 형성함에 있어서 최소한의 기본을 넘어선 필요가 절실합니다. (Dionisio, 2012)

정부는 재계에 비해 덜 신뢰받고 있다. 에델만 지표조사에 따르면 정부 지도자들은 정부에 비해 훨씬 덜 신뢰받고 있는 것으로 나타났다. 중국에서는 그 차이가 47점에 달했으며, 인도에서는 35점, 미국에서는 28점, 프랑스에서는 24점이었다.

비정부기구들은 높은 수준의 신뢰를 받고 있다. 에델만은 중국에서의 대중 신뢰에 있어서 현저한 증가가 있으며 이는 아시아 전체에 걸친 현상이라고 보고했다. 무엇이 이러한 변화를 촉발시켰는가? 비정부기구들은 더욱 투명하고 재계와 정부에 대해 덜 비판적이고 더 협조적이며 사회적 매체의 사용에 있어서 실제적 지식을 가지고 있다고 기자들은 말한다.

대중의 신뢰에 대한 영국 자선위원회 2012년 조사에 따르면 자선단체들은 높은 신뢰를 받고 있는 것으로 나타났다. 하지만 자선단체가 기금을 사용하는 방식은 대중의 신뢰에 커다란 우려가 될 수 있다. 응답자의 59%는 자선단체의 행정과 급여에 쓰이는 기금의 비율에 대하여 우려했다. 영국 자선위원회는 대중의 신뢰를 유지하기 위해서는 지출과 근무가 자선활동을 어떻게 지원했는지를 설명하는 능력과 솔직함, 그리고 투명성이 필요하다는 결론을 내렸다.

신뢰를 평가하는 방법

신뢰의 효과적인 수행에 대한 지표는 다음과 같다.

지표

√ 도덕성과 정직성을 가지고 일관되게 행동한다.

√ 윤리적으로 포용력 있게 그리고 투명하게 운영한다.

√ 장기적이고 사회적인 편익을 낳는 프로젝트와 관계를 중요시하고 이에 노력한다.

√ 신뢰를 훼손하지 않고 경합하는 이익들을 관리한다.

√ 지속적이고 신뢰할만한 결과에 대한 실적을 증명한다.

우리는 행동을 기술하고 사례와 스토리를 제공하여 다음에 언급할 지표들에 대하여 분석할 예정이다.

2. 한결같이 성실하고 정직하게 행동한다.

신뢰에 대한 다양한 조사들은 재계와 정부 리더들에게 분명한 메시지를 전달한다. 기업에 대한 신뢰는 기업 리더들에 대한 신뢰보다 높은 것으로 나타났다. 정부에 대한 신뢰는 관료들에 대한 신뢰보다 높은 것으로 나타났다.

이것은 신뢰를 받을 수 있는 행동을 통해 리더가 얻을 수 있는 상당한 비즈니스의 장점이나 정치적 자본이 있다는 것을 의미한다.

일관성

신뢰받는 사람들은 일관되게 행동한다. 신뢰받는 사람들의 가치와 행동은 일치한다. 그들의 신념은 바위를 관통하는 글자처럼 그들에게 아로새겨져 있다.

이 강력한 내핵과 목적의식은 그들의 행동을 통해 표현된다. 그들은 직장과 개인 생활에서의 행동을 통해 자신들의 신념을 형성한다. 자신들의 행동을 통해 그들은 고취시키고 동기를 부여하며 타인들의 지지와 신뢰를 얻는다.

영국 국가안보 고문인 킴 대럭Kim Darroch은 다음과 같이 언급했다. "신뢰는 성공적인 팀을 만드는 주요한 구성요소이다. 성공적인 팀은 지도자의 판단과 정직성을 믿어야 한다. 성공적인 팀은 위험을 무릅쓸 것을 격려하는 리더의 말을 믿어야 하며 일이 잘못되면 리더가 앞에 나서서 비난을 감수할 것임을 믿어야 한다."

리더는 복잡한 이해관계자들과의 관계, 외부 환경의 단기적 압력과 변화에 대처하느라 신념과 가치를 잊어버릴 가능성이 있다. 시간이 경과함에 따라 가치와 신념 간의 차이와 말하는 것과 행동하는 것 간의 차이가 발생할 가능성이 있다. 구성원들이 이러한 불일치를 알아차리게 되면 리더는 신뢰를 잃어버리게 된다.

일관성을 유지하는 방법은 무엇인가? 방법들 가운데 한 가지는 당신의 행동과 결정에 대하여 반성하는 것이다. 당신의 행동과 결정이 당신의 신념과 부합하였는지의 여부를 스스로에게 물어보라. 불일치가 의도적인 것인가? 어떻게 생각하는가? 이것은 타인들이 당신에 대하여 생각하는 것에 얼마나 영향을 미치는가? 자신들이 조직의 핵심가치와 더 이상 일치하지 않는다는 것을 깨달은 리더들은 다른 조직으로의 이동을 재촉할 수도 있다.

정직성

PQ 리더들은 타인의 의견을 경청하고 관찰하며 도발적인 질문을 하여 타인의 세계에 대한 이해에 도달한다. PQ 리더들은 솔직하게 이야기하며 간결한 언어를 명쾌하게 의사를 전달한다. PQ 리더들은 정직하며 숨길 것이 없으므로 타인과 이야기할 때 자연스럽다.

사실이 당신에게 중요한 경우를 뒷받침하지 않을 때 부분적인 정보만을 제공하고 싶은 유혹을 느낄 때가 있다. 현재 스코틀랜드 전력Scottish Power의 부회장인 커Kerr는 이러한 유혹을 이겨낼 수 있는 조언을 한다. "신뢰를 형성하기 위해서는 절대로 거짓말을 하지 말라. 모든 주장의 장단점에 대해 의견을 말하라."

이와 비슷한 원칙이 실수를 다루는데 있어서도 적용된다. 세계은행 총재를 역임한 밥 졸릭은 빈곤 극복과 같은 중요한 프로젝트에 열심히 그리고 장시간 일할 경우 일이 잘못되고 있다는 것을 인정하기는 어렵다고 말했다. 그는 자신의 동료들에게 '일이 제대로 되어가고 있지 않을 때' 이를 솔직하게 인정하라고 말했다.

일을 하다 보면 잘못되기도 한다. 의도하지 않은 결과가 발생하기도 한다. PQ 리더들은 실수를 할 때 그것을 은폐하려 하거나 정보가 새어나가지 않도록 하는데 시간을 허비하지 않고 신속하게 사과하고 일을 바로잡기 시작한다.

정부는 잘못된 판단이나 실수에 의해 곤경에 빠지기도 한다. 영국 토니 블레어 총리의 수석 보좌관을 지낸 조나단 포웰Jonathan Powell은 자신의 저서인 《새로운 마키아벨리The New Machiavelli, 2011)》에서 버니 에클레스톤Bernie Ecclestone F1 회장으로부터 노동당이 받은 1백만 파운드 기부금에서 얻은 교훈에 대하여 언급했다. "어리석음을 고백하는 것은 지독히 싫은 일이고 어리석음에 대한 내용을 천천히 조금씩 말하고 싶은 바람도 있겠지만 그렇게 하는 것은 역효과를 낳으며 무엇인가를 숨기고 있다는 인상을 줄 가능성이 있다. 전체 스토리를 투명하고 솔직하게 밝히는 것이 훨씬 낫다.”

미국 국무장관이었던 콜린 파월Colin Powell은 모든 조직은 정직해야 할 필요가 있다고 주장한다. 그는 다음과 같은 스토리를 들려 주었다.

스토리 : 콜린 파월

콜린 파월이 국무장관으로 재직하던 당시, 그는 테러 사고에서의 경향에 대해 의회에 해마다 보고서를 제출하도록 되어 있었다. 그러던 어느 해 캘리포니아 주 출신의 의원인 왁스먼Waxman이 보고서에 실제보다 테러 사고가 적게 기재되어 있다면서 파월이 보고서를 꾸며댔다고 비난했다.

파월의 직원들은 ‘전통적인 관료적 응답’이라면서 보고서를 변호했다.

하지만 파월은 ‘사후 검토’라고 불리는 방법을 사용하여 검토하도록 명령했다. 검토 결과 CIA의 분류 작업과 테러 사고의 수를 집계하는 데 있어서 상당한 에러가 있었다는 것이 드러났다. 이러한 에러는 보고서를 적절하게 분석하지 않은 직원에 의해 더욱 복잡하게 되었다.

파월은 “나는 왁스먼에게 전화하여 그가 옳았고 내가 틀렸으며 이 문제를 바로잡고 수정된 보고서를 작성하기 위해 현재 열심히 일하고 있다고 말했습니다. 그는 우리를 믿었으므로 우리에게 시간을 주었습니다. 우리는 그로부터 수주 내에 정확한 보고서를 제출했습니다. 왁스먼은 우리를 축하해 주었습니다.”

– 콜린 파월의 저서, 《It Worked for Me, 2012》에서 발췌 –

도덕성

도덕성은 신뢰에서 핵심적인 것이다. 이 부분에서는 비즈니스와 정부 간의 유사성과 차이를 이해하기 위해 다양한 리더십 맥락에서 도덕성을 탐구하기로 한다.

■ 비즈니스에서

데니스 홀트Dame Denise Holt는 자신이 HSBC 은행의 사외이사로 임명된 이유에 대하여 다음과 같이 이야기했다. "회장은 내가 이의를 제기하기를 좋아하고, 불편할 때도 기꺼이 의견을 말한다는 것을 알고 있습니다. 건설적인 이의는 회장에게 도움이 되니까요."

대부분의 성공한 리더들은 이의를 제기하는 것을 환영한다고 말할지라도 솔직해지는 것에 대하여 상당한 두려움을 가지고 있다. 리더는 자신이 원하는 문화와 풍토에 대하여 명확히 이해해야 하며 자신의 행동이 일치되도록 해야 한다. 제프 뷰케스는 타임워너의 이사회 테이블로 우리를 안내했다. 이사회 테이블은 원형 테이블이었다. 원형 테이블은 제프가 원하는 문화와 그가 기대하는 행동에 대한 강력한 신호를 보내고 있었다.

■ 공공정책에서

민주정부는 재선되기를 원하므로 정치가들은 유권자들의 신뢰와 찬성을 얻기 위하여 유권자들에게 긍정적인 메시지를 제공하려는 경향이 있다. 정치가들은 사회가 직면하고 있는 가장 어려운 문제들에 해결책을 제공하는 것처럼 보이기를 원한다. 이러한 동인들은 눈 앞의 일만을 생각하는 태도, 피상에 대한 조건들을 낳는다.

이러한 행동에 대한 자극이 정치가들로부터 기인하는지 아니면 관료들로부터 기인하는지를 파악하기는 어렵다. 쉘Shell에 근무하기 전에 영국 외무성을 이끌었던 커Kerr는 현재의 영국 공무원들은 장관들이 이의 없이 결정하도록 허용하는 경향이 있다고 생각했다. "장관들이 잘못하고 있다면 공무원들은 장관들이 잘못을 고치도록 설득해야 한다."

영국 외무성의 최고운영책임자는 현대의 관계에 대하여 다음과 같이 언급했다. "장관과의 신뢰관계가 형성되면 공무원은 그것을 정책 형성에 관해 조언하거나 실행을 하거나 위험에 대해 강조하는데 활용할 수 있다." 정부의 역할은 유권자들에게 공약한 것을 실행하는 것이다. 이것은 민주적 시스템의 핵심이며 시민과 정부 간의 신뢰를 위한 토대이다.

커Kerr는 공무원과 장관 간의 신뢰에 대한 필요성을 강조한다. 승진에 유리하므로 장관에게 좋은 소식을 가져다 주고 싶은 마음이 공무원에게 있다. 타임워너의 최고경영자인 제프 뷰케스가 상사에 대한 이의 제기 부족이 비즈니스의 재난이라고 표현한 것처럼 커Kerr는 "장관은 빙글빙글 돌리지 않고 솔직한 것을 알아야 할 필요가 있다."라고 말한다.

영국 고위 공무원을 지낸 오도넬O'Donnell은 눈앞의 일만을 생각하는 것과 정책 결정에 있어서 분석과 평가가 부족한 것을 우려했다.

오도넬은 가디언 신문에 (2013) '업적을 남기는데 관심이 많은 신임 장관들은 전임자의 정책을 뒤집으려고 하거나 증거가 빈약함에도 불구하고 자신의 개혁을 실행하려는 경향이 있다. 이렇게 하는 것은 끝없는 변화를 낳을 우려가 있다.'라고 언급했다. 오도넬은 정부가 사회의 다루기 힘든 문제들을 더욱 효과적으로 다루는 데 도움이 되는 장기적인 평가를 제공하는데 있어서 학계가 역할을 할 수 있다고 생각했다.

정책에 대해 학계가 주도하는 평가는 귀중하다. 하지만 정치가와 관료 간에 건전한 관계가 존재하는 경우도 있다.

정부에 대한 대중의 신뢰는 사회의 요구를 우선적으로 두는 정치가와 관료들에게 달려 있다. 에델만 지표조사는 사회적 문제를 해결하는 능력과 윤리적 결정을 내리는 능력에 있어서 비즈니스 리더에 비해 정부 리더들이 신뢰를 덜 받는다고 말한다.

공익은 사회의 가장 시급한 문제를 효과적으로 다루고 장기적인 편익을 제공하는 정책을 실현하여 채워질 수 있다. 정책 프로젝트가 알맞도록 하기 위해서는 장관과 관료로부터의 엄격함과 이의가 필수적이다. 타임워너의 제프 뷰케스가 비즈니스에서의 솔직한 논의를 위한 조건을 창조하는 것처럼 정치가와 정부 리더들도 솔직한 논의를 위한 조건을 만들어야 한다. 강건한 의사결정을 위한 필요는 비즈니스에서만큼이나 정부에서도 절실하다.

정치적인 이해력이 있는 리더십은 이의 제기가 장려되지 않는 문화에서 운영할 때 더욱 어려워지게 된다. 이것과 관련하여 가장 비극적인 사례는 2011년 일본의 후쿠시마 핵 사고였다. 후쿠시마 핵 사고에 대한 조사는 이 사고가 인재에 의한 재난이며 예방될 수 있었고 예방되었어야 하는 재난이었다는 결론을 내렸다. 일본 정부, 규제 기관, 도쿄전력은 가장 기본적인 안전요건을 제공하지 못했다. 조사관들은 다음과 같이 결론을 내렸다.

> 인정해야만 하는 사실은 이것이 일본에서 일어난 재난이라는 것이다. 이번 사고의 근본적인 원인은 일본 문화의 뿌리 깊은 관행에서 발견된다. 우리의 복종, 권위자에게 이의를 제기하기를 삼가는 소극성, 프로그램에의 고수, 우리의 집단주의, 우리의 편협함이 원인이다.
> (후쿠시마 원자력 사고위원회의 공식 보고서 2012)

■ **국제 외교 무대에서**

협상이 교착상태에 처해 있을 때 신뢰는 국제관계에서 중요한 역할을 한다. 다음은 이와 관련된 사례이다.

스토리 : 터키와 유럽연합

2005년 10월 유럽연합과 터키 간에 가입 회담이 시작되었다. 가입을 위한 조건에 대한 협상이 진행되었다. 영국은 터키의 가입을 지지했다. 사태는 순조롭지 않게 되어갔다.

앙카라와 브뤼셀에서 터키와 유럽연합 관료들 간의 오랜 협상이 터키 정부는 유럽연합이 제안한 블레어의 조건을 거부했다.

영국은 당시 유럽연합의 의장을 교대로 해야 한다고 생각했다. 주 터키 영국 대사인 피터 웨스트매콧은 이것과 긴밀한 관련성을 가지고 있었다. 피터는 앙카라에 있는 총리실로 호출되었다. 긴 논의가 있은 후에 터키 에르도간 총리로부터 영국 총리인 브레어에게 전화가 왔다. 전화의 내용은 합의에 도달했으며 가입에 대한 협상이 시작될 수 있다는 것이었다.

그로부터 1주일이 지난 후의 모암에서 터키의 총리는 런던에서 온 방문자로부터 결과에 영향을 준 것이 무엇인지에 대한 질문을 받았다. 에르도간 총리는 "나는 피터를 잘 압니다. 나는 그의 얼굴 표정을 보고서도 그가 우리를 위해 더 이상 해줄 것이 없다는 것을 알 수 있지요. 블레어 총리에게 한 전화는 나의 팀의 구성원들이 그것을 이해하는 것을 확실하게 하기 위한 것입니다."

터키의 유럽연합 가입 협상은 2005년 10월 1일 시작되었으며 현재에도 진행 중이다.

단기적인 이익만 생각하는 사고방식은 국제외교에서도 역시 엉뚱한 결과를 낳는다. 유럽연합 정치안보위원회 영국 상임대표인 줄리언 브레이스웨이트Julian Braithwaite는 신뢰를 '성배'라고 표현했다. "유럽연합 협상은 반복 게임이다. 신뢰가 깨지면―한 쪽이 거래에서 어긴 것으로 간주되면―다음에는 합의에 도달하는 것이 훨씬 어려워지게 된다."

2장에서 우리는 더욱 다차원적인 활동과 의사 결정을 향한 수렴과 국가들이 '국가적 이익보다 사회의 요구를 우선시할 필요성에 대해 강조했다.

전 핀란드 대통령으로 노벨상을 수상한 마르티 아티사리Martti Ahtisaari는 국제외교에 풍부한 경험을 가지고 있는데, 그는 권리의 개념이 통치권으로부터 '책임'으로 이동하는 것을 느낀다.

그는 "우리는 책임을 강조해야 합니다. 우리가 소중히 여기는 가치를 가지고 있다면 우리는 방관할 수가 없습니다."라고 주장한다.

토니 블레어는 정치꾼보다는 정치가가 필요하다고 말하며 전 이스라엘 대통령인 시몬 페레스Shimon Peres의 말을 인용했다. "그는 역사책에 있기를 원하는가 아니면 방명록에 있기를 원하는가?"

신뢰 획득

신뢰는 정직·도덕성·믿음에 바탕을 둔다. 사람들은 당신이 어떻게 행동하는지 그리고 당신이 그들의 관심사항을 염두에 두고 있는지 여부에 따라 당신의 신뢰성을 평가한다.

이베이의 창립자이자 회장이며 박애주의자인 피에르 오미다이어Pierre Omidyar는 타인으로부터 신뢰를 받고 타인을 신뢰하는 것은 비즈니스의 성공과 직접적으로 연관된다고 믿는다. 그는 "당신이 할 수 있는 유일한 것은 당신이 사람들에게 채택하도록 장려하는 가치들을 가지는 것이며, 당신의 고객들이 이러한 가치들을 채택하는 유일한 방법은 당신이 그 가치들과 함께 하는 것을 볼 때이다."라고 말한다.

우리는 우리의 행동과 실적에 의해 믿을만하다고 간주될 권리를 획득한다. 피터 헤이즈는 스리랑카에서 영국 고등판무관으로 재직했을 때를 회상하며 신뢰를 형성하고 신뢰할만한 사람으로 보이기 위해 '부분적인 정보를 보여줄 필요'가 있다고 말한다. 즉, 신뢰를 형성하기를 원한다면 첫발을 내디뎌야 한다. 이것은 위험을 무릅쓰고 용기 있게 행동하려는 의지와 관련된다.

첫발을 내디딤에 의해 우리는 신뢰할 준비가 되었음을 알려주고 그렇게 함으로써 상대방에게 관계에 있어서의 다음 발걸음을 내디딜 것을 장려한다. 이것과 관련된 예는 북아일랜드 평화 처리이다. 갈등으로부터 파워를 공유하는 도정은 아주 힘들게 만들어졌다. 정치 지도자들과 종교 지도자들은 상대방이 화답하도록 하기 위해 용기 있게 행동했다.

아프가니스탄 주재 NATO 민간 대표인 마크 세드윌Mark Sedwill은 NATO군을 지휘하는 미국 장군과 함께 일했다. 험한 환경에서 주요 관계에서의 신뢰를 형성할 필요성에 대해 숙고하면서 그는 접근법을 공유했다. "개인적으로 매우 솔직하라. 미룰 때는 공손한 태도를 보여라. 개인적으로 차이에 대해 논의하며 타결을 보고 타협하기를 주저하지 말라. 동의하지 않을 때도 솔직한 태도를 유지하라. 협조적인 태도를 보이고 일이 잘 안 풀릴 때는 일침을 가하라."

제프 부케스는 파워가 공유된 협력 환경에서의 리더십에 대해 숙고하며 다음과 같이 말했다.

리더십은 역동적이어야 한다. 사람들은 소통하지 않고 이기적인 성향을 가지고 있으므로 신뢰가 필요하다. 다른 사람이 더 많이 알고 있는 생소한 분야에 리더가 임명되면 리더는 편집증을 느낄 수 있다. 리더는 다른 견해를 가진 사람들과 진실한 대화를 나누고 누구의 판단이 신뢰할 만한지 결정할 필요가 있다. 나는 누구에게 의지할 것인가? 최상의 메시지는 다음과 같다. "당신이 전문가이므로(나는 전문가가 아니므로) 내가 당신의 판단을 믿는다면 당신을 지지할 것입니다. 하지만 당신은 그것에 대해 책임을 져야 합니다. 그리고 나는 그것으로부터 배우게 될 것입니다."

3. 윤리적으로 투명하고 차별없이 행동한다.

파워가 공유되는 세계에서는 윤리적 행동과 투명성의 중요성이 증대된다. 리더들은 자신들이 신뢰할 수 있는 사람들과 협력하기를 원한다. 고객과 소비자는 평판에 기초하여 선택을 한다. 평판은 모든 부문에서 중요하며, 다른 사람들이 당신과 상호작용하는 방식에 영향을 미친다. 예를 들면 다음과 같다.

- 비즈니스에서, 평판은 소비자가 당신의 제품을 구입하고 서비스를 사용할 것인지의 여부를 결정한다. 또한 평판은 다른 사람들이 당신을 파트너로서 선택할지 여부를 결정한다.
- 정부에서, 평판은 유권자가 당신을 지지하여 투표할 것인지 여부를 결정한다.
- 비영리 부문에서, 기부자가 당신을 지원할 것인지 여부를 결정한다.

윤리적 행동

대부분의 기업은 적법하고 윤리적으로 행동해야 할 책임에 대하여 알고 있다. 하지만 가장 잘 운영되는 기업들조차도 문제에 부딪히게 되는 경우들이 있다. 이와 관련된 최근의 예는 HSBC 멕시코와 스탠다드차터드 은행(이란)에서의 자금세탁이다. HSBC와 스탠다드차터드 은행은 평판은 손상되지 않은 채 금융 위기를 회복하였으며 해당 해외 영업소만 손상을 입었다.

거대한 조직에 있는 모든 사람에게 윤리적 기준을 일관되게 적용하는 것은 중요하면서도 어려운 문제이다. 비윤리적 행동은 평판에 손상을 주며 브랜드, 회사, 팀을 초월한 협력 프로젝트, 정당 또는 비정부기구에 대한 신뢰를 파괴한다.

조직 내에 윤리적 행동을 정착시키기 위해서는 리더가 모든 기본 분야를 담당해야 한다. 이것은 조직의 윤리적 기준 및 가치를 빈번하게 전달하고, 윤리적 기준을 진행 과정에 구축하고, 윤리적 훈련에 투자하고 채용·승진·성과 관리·보상에서 윤리적 행동을 중시하는 것과 관련된다.

이렇게 해도 일이 잘못될 가능성이 있다. 스탠다드차터드 은행의 최고경영자인 피터 샌즈Peter Sands는 스탠다드차터드 은행이 자금세탁을 하여, 이로 인해 미국 당국에 의해 벌금이 부과된 후 다음과 같이 말했다.

우리는 10년 전에 우리의 가치를 도입하여 그것을 우리의 성과관리 시스템에 구축하고, 무엇을 하는가에 대해서가 아니라 어떻게 하는가에 대해서 보상을 하였습니다. 문화를 강화하는 단일한 수단은 없습니다. 약 9만 명으로 구성된 조직이 항상 완벽하게 모든 것을 하는 것을 기대하기는 어렵습니다. 하지만 우리는 스탠다드차터드 은행의 이러한 면을 강화하기 위한 노력을 계속해야 합니다. 그 이유는 이것이야말로 스탠다드차터드 은행을 뛰어나게 만드는 요소들 가운데 하나이기 때문입니다.

■ 부패

뇌물과 부패가 만연된 나라에서 기업을 운영하는 것은 매우 어렵다. 무관용 원칙이 가져오는 이익에 대한 기업들의 인식이 증가하고 있지만 다른 사람들이 뇌물을 이용하려고 하는 시장에서 사업을 하면서 커다란 계약이 위험에 처하게 될 때는 어려운 선택이 된다.

수단의 기업가이자 억만장자인 모 이브라힘Mo Ibrahim은 '기업은 이익을 추구하여 일해야 하지만 명백한 사회적 양심을 가지고 도덕적으로 이익을 추구하여 일해야 한다.'라고 요구했다. 모 이브라힘은 이러한 가치를 실천하는 셀텔 이동통신회사를 만들었다.

셀텔은 14개의 아프리카 국가에서 사업을 영위하면서 사업 전체에 윤리적 기준을 적용했다. 사업을 영위하는 지역들에서 뇌물이 만연되어 있을지라도 셀텔은 공개적이고 투명한 조달 방법을 사용하였다. 셀텔의 이사회는 허가가 올바르게 획득된 것이 아니라면 시장으로 들여오는 것을 승인하지 않았다.

많은 사람들은 이러한 윤리적 접근법이 생존할 수 있을지에 대하여 의구심을 가졌다. 이에 대한 가장 설득력 있는 대답은 이브라힘이 2005년에 34억 달러에 셀텔을 매각했다는 것이다.

남아프리카 운동가인 제이 나이두Jay Naidoo는 이브라힘의 스토리가 빠르게 성장하는 시장에 대해 중요한지를 다음과 같이 설명한다. (Powell, 2013)

이브라힘은 정당한 방법으로 사업을 하고 뇌물을 주지 않고 억만장자가 되었다. 이러한 사실은 아프리카에서 사업을 하기를 원하는 모든 사람들에게 참으로 좋은 신호 – 즉 아프리카는 사업을 위해 개방되어 있다는 신호 – 를 보낸다. 아프리카는 가장 빠르게 성장하는 시장들 가운데 하나이며 우리는 윤리적인 사업가가 되기를 원한다.

■ 책임 있는 리더십

요헨 자이츠Jochen Zeitz는 총명한 사람으로, 그는 30세의 나이에 푸마의 최고경영자가 되었다. 이는 독일 역사상 가장 젊은 나이에 최고 경영자가 된 것이었다. 그는 푸마를 저가의 매력 없는 브랜드에서 스포츠 상품 업계에서 3대 브랜드 가운데 하나로 발전시켰다. 파이낸셜 타임스는 그를 올해의 전략가로 세 번이나 지명했다. UN 리오+20 회의에서 비즈니스 데이에 관하여 연설하면서 그는 민간 부문은 이윤 추구욕으로 인해 비방을 받지만 민간 부문은 혁신과 문제해결을 위한 주요 엔진이라고 말했다. 그는 비즈니스 리더들에게 "우리의 책임은 환경에 대해 책임을 지고 윤리적인 것입니다."라고 말했다.

자이츠는 비즈니스에 대하여 순진하지 않다. 그는 유해한 쓰레기를 버리고 담보 노동을 이용하고 부정적인 사회적 및 환경적 영향을 미치고 지속 가능하지 않은 개발에 기득권을 가진 기업들에게 주목한다. 그는 다음과 같이 경고한다. "이러한 기업들의 시대는 종말을 고할 것이다. 투명성이 황금률이 될 것이다. 기업은 비즈니스와 자연 모두에 윈윈(win-win)해야 한다."

투명성

만일 당신이 도덕성을 가지고 있고 투명성, 정의, 책임과 같은 문제들이 제자리를 잡는다면 우리는 잠시 시간을 내어 타임워너의 신념에 대하여 반복할 필요가 있다.

이브라힘은 더 나아가 다음과 같이 말했다. "투명성의 부족은 당신의 회사 손상시킬 것이다." 락 스타이자 빈곤 퇴치 운동가인 보노Bono는 PBS의 찰리로즈 쇼Charlie Rose Show에서의 인터뷰에서 '투명성은 부패에 대한 백신'이라고 선언했다 (Rose, 2013)

그렇다면 투명성이 이토록 중요한 이유는 무엇인가? 자산 규모가 600억 달러에 상당하는 미국 기업인 다우케미컬의 회장이자 최고경영자인 앤드류 리버리스Andrew Liveris는 화학산업에서 투명성이 중요한 이유에 대하여 다음과 같이 설명한다.

미래의 창조

세계 인구가 급증하고 세계화되고 있어 우리의 일을 더욱 흥미롭게 하고 더욱 영향력이 있게 한다. 전보다 더 사회에 관련성이 있도록 만들고 있음에도 불구하고 화학 산업은 여전히 잘못 판단되고 왜곡되어 있다.

이러한 분리의 우리 자신의 잘못으로 인한 것이다. 수십 년 동안 화학산업은 투명하게 운영되지 않았으며 지속가능성과 같은 문제들을 선도하지 않았다.

앤드류는 이른바 '4D'를 사용하여 화학산업의 발전에 대해 기술했다.

- 안전, 오염, 지속가능성에 관한 문제에 대한 주목을 환기하는 사람들의 저항 (Defiance)
- 거부 (Denial)
- 토의 (Debate)
- 대화 (Dialogue)

앤드류는 이어 다음과 같이 말했다.

이러한 경험은 우리로 하여금 현명하고 효과적인 규제와 정책을 정하기 위해 기업, 정부, 시민사회가 '협력의 황금 트라이앵글'에 참가할 필요성에 대하여 확신시켰다.

이러한 경험은 우리에게 지속가능한 기업은 선택의 문제가 아니라는 것을 가르쳐 주었다. 지속가능한 기업은 의무이며 운영 자격의 핵심 요소이다.

현재 화학산업은 화학산업이 안전하고 지속 가능하다는 것을 보장하기 위한 노력과 제품 책임주의와 같은 프로그램들을 통해 이러한 변화를 받아들였다. 우리는 현재 풍부한 식량, 깨끗한 물, 스마트 인프라를 가능하게 하면서 인간애의 요구와 지구의 요구를 만족시키는 제품을 혁신하고 상용화하는데 중점을 두고 있다

(앤드류 리버리스, chemical and Engineering News 2013년 7월에서 발췌)

■ 공공 정책

밥 졸릭은 개척자이다. 그는 사회 문제에 대한 해결책을 개발함에 있어서 사람들을 참여시키는 것을 지원하고 있다. 데이터가 공유될 수 있도록 하기 위해 세계은행에 투명성을 도입한 사례를 소개한다.

세계은행의 개방화

세계은행은 자산과 도구(tools)를 대중에게 공개하고 있다. 세계은행은 미국과 인도의 정보 공개법을 본떠서 '정보에 대한 접근' 정책을 제정했다.

세계은행 그룹의 모든 자료, 프로젝트 정보, 지식은 실시간으로 온라인에서 무료로 검색 가능하다. 세계은행은 인터넷 접속을 하는 모든 사람이 자료를 다운 받고 분석하고 자신의 개발 솔루션을 제안할 수 있도록 모든 프로젝트들에 대한 지도식 도표를 만들었다.

밥 졸릭은 "나의 목표는 일반 대중들이 세계은행이 활동하는 것을 보고 자신들의 정보를 더하고 개발 솔루션에 기여를 할 수 있도록 개발을 민주화하는 것이다." 라고 말한다.

포용력

정부, 정부 간 기구, 비정부 기구가 점점 커지고 복잡해지는 글로벌 경제에서 조직들은 일반 대중에게 생소하게 보일 수 있다. 사람들은 이러한 조직에서 누가 일하고 그 조직들이 어떤 압력을 받고 있는지에 대해 거의 알지 못한다. 이러한 익명성은 규제 및 준수의 풍토와 결합되어 대중과의 관계가 불신으로부터 너무나 쉽게 시작될 수 있는 규칙에 얽매이고 구조화된 환경을 낳는다. 최상의 조직들은 고객들에 대한 포용력 있는 접근을 사용하여 작용에 대한 필요에 균형을 유지하기 위해 고객을 직접 응대하는 직원들을 훈련시킨다.

정치가들은 자신들이 통치를 하는 방식에 있어서 더욱 포용력 있고 투명해야 함을 인식하고 있다. 대통령들과 총리들은 소셜 미디어를 사용하고 있다. 하지만 정치가들은 대화보다는 방송에 중점을 두는 경우가 자주 있다.

기술이 발전함에 따라 총명하고 혁신적인 PQ 리더들은 더 넓은 사회와 더 체계적이고 포용력 있는 방식으로 정책을 개발하기 위한 도구들을 만든다. 이것은 새로운 방식의 정책 결정과 관련된다. 이렇게 하는 것이 정부에 가져올 수 있는 편익은 더욱 다양한 사고와 혁신적인 해결책들이다. 그뿐만 아니라 더욱 커다란 포용을 통해 정부는 가장 우선적인 이해관계자들, 즉 유권자와 시민과의 이해와 신뢰를 구축하게 된다.

4. 장기적으로 사회적 편익을 창출하는 프로젝트에 가치를 두고 노력한다.

이 지표는 '황금 트라이앵글'의 핵심을 차지한다. 이 지표는 혁신적이고 지속 가능하며 장기적인 결과를 낳는 프로젝트에 노력하기로 선택한 리더들의 행동에 대해 기술한다.

대중의 신뢰를 유지하거나 얻으려고 애쓰는 기업들은 비정부 기구들이 대중의 신뢰를 받고 있으므로 장기적인 사회적 편익을 창출하기 위해 비정부 기구들과 제휴하기를 강력히 희망한다. 실재하는 사회적 편익을 낳기 위해 비정부 기구들과 제휴하는 것은 소비자와 고객에게 기업과 리더의 평판을 향상시켜 준다.

고무적인 현상은 자신의 능력과 전문적 지식을 더 나은 세계를 만들기 위해 활용해야 한다는 책임감을 느끼는 리더들이 증가하고 있다는 것이다. 이 섹션에서는 이와 관련된 스토리들을 소개하고자 한다.

비즈니스

2009년 BBC와의 대화에서 모 이브라힘은 아프리카에서의 이동통신 투자에 대한 동기에 관하여 언급하였다. "이동통신 산업은 아프리카를 변화시켰습니다. 우리는 미래를 내다볼 만큼 총명하지는 않았습니다. 우리가 보았던 것은 아프리카에서 이동통신에 대한 진정한 요구가 있었다는 것과 그 요구가 충족되지 않은 상태에 있었다는 것이었습니다. 제게 그것은 사업 프로젝트였을 뿐만 아니라 정치적인 프로젝트이기도 했습니다." 사회를 이롭게 하려는 이브라힘의 관심은 은퇴할 때까지 계속되었다. 그는 아프리카에서의 우수한 관리를 지원하고 장려하는 데 집중하는 재단을 설립했다.

세계에서 두 번째로 부유한 사람인 빌 게이츠는 빌 & 멜린다 게이츠재단을 통해 극빈자들을 돕는데 시간과 정력을 쏟고 있다. 빌 게이츠는 전환에 대하여 다음과 같이 말했다.

저는 마이크로소프트에서의 일을 좋아했습니다. 그 일은 전율을 느낄 만큼 매력적이었어요. 저는 새롭고 다양한 방식으로 의사소통하고 창조하는 도구를 우리 모두에게 선사할 회사를 만드는 데 전념하였습니다. 당시 디지털 혁신이 막 시작되고 있었습니다. 그때 저는 그 기술이 가난한 대부분의 사람에게는 도달되지 않는 것을 목격하였습니다. 사실 그들이 필요로 하는 것은 IT와는 관련이 없는 것이었지요. 그들이 원한 것은 자녀들이 생존하고 굶주리지 않고 성장하고 잠재력을 실현하는 것이었습니다.

국제 정치

장기적인 사회적 편익을 위한 노력에의 전념은 국제 정치와 갈등의 세계에도 존재한다. 가장 추하고 지저분하고 어려운 문제들에 대한 일을 하기 위해 넬슨 만델라는 엘더스(Elders, 원로들)라고 불리는 단체를 설립했다. 엘더스는 인권과 평화를 위해 협력하는 글로벌 리더들의 집단이다. 이들의 역할은 리더라기보다는 현명한 카운슬러이지만 이들의 접근법은 PQ 행동들과 매우 닮았다.

> ### The Elders
>
> 엘더스라는 개념은 리처드 브랜슨과 음악가인 피터 가리브엘의 간의 대화를 통해 시작되었다. 아이디어는 간단했다. 많은 지역사회는 분쟁을 해결하기 위해 원로들을 찾는다. 점차 상호의존적으로 되어가고 있는 세계, 즉 지구촌에서 개인들로 구성된 작은 집단이 오늘날의 세계가 직면하고 있는 가장 시급한 문제들을 다루기 위해 집단 경험을 활용하고 영향을 미치는 것이 가능할까?

리처드 브랜슨과 피터 가리브엘은 자신들의 아이디어를 넬슨 만델라에게 소개했고 넬슨 만델라는 이 아이디어를 지원하기로 약속했다. 넬슨 만델라는 원로들을 모으기 시작했고 2007년 공식적으로 엘더스를 출범했다. 투투 대주교가 초대 의장이 되었다. 엘더스는 평화를 위한 헌신을 하는 매우 경험이 풍부하고 있는 사람들의 집단이다. 이들은 다음과 같이 활동한다.

- 최고위층 의사결정자에게 접근하기 위해 모든 것을 개방한다.
- 대화를 추진하기 위해 수용할 수 있는 상황이 아니어도, 인기가 없어도 모든 사람의 말을 경청한다.
- 금기를 깨고 부당함을 강조하기 위해 독자적인 발언을 한다.
- 행동을 격려하고 동맹을 맺기 위해 사람들을 단결시킨다.
- 갈등에 의해 피해를 당하는 사람들을 지원하고 평화를 위해 활동한다.
- 어려운 문제들을 끄집어내기 위해 운동가와 정책 결정자를 위한 여지를 마련한다.
- 사람들을 의사결정자들에게 연결해 준다.
- 소홀히 다루어진 문제들을 강조한다.

엘더스는 모든 사람은 변화를 가져올 수 있으며 방식에서의 변화를 성취할 수 있다고 확신한다.

코피 아난 전 유엔 사무총장은 다음과 같이 말했다. "저는 종종 '좋은 글로벌 시민이 되기 위해서는 무엇을 해야 하나요?'라는 질문을 받습니다. 그럴 때 저는 '그것은 당신 자신의 공동체에서부터 시작됩니다.' 라고 대답합니다."

(상세한 내용은 www.theelders.org 참조)

5. 신뢰와 장기적 혜택을 손상시키지 않으면서 경합하는 이익을 관리한다.

파워가 공유되는 세계에서는 리더들은 경합하는 이익들을 고려하는 해결책을 구해야 한다. 기업 리더들은 시장으로부터 배척당하지 않고 더욱 지속 가능하게 되는 방법들을 모색한다. 정부는 개인의 자유와 사회 보호 간의 정책 딜레마에 직면한다. 자선단체들은 기부자의 피로를 피하여 적극적인 모금 기술을 조화시킨다. 농부들은 식량 가격을 경쟁력 있게 책정하고 동물 복지기준을 유지하기 위해 노력한다. 국제 조직은 합의를 통해 활동하므로 신속하게 행동할 수가 없다.

리더들은 장기적인 비전을 낳고 이것을 사회의 신뢰를 유지하는 방식으로 행하는 것에 중점을 두면서도 이해관계자들의 단기적 요구를 만족시킬 수 있는 방안을 강구해야 하는 어려운 문제를 해결해야 한다.

비즈니스에서

요헨 자이츠는 영국 채널 4 TV에서 존 스노우로부터 지속 가능성에 대한 질문을 받았다. 존은 자이츠에게 전 세계 10대들의 부모들을 대신하여 매 시즌마다 주요 축구 클럽들을 위해 새로운 축구공을 생산하는 것은 돈벌이가 되지만, 이렇게 하는 것이 지속 가능성에 대한 푸마의 접근법과 어떻게 양립될 수 있는지를 물어보았다.

이에 요헨 자이츠는 이윤에 대해서는 인정을 하고 푸마는 분해 처리할 수 있는 재료로 축구공을 만들며 잉여 세트의 재활용을 가능하게 하는 시스템을 만들고 있는 중이라고 설명했다. 푸마의 해결책은 지구의 환경을 보호하면서도 수익성이 있는 사업을 유지하기 위한 것이었다.

유니레버의 최고경영자인 폴 폴만이 유니레버의 지속 가능 계획을 최초로 발표했을 때 많은 사람은 그가 어떻게 시장 점유를 획득하고, 매출은 두 배로 증가시키면서 탄소 배출량을 반으로 줄이고, 수십억 명의 위생 습관에 도움이 될 수 있을지에 대해 냉소적인 태도를 보였다. 그는 성과를 향상시키고 폐기물을 줄여 두 개의 상충된 목표를 달성하는 데 성공했다. 폴만은 방정식 한쪽의 성공이 없이는 나머지 한쪽을 추구할 허가를 얻지 못한다는 것을 알고 있었다. 그는 기자에게 "만일 내가 비즈니스에서의 결과를 내지 못한다면, 총이 매우 빨리 겨누어질 것입니다."라고 말했다.

유니레버는 신흥시장으로 이동하여 열대 기후를 가진 나라들에서 더욱 많은 아이스크림을 판매하고, 물 없이 사용하는 샴푸와 한 번에 헹구는 환경 친화적인 섬유 유연제와 같은 혁신 사업에 투자하였다. 크노르에 철분과 요오드를 첨가한 것은 영양실조에 놓여 있는 아이들을 돕기 위해 더 많은 영양소를 제공하면서 제품을 판매한다는 비즈니스 요구에 균형을 이루도록 했다. 폴만은 "우리는 우리 자신의 문제를 해결할 수 있습니다. 동시에 우리는 더욱 확장될 수 있는 해결책을 책임 있게 제공하기 위해 저희 회사가 더욱 활용되기를 원하고 있습니다."라고 언급했다.

정치에서

정치가와 공공정책 리더들에게 있어서는 국가적 이익을 위하여 하는 것과 세계의 이익을 위하여 하는 것에 균형이 존재한다. 또한, 정치가와 공공정책 리더들에게 있어서는 단기적 선거 이익을 얻기 위해 하는 것과 장기적 국가 이익을 위해 하는 것에 균형이 존재한다.

한 노련한 공무원은, "우리가 알아야 하는 것은 모든 정치가들은 자신들의 정당이 국가를 운영하는 것은 국가의 이익을 위한 것이라고 믿고 있다는 점이다."라고 말했다. 이 신념을 확장하여 해석한다면 미래의 당선을 위협하는 어떤 것도 국가적 이익을 위한 것이 아니라는 것이다.

그렇다면 이것은 정부와 협력하여 일하는 기업의 리더와 비영리단체의 리더들에게 무엇을 의미하는가? 교훈은 다음과 같다.

- 문제와 활동이 당선을 위협하는 것으로 보인다면 문제와 활동은 장애가 된다.
- 유권자 지지의 성공 여부는 유권자의 입장이 선거의 성공 인식과 얼마나 일치하는지에 의해 결정된다.

다음은 이 점을 강조하는 사례 연구이다. 2013년 영국 연립정부는 상표명이 인쇄되어 있지 않은 무지 포장 담뱃갑을 도입하기 위한 움직임이 있었다. 이에 대한 컨설팅 결과, 근거는 설득력이 있었다. 하지만 다수파 정당은 핵심 유권자들의 지지를 우파 영국 독립당에게 빼앗겼다. 당원들은 선택의 자유가 건강에 대한 주장을 이겼으며 유권자들은 이러한 견해를 공유했다고 주장했다. 무슨 일이 일어났던 것인가?

· ·

사례 연구　무지 포장 담뱃갑 

2013년 1월 영국 정부는 호주의 선례에 따라 담배의 판매에 관한 무지 포장을 다루기 위한 의견 수렴안을 공표했다. 하지만 2013년 7월 영국 정부는 다음 총선 이후까지 이 정책에 대한 결정을 연기하기로 했다.

2013년 1월과 7월 사이에 무슨 일이 있었던 것인가?

- 정치가들은 "이것은 자유롭고 개방적인 사회에 대한 이데올로기 문제이며, 컨설팅은 무지 포장 담뱃갑이 흡연을 감소시킨다는 결정적인 증거를 제시하지 않았다고 말했다.
- 상표와 관련된 지적재산권을 제거하는 것은 해당 업계로부터의 배상 청구로 이어질 우려가 있다.
- 이와 관련된 금지는 5,500개의 직접적인 일자리와 6만 개의 간접적인 일자리를 위협한다.
- 담배는 심하게 규제를 받는 산업이지만, 담배를 피우는 것은 적법하며 우리는 자유로운 사회에 살고 있다.
- 호주에서 앞으로 진행될 일에 대해 지켜볼 기회가 있다.
- 건강 운동가들은 "이 결정은 정치와 담배 업계의 수익에 대한 것으로 영국 시민들의 건강에 대해서는 관련성이 적으며 그 근거는 명백하다 — 이것은 컨설팅 보고서와 전 세계의 평판 있는 학자들의 논문에서 기술되었다. 100% 근거는 없다."라고 말했다.
- 해마다 20만 명의 아동들이 흡연을 시작하고 있으며, 그중 다수가 중독되고 있다.
- 흡연은 흡연자의 절반을 사망에 이르게 한다.
  (주: Policy under review again in November 2013)

· ·

이 사례는 경쟁하는 대상자가 있을 경우 정치가 얼마나 변하기 쉬운지를 보여준다. 처음에는 담배회사들이 논쟁에서 졌다. 하지만 지방 선거에서의 패배로 인해 정치가 변동되자 정치는 공중보건 우려를 이겼다. 이것은 6장에서 마이클 블룸버그가 보여준 미래 세대에의 공감과 대조된다.

이 사례에서 정치가들은 자신들의 삶에 정부의 개입을 원하지 않는 유권자들을 우선순위에 두었다.

잘못된 선택

토니 블레어는 낮은 예측 가능성과 모든 선택들이 형편 없었기 때문에 2013년에 지도력은 특히 힘들었다고 말했다. 그는 내핍을 옹호하는 자들과 성장을 장려하는 자들 간의 격렬한 논쟁을 예로 들어 말했다. 어떤 것이 옳은 것인지를 진정으로 아는 사람은 없다. 시리아에 개입해야 하는지를 두고 상반된 의견들이 존재한다. 최선의 단기적 정치는 최선의 장기적 정치로부터 반대 방향으로 잡아당기는 것이다. 블레어는 다음과 같은 조언을 했다. "예측 불가능한 시대에는 위험과 이익에 대해 계산하는 것이 어렵습니다. 그러므로 예측 불가능한 시대에는 리더로서 인기가 없을 지라도 당신이 옳다고 믿는 것을 행하십시오. 원칙을 가지고 지도하십시오. 오늘의 일반적 통념이 내일에는 어리석은 생각이 될 수도 있으니까요."

최상의 리더들은 자신들이 지도하는 사람들의 이익에 의해 인도되므로 경합하는 이익들을 관리하는 능력이 있다. 하버드 대학교의 조지프 나이 교수는 2009년 시사주간지 〈스피겔〉과의 인터뷰에서 다음과 같은 두 개의 사례를 제시했다.

중요한 정치 지도자들은 결코 자신의 이익을 따르지 않으며 자신들이 지도하는 사람들의 이익에 가장 큰 관심을 둡니다. 예를 들어 넬슨 만델라는 남아프리카 공화국에는 복수보다 화해가 더 중요하다는 결론을 내렸습니다. 헬무트 콜 전 독일 총리는 독일의 정치적 의제 가운데 통일을 가장 중요시했으며 당시 서독경제에 대한 영향에는 관심이 덜했습니다.

국제 외교

우리는 통합되고 상호 의존적인 세계에 살고 있으며 각 국가는 자신의 국가적 이익을 관리하고 동맹국들과의 협력을 모색하므로 이것은 협력을 위한 기회를 창출한다. 하지만 국가들의 집단화는 전체 집단의 요구로 인해 국가적 이익을 교묘하게 처리하도록 한다.

국제 협력에 관한 줄리안 브레이스웨이드의 스토리는 효과적인 정치적 관계를 위하여 국가들이 얼마나 신뢰를 필요로 하는지를 보여준다.

: :

사례 연구　　영국과 프랑스의 평화협정

영국과 프랑스 간의 외교 정책과 국방 관계는－그 핵심에는 파리와 런던에 있는 수십 명의 사람들 간의 관계가 존재 － 효과적인 정치관계와 국가관계를 위한 신뢰가 얼마나 중요한지를 보여준다.

유럽에 있는 모든 국가들 가운데 프랑스와 영국은 국제 문제에 관한 한 가장 유사하다. 양국 모두 외국에 군대를 파병할 수 있는 군사 강국이며, UN 안보리 회원국으로 핵무기를 보유하고 있으며, 경제적 조류가 자신에게 불리하게 흘러갈 때는 자신들의 역할을 보유하는 것을 모색한다.

이렇게 많은 공통점들을 가지고 있으므로 프랑스와 영국은 유럽의 안보 미래를 형성하는데 있어서 자연스런 우방이 되어야 한다.

전술적 차원에서는 프랑스와 영국 간의 우방관계는 자주 있었다. 리비

아에서의 민간인을 보호하기 위한 군대의 사용으로부터 시리아에서의 항쟁을 지원하는 것에 이르기까지 프랑스와 영국은 협력하였다.

하지만 전략적으로는, 유럽 내부 문제에 대한 역사적 독·불 비전의 야망이 있는 세계에서 유럽의 역할에 대한 영·불 비전의 약속은 실현되지 않았다. 이 비교는 이해에 도움이 된다.

2차 세계대전 후 프랑스와 독일의 중추 세력들은 유럽에서의 평화는 과거와의 단호한 단절을 통해서만 확보될 수 있다고 믿었다. 경쟁 대신 그들은 협력하기로 했으며 합의한 것에 대하여 협력할 뿐만 아니라 서로의 이익도 지지하기로 약속했다. 즉 프랑스와 독일은 단기적인 불이익보다 협력이라는 장기적인 이익을 중시하기로 결정했다. 이렇게 하기 위해서는 대단한 실행 의지가 필요했다. 60년의 협력에서 기인하는 신뢰에 토대를 두고 우호적인 관계를 유지해왔으나 유로 위기가 그 토대를 흔들고 있다.

2차 세계대전 동안 우방이었던 영국과 프랑스는 전략적 이익을 위해 전술적 이익을 제쳐두는 동일한 존재적 이유를 가진 적이 전혀 없다. 영국은 20세기에 진정으로 존재했던 관계 – 2차 세계대전과 냉전 동안 유럽에서의 평화와 민주주의를 확보하게 해준 대서양 연안 국가들 간의 안보 관계 – 에서의 공정을 유지시켜야 했다.

프랑스와 영국 간의 관계에 있어서는 상호신뢰를 낳기 위해 위험을 무릅쓰고자 하는 적극성이 양국 간에 존재하지 않았다. 이렇게 할 것을 주창했던 자들은 용기 있는 옳은 행동을 하는 사람이라기보다는 척후병으로 간주되었다. 진정한 협력관계를 형성하려는 시도는 실망으로 끝나곤 했다.

그 결과 영국과 프랑스 간의 관계에서는 미국과 독일 간의 관계와는 달리 양국의 가장 중요한 이익을 보호하기 위해 필요한 진실성과 신뢰가 부족했다.

미국이 세계에서(특히 아시아에서) 새롭게 부상하고 있는 문제와 기회에 관심을 향하고 영국과 프랑스에 대한 이익의 균형이 변화함에 따라 앞에서 언급한 영국과 프랑스 간의 관계는 변화될 가능성이 있다. 2010년 프랑스와 영국이 서명한 랭카스터 하우스 조약은 영국과 프랑스 간의 관계가 변화될 가능성이 있다는 것을 보여준다. 영국과 프랑스 간의 협력의 논리가 강화된다고 할지라도 협력은 협력관계를 관리하는 양국 수도에 있는 개인들의 소집단들 간의 신뢰의 강화에 의해 어울려야 한다.

(줄리안 브레이스웨이트, EU 안보 & 평화위원회 영국 상임대표)

: :

경쟁 or 협력

자선단체, 학계, 보건, 과학 등의 비영리 사회에서는 더 좋은 결과를 산출하기 위해 높은 수준의 협력이 존재할 것이라고 기대하지만 놀랍게도 그렇지 않은 경우가 종종 있다.

각 부문에 있는 조직들과 기관들은 자신의 세력권을 지키려는 경향이 있다. 정부는 협력을 장려하지만 학자들은 오히려 경쟁한다. 비슷한 분야에서 일하는 자선단체들은 더 나은 수준의 서비스, 더 영향력 있는 연구, 전문화, 우수성을 제공하기 위해 협력할 수 있다. 하지만 많은 자선단체들은 개별적으로 운영하는 것을 선호한다.

오늘날의 복잡하고 상호 관련된 사회 문제들은 정부와 기업으로부터뿐만 아니라 각 분야에서 공유된 파워 있는 반응을 요구한다. 예를 들어 영국의 재난비상위원회에서 다양한 비영리 집단들 사이에 우수한 협력 사례가 있지만, 훨씬 더 많이 협력할 영역도 존재한다.

무엇이 경쟁을 협력으로 변화시킬 수 있는가? 첫째, 사회를 위한 최선의 결과를 낳기 위한 강한 사명감과 열정을 가진 리더들이다. 둘째, 현재 경쟁하고 있지만 협력하는 것이 마땅한 조직에 있는 리더들과 직원들 간의 신뢰관계를 형성하기 위한 투자이다. 조직 설계, 관리, 책임 이상으로 신뢰와 사명에 대한 공유 의식이야말로 불화와 낮은 수준의 이해의 충돌을 돌파할 수 있는 가장 영향력 있는 요소들이다.

6. 일관되고 신뢰할 수 있는 결과를 얻기 위해 실적(track record)을 확립한다.

신뢰성과 일관성은 진실성, 투명성, 윤리로서의 신뢰를 구축하는데 중요하다. 파워가 공유되는 세계에서는 사람들이 상호 의존적이다. 파워가 공유되는 세계에서는 사람들은 자신이 약속한 것을 산출하기 위해 다른 사람들에게 의지한다.

신뢰성은 가치와 능력에 의지한다. 합의된 품질 수준으로 당신이 약속한 것을 산출할 능력, 기술 및 자원을 가지고 있음을 확실하게 하는 것은 신뢰 방정식의 일부이다. 최근 조사에서는 사람들은 유능함을 기대하며 소비자들과 좋은 관계를 유지하거나 사회적 편익을 위한 활동을 하는 기업을 더욱 신뢰할만한 기업으로 평가하는 것으로 나타났다.

경쟁 우위

변화와 불확실의 시대에, 믿을 수 있고 일관되게 행동한다고 신뢰받는 리더들은 우위를 갖는다. 사람들은 이러한 리더들에 대하여 신뢰를 하고 그들의 지도를 기꺼이 받아들인다. 설득과 합의에 도달하기 위해 소비되는 시간이 감소된다. 이것은 변화를 가져오는데, 특히 위기 시에 큰 변화를 이루어낸다.

일관성과 결과 산출을 통해 신뢰를 쌓은 조직들과 프로젝트 팀들은 함께 일할 사람들을 유치하기가 유리하다. 사람들은 성공적인 것의 일원이 되고 타인들에 의해 높은 존경을 받고 싶어한다. 사람들은 문화가 내부 정치나 취약한 이들에의 착취에 중점을 두는 것이 아니라 우수한 결과를 낳는 것에 중점을 둠으로 문화가 지식의 공유, 협력, 창의성, 권한의 분산을 촉진시킨다는 것을 알고 있다.

신뢰는 결과에 어떠한 영향을 미치는가

진행과 산출을 추적하고 측정할 필요성은 PQ 리더십 능력을 관통하는 주제이다. 스티븐 MR 코비는 신뢰는 측정 가능하다고 말한다.

자신의 저서인 《신뢰의 속도The Speed of Trust, 2006》에서 코비는 자신의 사례를 증명하고, 무형적이고 수량화할 수 없는 변수로서의 신뢰에 대한 인식을 유형적이고 수량화할 수 있는 필요 불가결한 인자로 변화시키는 간단한 식을 제시한다.

코비의 결론은 신뢰가 항상 두 개의 결과들, 즉 속도와 비용에 영향을 미친다는 것이다. 신뢰가 저하되면 속도도 역시 저하되며 비용은 상승한다.

↓ 신뢰 = ↓ 속도 ↑ 비용

신뢰가 상승할 경우, 속도도 역시 상승하고 비용은 감소된다.

↑ 신뢰 = ↑ 속도 ↓ 비용

비정부 기구(NGO)

대부분의 NGO들은 모금에 의지한다. 신뢰할 수 있는 산출에 대한 평판이 비정부 기구들에게는 가장 중요하다. 기부자들은 자신들이 기부하는 돈이 특정한 목적을 위해 사용되며 이것이 변화를 가져올 것을 알고 싶어한다. 일반 대중들은 개인적인 기부를 통해 원조기관들을 지원하고 납세자로서 정부 기부금에 자금을 제공하므로 우선적인 이해관계자이다.

NGO들은 결과를 산출하는 것에 대하여 신뢰할 수 있어야 하며 책임감이 있어야 한다. 해외 원조에 대한 비판 가운데 한 가지는 돈이 단기적 요구를 완화시키는데 사용되고 장기적으로는 어떤 것도 변화시키지 않는다는 것이다.

원조 기관들은 이에 대해 자신들을 정당화하려는 주장을 하려 할 것이다. 하지만 게이츠 재단은 명확한 목표와 측정 가능한 산출을 강조하여 박애주의자들로부터 신뢰를 얻었다.

NGO들은 수많은 책임을 가지고 일한다. 비정부 기구들은 기부자, 자신들이 제공하는 서비스의 사용자, 규제기관을 만족시켜야 한다. 이해관계자 집단마다 결과에 대한 신뢰할 수 있는 산출이 의미하는 것에 대해 의견이 다르다.

산출에 대한 신뢰성과 능력을 증명하는 것이 유효성에 중심적인 역할을 한다. 리더들은 유효성과 재무적 건전성에 대한 투명한 측정을 가능하게 해주는 기준을 정해야 한다.

기부자들은 자신들의 돈이 신뢰할 수 있게 쓰여지고 있으며 관료나 부패한 경찰의 뒷주머니로 들어가지 않는다는 것을 알고 싶어 한다. 비정부기구의 직원들은 가장 어려운 시점에서 일해야 한다. 음식을 배달하고 있을 때 뇌물을 주지 않고는 굶주린 사람들에게 도달하기 위해 바리케이드를 통과할 수 없다면 당신은 어떻게 하겠는가?

NGO들은 법률을 준수하며 윤리적 기준과 방침을 갖는다. NGO들은 지역의 기관들과 공동으로 협력하며 원조를 효과적으로 받기 위해 정부에 압력을 가할 수 있다. 하지만 열악한 기반시설에 직면하거나 벽지에 거주하는 사람들을 돕는 경우 일은 매우 힘들다. 파키스탄에서 지진이 발생하여 벽지에 거주하는 피해자들을 구조하는 것에 대한 뉴스 보도는 비정부 기구가 하는 일이 얼마나 힘든 것인지를 보여준다.

그렇다면 NGO의 리더들은 자신들의 활동이 매우 힘든 상황 속에서 수행 될 때 대중의 기대를 어떻게 관리하고 신뢰성에 대한 평판을 어떻게 유지하고 향상시킬 것인가? 소셜 미디어와 통신은 이를 위한 도구를 제공한다. 진보적인 NGO들은 기부를 하고 삶을 변화시키는 것을 이차원 사진으로 제시하는 것이 아니라 지지자들을 보여주기 위해 디지털 매체를 활용한다. 의사결정, 준수, 평가, 측정 영향에 있어서 외부 이해관계자를 참여시키는 것은 여론의 법정에서의 이해를 돕고 평판 위험을 감소시킨다.

신뢰와 국제 협상

국제 협상의 베테랑이자 영국 국가안보 고문인 킴 대럭은 다음과 같이 역설했다.

신뢰는 성공적인 협상을 위한 필요조건입니다. 상대방은 당신이 그에게 무엇인가가 당신의 정부에 전적으로 받아들여질 수 없다고 말할 때 당신이 하는 말을 믿어야 합니다. 만일 그가 뒷조사를 하여 당신이 한 말이 엄포였다는 것을 알게 된다면 당신이 하는 말을 더 이상 믿지 않을 것입니다.

만일 당신이 상대방에게 '이 여분의 땅을 이전하시오. 그러면 내가 그것을 팔아주겠소.'라고 말했다면 반드시 그렇게 해야 합니다. 만일 그렇게 하지 않을 경우 당신은 돈을 벌게 해 줄 여분의 땅을 결코 얻지 못하게 될 것입니다. 상대방은 당신이 설득력이 있고 신뢰할 수 있다고 생각해야 합니다.

: :

사례 연구   리스본 조약 협상 

제안된 유럽 헌법조약은 국민투표에서 프랑스 유권자와 네덜란드 유권자에 의해 거부되었다. 얼마 지나지 않아 EU는 리스본 조약이 된 짧고 단순하고 적당한 개혁안을 만들기로 결정했다.

당시의 영국 정부는(토니 블레어 내각) 제안된 새로운 조약에 대한 국민투표를 하지 않고 의회를 통해 표결하기로 결정했다. 하지만 그것조차도 매우 커다란 논쟁을 불러일으켰다. 이에 대한 많은 대중 토론이 있었으므로 EU 파트너들은 그것이 영국 의회를 통해 비준되는 것이 어려울 것이라고 예상했다.

총리의 EU 고문으로서 나는 새로운 조약에 대한 수석 협상자였다. 내가 해야 할 일은 만일 우리가 상당한 양보, 예외, 영국의 탈퇴를 획득한다면 새로운 조약을 끝낼 수 있을 뿐만 아니라, 만일 그들이 우리에게 우리가 필요로 하는 것을 준다면 우리는 영국의 비준을 이끌어낼 수 있다고 EU 파트너들을 설득하는 것이었다.

위에서 언급한 두 개의 측면에는 신뢰가 중요한 역할을 했다. 첫째, 나는 당시의 총리에게 실제로 협상 가능한 것을 요청할 수 있다는 것을 조언하였다 ─ 그래서 총리는 우리가 얻을 수 있는 것에 대한 저의 판단을 신뢰해야 했다.

둘째, 우리의 EU 파트너들은 만일 그들이 우리에게 양보를 한다면 비준을 얻을 수 있다고 설득되어야 했다. 우리가 원했던 변화들 가운데 일부는 우리의 파트너들에게 곤란한 것이었으므로 그들에게 정치적인 문제를 야기하여 그들은 타격을 입어야만 했다.

마침내 그들은 우리에게 우리가 필요로 하는 것을 주었고 우리는 의회 비준을 받았다. 당시를 회고해 보면 커다란 도박을 하는 느낌이었다. 나는 일이 잘못될까 봐 밤에 뜬눈으로 새우곤 했다. 마치 줄타기를 하는 느낌이었다. 물론 우리의 EU 파트너들이 우리가 결과를 산출할 것을 믿지 않았다면 결코 성사되지 않았을 것이다.

(킴 대럭, 영국 국가안보 고문)

: :

7. 결론

평판은 신뢰에 기반을 둔다. 리더들은 행동을 통해 신뢰를 형성한다. 진실성을 가지고 일관성 있고 투명하며 개방적으로 행동하며 리더들은 성공적인 결과를 낳기 위한 조건을 창출한다.

모든 분야의 PQ 리더들은 사회에 우선순위를 둔다. 그들은 장기적인 사회적 편익을 제공하는 것들을 행할 기회를 만들고 이것을 실행함에 있어 타인들을 돌보는 모습을 보임으로써 자신에 대한 평판을 상승시킨다.

개방성, 도전, 포용, 다양성을 환영하면서 그들은 자신들의 프로젝트와 결정에 최대한 폭넓은 의견을 구한다. 그들은 윤리적 기준을 옹호하며 그것을 문화와 행동 속에 깊이 새겨둔다.

상호 의존적으로 일하면서 과대 약속은 하지 않는다. 그들은 신뢰성에 대한 평판을 중요시하며 자신과 타인을 위해 신뢰를 반드시 지키고자 한다.

우리는 이 장을 보다폰 재단의 이사인 앤드류 던넷의 사례 연구로 끝맺고자 한다. 앤드류는 2007년 보다폰에 입사하였으며 보다폰의 핵심 사업과 가치가 일치한다고 확신했다. 다음의 사례 연구는 보다폰이 이를 어떻게 성취하였는지에 대하여 앤드류가 기술한 것이다.

: :

사례 연구　보다폰─핵심사업과 그 가치에 대한 평가 

기업은 기업의 가치를 평가하고 나타내기 위해, 지역 발전과 책임을 포함하여 기업이 속한 지역사회/지속 가능성에 대한 프로그램을 계획하고 있다. 이는 쉬운 작업이 아니다. 산업이나 비즈니스 등 어떤 분야든, 커뮤니케이션 시대에서 의사소통의 가치는 채널Channels과 메시지의 다양성으로 인해 의외로 어렵다.

사람들은─본 의제에는 3명의 참가자가 있다: 동료, 고객 그리고 해설자 ─기업이 항상 이들에게 요구하는 일이나 정보를 처리하는데 있어 어려움이 많다. 이를 돕기 위하여, 지역사회투자/지속가능성과 같은 활동을 통하여 좀 더 깊은 가치관에 대해 의사소통을 할 경우, 명심해야 할 3가지 중요한 사항이 있다는 것을 알았다.

첫째, 그들이 '왜 우리가 이 일을 해야 하지?' '이 비즈니스와 무슨 상관이야?'라는 정신적 혼동으로부터 사람들을 벗어나게 하지 않는 한 기업은 이 공간에서 그들의 일을 핵심사업으로 연계할 필요가 있다. 5년 전 보다폰에서, 우리의 자선 프로그램 중 우리의 기술과 연결된 것은 아무 것도 없었다. 지금은 우리가 '모바일 포 굿Mobile for Good'이라고 부르는 프로그램에 연결하고 있다. 지금은 73퍼센트 넘게 연결하고 있으며, 내년 안에 100퍼센트 연결할 예정이다. 이제 우리 회사에서 수표만 전달하는 자선활동은 과거의 일이 되었다.

둘째, 당신은 이 공간에서 불편할 수가 있다. 중점을 둔 프로그램이 최대 위기에 봉착했을 때 당신은 단지 재료만 추가할 뿐이다. 이는 훌륭해 보이고 매우 순수한 의도여서 거절하기가 어렵다. 그러나 당신이 알아야 할 것은, 진실로 변화된 무언가를 할 기회가 적어진다는 사실이다. 혁신은 대단한 원동력이다. 그러나 규모에서의 변화는 정말 대단한 것이고 잠재력이 있는 영원한 자본이다. 보다폰은 27개국에 1000여 건의 자선 파트너십을 결성하려고 노력하고 있다. 고무적인 일이지만, 규모에서 변화를 추구하기 위한 기본 단계는 아니다. 우리는 시장market마다 최대 10개의 프로젝트를 세우고 있으며 아직도 많은 구상을 하고 있다.

셋째로, '우리는 무엇으로 유명해 질 것인가?'라는 질문은 훌륭한 여과 장치이다. 기업이 이러한 목표를 세워 실행한다는 이유에서만은 아니다. 감동 마케팅 시대에서, 기업들은 끝까지 감동을 주기 위하여 노력하며, 이 감동이 잘 전달됐는지의 여부와 상관없이 스스로 노력하고 도전한다는 것이 올바른 프로그램을 운영하고 지원하는데 좋은 여과장치가 되는 것이다.

내가 하는 일을 격려해줄 뿐만 아니라, 앞으로 이러한 의제를 주도하는 보다폰의 2명의 리더는 가이 로렌스와 카일 화이트힐이다.

영국 보다폰의 CEO인 가이 로렌스는 그의 팀에게 왜 코믹 릴리프Comic

Relief, UNICEF 등 대형 자선단체들은 기금을 모으는데 텍스트 기반 기부를 이용했는지 물었다. 비용과 복잡함이 심각한 장벽이 되었고, 로렌스는 영국의 모든 국민들이 기금을 마련하기 위해 사용하는 단말기의 단축번호를 가질 수 있게끔 영국 자선단체와 자선 모금자들이 사용할 수 있는 텍스트 기반 정책을 마련할 것을 제안했다. 아무런 사전준비 없이 플랫폼을 만들기보다는, 영국 보다폰과 보다폰 재단은 텍스트 제공 시스템으로 온라인 포털의 프런트 엔드(프로그램을 사용자가 직접 이용)를 이용할 수 있도록 약속하였다. 2년 동안 1만 8,000곳의 자선단체와 8만 명의 자선기금 모금자들은 이 플랫폼을 이용하였고 1,000만 파운드의 자선기금을 모았다. 네트워크 상에서 누구나 무료로 사용할 수 있다. 이러한 상을 받을 만한 가치가 있는 프로그램은, 다음 세대가 그들의 휴대전화를 통해 자선사업에 참여할 것이라는 로렌스의 열정적인 신념으로 만들어졌다.

카일은 가나의 보다폰 CEO로 임명되자, 현재의 ATL 마케팅[주] 활동을 한 곳으로 모을 것을 마케팅팀에 지시하였다. 그리고 보다폰 고객들이 매일 겪어야 하는 문젯거리, 근심, 번거로운 일들을 다른 사무실에도 붙이도록 지시하였다. 인구의 8만 명당 의사가 1명인 상황에서 의료 문제가 심각하였다. 카일은 다음과 같은 질문을 하였다. "이 나라의 국민들이 의사를 볼 수 없다면, 왜 우리는 그렇게도 절실하게 필요한 건강 정보를 제공받기 위해 프로그램을 후원하고 그들을 TV에 나오게 할 수 없단 말인가?"

초기의 팀의 회의적인 태도에도 불구하고, 카일은 아이디어를 개발하여 현재 3개의 프로그램이 전파를 타고 있으며, 건강 프로가 가나에서 가

[주] ATL(Above the Line) 마케팅 : 4대 매체인 TV, 신문, 라디오, 잡지와 뉴미디어인 인터넷, 케이블 TV 등을 통한 직접 광고 활동

장 인기가 많은 프로그램 중 하나가 되었다. 또한, 가나에서 보다폰 브랜드를 새롭게 인식하는 결정적 요소가 되었으며 지역 팀은 엄청난 수요와 관심에 대해 직접 응대함으로써 국민건강보험과 동등한 역할을 하였고 프로그램은 더욱 유명해지게 되었다.

(앤드류 더넷, 보다폰 재단 그룹 이사)

융통성

함께 모이는 것은 시작이고, 함께 협조하는 것은 발전이며,
함께 일하는 것은 성공이다.
- 헨리 포드 -

1. 융통성이란 무엇인가?

융통성이란 다양하고 넓은 사고와 행동을 하고, 의도적으로 자기 통제력을 가진 상태를 말한다. 요구되는 상황에 빠르면서 유연하고 섬세하게 대처하고, 강하게 집중할 시기를 잘 파악한다. PQ 리더들은 자신감과 편안함을 보여준다. 모든 일이 쉬워 보일 만큼 자연스러워 보이지만 이를 숙달하기 위해 많은 노력을 한다.

융통성의 본질을 설명하려면 비유법을 사용하는 것이 도움이 될 것이다. 체조선수가 평행봉에서 체조를 하고 있다고 상상해 보라. 무엇이 보이는가? 유연성과 움직임을 조절하고, 자연스럽고 우아하고 부드러운 동작이 보인다. 이제, 무엇이 이를 뒷받침하는지 상상해 보라 : 힘, 집중, 훈련과 준비.

그러면 리더들은 PQ 맥락에서 무엇을 하고 있는가?

첫째, 그들은 이해관계자들과 파트너십 관계에서 복잡하고 다양한 문제를 해결한다.

둘째, 그들은 다재다능하다. 위기에 처하거나 미래를 예견할 때 행동으로 이리저리 움직인다. 확고하고, 융통성이 있으며, 분석적이고 공감을 느끼고 비전이 있고 엄격하게 실행에 옮긴다.

셋째, 그들은 이미지, 상징주의, 행동의 중요성을 잘 알고 있으며, 이러한 기준을 가지고 선택을 한다.

PQ는 다섯 가지 영역 모두를 조화롭게 사용할 수 있다. 이는 행동과 일치하고 상황에 맞게 실행에 옮기기 위하여, 필요한 규율과 융통성이 요구되는 기본적 사항이다.

어떻게 해야 하는가?

다음 섹션에서는 능력에 대한 각 지표를 심도 있게 다루었다.

지표

√ 위기에서 발전에 이르는 새로운 요구에 맞게 방침을 바꾼다.

√ 자기 통제력을 단련하여 상황에 따른 반응과 변화의 속도를 조정한다.

√ 집중과 절제력 있는 접근법으로 철저하게 준비한다.

√ 자신감을 보이며 편안하게 다른 사람의 요구에 접촉한다.

√ 정치적 현실을 깨닫고, 압력을 가할 때와 양보할 때를 알며, 목표를 달성하기 위하여 정치적 능력을 발휘한다.

2. 위기에서 발전에 이르는 새로운 요구에 맞게 방침을 바꾼다.

새로운 요구

미래 중심적인 리더들은 환경이 계속 변하고 또 앞으로도 계속 변할 것이라는 생각한다. 변화는 점진적으로 일어나며, 미묘하고 눈에 보이지도 않는다.

감시장치monitoring tools는 상황에 대한 감지를 위하여 사용되어야 하고, 시기 적절한 평가와 행동을 하도록 초기에 변화를 나타내는 읽을 수 있어야 한다. 감지되지 않는 변화는 프로젝트에서 실패할 가능성을 가지고 있으며, 특히 다양한 이해관계자와 공동으로 노력하는 복잡한 환경에서 일을 할 때 더욱 그러하다.

이러한 점진적인 변화가 중단되면 위기가 닥치며 즉각적인 주의가 필요하다. 상황을 잘못 처리하면, 어떤 프로젝트도 실패할 가능성이 커진다.

위기

위기에 대하여 한 가지 예상할 수 있는 것은 언젠가는 일어날 수 있는 상황이라는 것이다. 리더들의 최선의 노력에도 불구하고 가장 힘든 일은 위기가 언제 어디서 닥칠지 모른다는 것이다.

기업에서 전형적인 사례는 고객에게 하자가 있거나 잘못된 제품을 팔았을 경우이다. 2장에서 우리는 다국적 식품기업 얌Yum의 경우를 예로들어, 소셜 미디어가 얼마나 치명적으로 빠르게 퍼져나가는지를 보았다.

위기는 정부에게도 너무 자주 발생하고 해야 할 일은 너무 방대하다.

다음은 쉽게 예상할 수 있는 사례이다.

- 자연 재해(쓰나미, 허리케인, 지진)
- 난민의 유입이나 그 밖의 갈등으로 인한 다른 나라의 공격적 행동
- 테러 공격
- 대규모 집단시위

점진적 변화

점진적 변화는 바다 밑의 빙산 같아서 잠재적으로는 위기보다 더 위험하다. 왜냐하면 너무 늦었다라고 감지할 때까지 나타나지 않기 때문이다. 가장 특징적인 사항은 다음과 같다.

- 내재된 위험은 적절히 설명할 수도 관리할 수도 없다. 이러한 위험은 잘 알려져 있지만 문제가 즉각적으로 나타나지도 않고, 설령 조치를 취한다 해도 재정적으로 비용이 많이 들고 평판도 그리 좋은 결과를 주지 않기 때문에 실행에 옮겨지기가 힘들다. 경고도 어려운 결정을 해야 하기 때문에 묵살되기 쉽다. 이러한 상황과 밀접하게 연결되어 있을 경우, 오류를 발견하는 것은 정말 어렵다.
- 외부 환경은 계속 변한다. 변화는 정치적(예 : 새로운 세금문제 도입이나 규제 시행 등), 경제적(환율 인상), 기술적(새로운 기술이 기존의 제품을 쓸모 없게 만들고, 기존의 서비스를 온라인에서 쉽게 받을 수 있고), 사회적(변화하는 세계), 환경적(제품이 너무 에너지를 소비함)으로 될 수 있다. 분명한 사실은 변화하는 환경에 빠르게 적응하지 못하면 점점 더 동떨어진 사람이 될 것이며 위기에 봉착하게 될 것이다. 당장이 아니더라도!

멕시코 걸프만 기름 유출사건

2010년 4월, 마콘도Macondo가 11명의 생명을 앗아가며 폭발하였다. 원유 시추시설Deepwater Horizon이 가라앉으며 4백만 배럴의 원유가 멕시코 만 심해에 유출되었다. 이 재앙에 대한 조사보고서에는 다음과 같이 쓰여 있다.

"마콘도 폭발로 인한 손실은 막을 수 있었던 것이었다. 마콘도 폭발의 직접적 원인은 다국적 석유회사 BP, 미국 에너지회사 해리버튼, 시추회사 트랜스오션의 식별 가능한 일련의 실수로 추적된다. 이러한 위기관리에서 조직적인 실수는 전체 산업의 안전 문화에 대한 불감증에서 비롯된 것이다."

걸프만의 석유 매장량과 공공 인센티브에 의해 유발된 석유 가스 산업은 해안지대에서 멀리 떨어진 깊은 바다에서 귀중한 에너지 공급을 위하여 대규모로 점차적으로 새로운 기술로 발전되고 이용되었다.

그러나 규제기관은 산업 확장과 신기술과의 보조를 맞추는 데 실패했다. 이는 보다 효과적인 감독에 대한 업계의 저항 때문이기도 했다. 결과는 심각했다. 마콘도 유정의 폭발을 야기한 해양시추에 대한 감독 부족은 치명적인 기름 유출을 초래했다.

멕시코 걸프만 기름 유출 사건은 위험 노출과 위기로 인한 극도의 긴장상태를 야기시켰다. 이 경우, 관련업계와 정부 모두 좀 더 빠른 조치를 취했어야 했다. 심해 시추와 관련된 위험은 알고 있었으나, BP(브리티시 페트롤륨) 나 미국 정부 규제기관에서 통제할 수 없었다.

석유 굴삭 장치가 폭발했을 때, 정부와 회사는 엄청난 위험에 봉착했다. 그 지역에는 많은 작은 회사들이 있었기 때문이다.

위기에서 방침 변경

우리는 지도자들이 위기에 어떻게 대응하는가를 살펴보기로 한다. 위기관리를 위한 중요한 요소 중 하나는 어떻게 위기를 빨리 감지하여 이에 대처하느냐이다. 이는 차분히 시간을 갖고 생각해 보면 분명한 사실이다. 그러나 위기에서 리더들은 종종 불신으로 기능이 마비되기도 하고, 무언가 심각하게 나쁜 일이 일어날 것을 인정하여 인간적인 거부감을 갖기도 한다. 이런 경우 불가피하게 적절한 조치를 취할 수 있는 시기를 놓치게 된다.

토니 블에어 영국 수상의 수석보좌관으로 10년간 재직했던 조나단 포웰은 다음과 같이 회고했다.

위기관리에는 패턴이 있는 것 같다. 첫째는 위기가 얼마나 심각한 것인지 깨닫는 단계이다. 이때는 극심한 공황 상태가 온다. 또한, 통계에 대한 냉혹한 패턴이 있는데, 2004년 쓰나미로 인해 절실히 느끼게 되었다. 초기 보고서에는 비교적 사망자 수가 적었으나 몇 시간 후에는 급격히 늘어났으며, 다음 날에도 계속 증가하였다. 결국, 초창기 보고서보다 약간 높은 숫자였지만, 사고가 일어난 후 며칠 동안 집계된 상당히 높아진 숫자보다 훨씬 낮게 집계되었다. 같은 패턴이 2005년 7월 7일에 발생한 런던 폭탄 테러사건에도 적용되었다.

− 포웰, 《The New Machiavelli, 2011》−

파트너나 이해관계자들과 함께 일을 할 때, 영향의 범위를 확립하고 공동작업을 빨리 시작하려면 명확한 의사소통이 필요하다. 공동의 문제를 해결하기 위한 빠르고 효과적인 방법은, 관계의 질과 신뢰의 순준에 의해 정해진다.

잠재적 위기에 직면했을 때, 조난단 포웰은 "준비가 부족한 것보다는 과잉 반응의 과정에서 실수하는 것이 더 낫다."라고 조언한다.

방침 변경 : 점진적인 변화

모든 상황이 순조롭게 돌아갈 때, 위협과 위험에 대한 생각은 거의 반(反) 직관적이다. 내적으로, 리더들은 강력한 경영데이터를 가지고 있기 때문에 전반적인 비전을 제시하는 것에 대하여 파트너와 의견을 나누고 활동하며 성장에 대한 변화를 일찍 감지하며, 직원이나 이해관계자에게 영향력과 정보를 나누기 위하여 전략적인 변화를 가져올 수 있도록 관리한다.

외적으로는, 리더들은 환경에서 변화에 대한 먼 위치까지 유심히 살피며, 네트워크를 통한 소식을 접하여 사정에 밝으며, 맹점(blind spot)을 피하며, 소셜미디어를 모니터하고 혁신을 촉진하고 장려한다.

PQ의 중요한 차이점은, 현재의 세부적인 상황을 토대로 미래 상황에서 그것이 무엇인지를 이해하고 해결해 나가는 것이다.

다음과 같은 질문을 해보자.

- 미래는 무엇을 원하며 우리의 조직/파트너로부터 무엇을 필요로 하는가?
- 이를 실현할 수 있는 최고의 인물은 누구인가?
- 우리는 실현할 수 있을까?

- 곧 닥쳐올 것 같은 주변에 도사리고 있는 위험은 무엇이 있는가?
- 이러한 위기들을 어떻게 관리할 것인가?

우리는 실행에 옮기려는 시점에 이러한 질문을 함으로써, 새로운 사고와 혁신을 시작하게 되며, 만일의 사태에 대비한 계획을 준비하거나 요구에 앞서 새로운 모험을 할 시간을 가지게 된다.

'파괴적 기술Disruptive Technology'에 대한 선구적 리더이자《혁신가의 딜레마The Innovator's Dilemma》저자인 클레이튼 M. 크리스텐슨은 혁신(메인프레임은 PC로, 퍼스널컴퓨터는 스마트폰으로, 백화점 대신 온라인 거래로 대체됨)에 의해 추월된 제품들을 주목했다. 그는 광고 수익에 의존하는 곳이나, 현재의 제품이나 서비스를 대신하여 이용할 수 있는 값싸고 질 좋은 온라인 자원을 효과적으로 사용할 수 있는 지역에서 좀 더 급진적인 변화를 예견했다.

PQ의 중요성을 뒷받침하는 것은 그의 혁신에 대한 최근의 생각(2012년 11월 3일, 뉴욕타임즈 기사)이 사회적 이익을 실현하고 권한을 주는 것과 연결되어 있다.

표 8-1 위기와 점진적 변화를 위한 핵심 기술

핵심 기술 : 위기	핵심 기술 : 점진적 변화
● 신속하게 행동한다.	● 미래를 상상한다.
● 우선순위를 정한다.	● 가장 섬세한 상황의 변화를 주시한다.
● 모든 이해관계자들과 교류하고 위기 현장을 방문한다.	● 네트워크를 구축한다.
● 그들의 요구를 충족시킴으로써 미디어의 지지를 받는다.	● 정보를 수집한다. – 질문과 경청
● 문제를 해결한다.	● 결과를 평가한다.
● 사실에 집중한다.	● 도전과 혁신을 장려한다.
● 결단력	● 만일의 사태에 대비하여 연구와 계획에 투자한다.
● 개방성과 포용성 – 자신의 결함이 다른 이해관계자에게 알려져 비난을 받더라도 실패를 은폐하지 않는다.	● 미래 상황에 대해 설명한다.
● 해결책을 찾기 위하여 모든 인재를 활용하고 다른 사람을 격려한다.	● 이해관계자들로부터 지원을 받는다.

그는 다음과 같이 제안한다.

- 기업의 리더는 적은 사람의 이익을 위하여 복잡하고 비싼 제품을 만드는 것에서 많은 사람의 이익을 위하여 값싸고 단순한 제품으로의 변환이 중요하다고 생각해야 하며, 그렇게 함으로써 더 많은 일자리를 창출할 수 있다.
- 공공정책 리더는 자본금을 그냥 가지고 있기보다는 다른 사람에게 권한을 주는 방식으로 혁신하고, 조세의 개혁에 대해서도 생각하여야 한다.

다양성

지금까지 우리가 배운 것은, 다양한 이해관계자들과 일을 할 때 일반적인 행동적 융통성이 많이 필요하다는 것이다. 공유된 힘과 복잡한 관계 하에서 운용체계는 사업을 운영하는데 새로운 환경과 여러 가지 모험을 경험하게 된다.

어떠한 문제가 당신의 활동 지역 내에서 일어나면, 이는 또한 파트너의 활동 지역에서도 나타날 수 있다. 이러한 경우에는 권한을 가진 계통을 잘 알고 있는 자신의 지역에서 문제를 해결하는 것이 훨씬 더 편리하다. 문제를 해결하기 위하여 파트너와 함께 일한다는 것은 또 다른 기술이 필요하다. 251페이지의 표 8.1 은 위기와 점진적 변화에 대처하는 핵심 기술에 대한 아이디어를 기술해 놓았다.

리더들이 복잡한 문제에 대한 결정을 하기 위해 다른 사람과 협력해야 할 때, 리더의 역할은 다음 3가지이다.

- 전후 상황을 설명한다.
- 비전을 발전시킨다.
- 관리할 수 있는 제약 조건을 가진 다른 이해관계자들의 지원을 받는다.

이는 PQ 능력 구성이 다음의 5가지 사항과 조화를 이룰 때 리더의 역할이 발휘된다.

- 위기를 관리하고, 기회를 극대화하기 위해 미래에 대한 전략을 재설정한다.
- 서로의 위치를 이해하고 분석하며, 공동 노력을 위한 약속을 지키며 노력을 통해 공감대를 형성한다.
- 어려운 시기에 지원하며, 다른 사람이 자신과 함께 일할 수 있도록 신뢰감을 구축한다.
- 자신에게 필요한 변화를 도울 수 있는 무언가를 만들기 위하여 중요한 이해관계자와 자신의 파워를 공유하며 활용한다.
- 장기 목표가 위험에 처하지 않고, 다른 사람들의 요구를 전략적으로 잘 대응할 수 있도록 융통성을 갖고 미래 비전에 집준한다.

버진레일Virgin Rail이 영국 웨스트코스트 레일의 독점사업권을 잃었을 때, 리처드 브랜슨 경은 회사의 생존위협에서, 더욱 발전하기 위한 기회로 만들기 위해 PQ 기술을 도입하였다.

사례 연구　영국 정부에 대한 리처드 브랜슨 경의 도전 

2012년 8월, 버진 레일은 1997년부터 운영해오던 영국 웨스트코스트 레일의 독점사업권을 잃고 말았다. 회사는 사라질 위기에 처했다.

포커스

리처드 브랜슨 경은 위기에 맞섰다. 화려한 이력과 카리스마를 갖춘 브랜슨은 곧장 언론 보도를 맡았으며, 방송에 직접 출연하여 수상에게 개입을 촉구하기도 했다. 그는 입찰 과정이 비정상적이라고 비판하였으며, 웨스트코스트 철도 노선의 독점 사업권 결정을 과거 처참한 결과를 초래한 이스트코스트의 독점사업권과 비교하여 역사적 유사점을 제기했다. 당시 두 곳의 독점사업자가 지나치게 높은 입찰가를 제시하여 결국 사업권을 반납해야 했다.

회사의 이미지

14만 명이 넘는 사람들이 정부에게 결정을 재고하도록 요구하는 전자 청원에 서명을 했다. 청원을 시작한 사람은 회사와 무관한 철도 승객이었다. 그는 이렇게 밝혔다. "사기업 때문에 사람들이 이렇게 운동을 한 적은 일찍이 없을 겁니다. 저는 항상 버진레일이 좋은 사람들이라는 인상을 갖고 있습니다. 좋은 인상이라는 것이 운수성에게는 의미가 없겠지만 고객들에게는 중요합니다."

조정

브랜슨은 융통성이 있었다. 브랜슨은 검토를 위한 시간을 벌기 위해 철도를 당분간 비영리로 운영하겠다고 정부에 제안했다. 그러나 운수성 장관이 철도에 대한 관리들의 결정을 지지하자, 브랜슨은 생각을 바꾸고 법적 조치를 취하기로 했다. 고등법원에서 정부의 결정을 심사 받기로 한 것이다.

초반에 정부는 법적 조치에 대해 방어적인 태도로 대응했다. 그러나 3개월 후, 법원은 정부의 조달 과정에서 심각한 문제가 있었다고 인정하였다. 브랜슨과 버진레일이 승소한 것이다. 버진은 후에 웨스트코스트 계약을 2017년 4월까지 연장할 수 있었다. 회사는 또한 이스트코스트 철도 노선에 대해서도 입찰할 것이라고 밝혔다. 불과 9개월 전 사라질 위기에 처했던 회사로서는 커다란 수확이 아닐 수 없다.

지속성

계약 연장 이후 브랜슨은 자신의 블로그에 다음과 같이 밝혔다. "정부가 퍼스트 그룹에 독점 경영권을 주어버렸기 때문에 우리가 이길 확률은 10퍼센트도 되지 않는다고 우리 변호사가 말했었습니다. 이번에 우리가 얻은 교훈은 옳다고 생각한다면 절대 포기하지 말라는 것입니다."

· ·

3. 자기 통제력을 단련하여 상황에 따른 반응과 변화의 속도를 조정한다.

조정

PQ 리더들은 복잡한 환경에 놓여 있다. 활동 수준을 맞추기 위해 반응을 조정하고 다른 이들을 함께 이끌고 갈 수 있도록 속도를 조절하려면 자기 통제력이 필요하다.

위기가 발생하면 운영의 규모와 상관없이 여러 곳으로부터 압박이 밀려온다. 예를 들어 언론에서는 지나친 관심을 보이고, 특별한 이익 집단과 로비 단체에서는 자신들의 명분을 내세우는 데에 급급하며, 정치인들은 정치적 자산을 만드는 데에 집중한다. 이럴 때일수록 공동 프로젝트의 성패를 좌우하는 파트너들과 이해관계자들에게 확신을 심어 주어야 한다.

이러한 시기에는 투자 혹은 정치적 평판이 위기에 처하면서 사람들이 과잉 반응을 보이거나 비난을 퍼부을 상대를 찾기 위해 애쓰기도 한다. 다른 이들을 비난하거나 깎아내리고 싶은 마음을 억누르는 것이 중요한데, 이해관계자들 간에 분열의 조짐이 보이면 주주나 미디어에서 이를 공격할 명분으로 삼기 때문이다. 상황은 통제가 어렵게 되고 개인, 조직, 기관은 손실을 입게 된다.

모든 말, 제스처, 표정이 다른 이들에 의해 분석되기 때문에 리더는 가급적 최상의 결과를 얻기 위하여 반응을 꼼꼼히 조정해야 한다.

어떤 이들은 감정을 철저히 배제하기도 한다. 딱딱한 표정과 분석적인 태도로 미디어 앞에 서는 것이다. 그러나 이러한 대응방식은 별 도움이 되지 않는데, 이해관계자나 직원 그리고 고객을 포함한 모든 사람들은 위기에 있어서 감정 이입과 인간적인 측면을 기대하기 때문이다.

어떤 리더들의 경우에는 감정의 무게에 파묻혀서 후회할 행동이나 발언을 하기도 한다.

BP(브리티시 페트롤륨)의 토니 헤이워드 CEO는 멕시코 걸프만의 기름 유출 사건 당시 몇 주에 걸친 압박에 시달린 나머지 망언을 하고 말았다. CEO가 인터뷰에서 '내 인생을 다시 찾고 싶다'는 발언을 한 것이다. 기름 유출로 인해 생계를 잃은 사람들, 해양생태계가 입은 피해로 인해 상심한 환경운동가들, 그리고 유권자들에게 민감한 정치인들은 그러한 CEO의 발언에 분노를 금치 못했다.

어떠한 측면에서 보면 토니 헤이워드는 자신의 감정을 밝혔을 뿐이다. 하지만 CEO는 자신과는 달리 기름 유출을 막거나 피해를 최소화할 기회조차 없었던 사람들이 받은 피해를 충분히 고려하지 못했다.

토니 헤이워드는 그 후 자신의 아들을 6시간 동안 만나기 위해 이틀간 자리를 비웠다. 이때 그는 또 다시 판단을 잘못했는데, 아들을 만나기 위해 집으로 간 것이 아니라 와이트 섬의 카우즈에서 열린 요트경기에 찾아갔기 때문이다. 그가 찾아간 요트 경기는 고위층과 유명 인사들을 위한 행사였다. CEO는 위기를 해결하는 대신 밖으로 다니며 부유하고 유명한 인사들과 어울리는 모습으로 미디어에 비쳐졌다. 사실 토니 헤이워드는 기름 유출에 대한 해결책을 찾기 위해 열심히 일했다. 가족과 함께 짧은 휴가를 보낸 것이 문제 해결에 더 도움이 되었을 수도 있다. 그러나 미디어에 비쳐진 모습은 그렇지 못했다.

두 번의 잘못된 판단으로 인해 토니 헤이워드는 더 많은 압력을 받게 되었다. CEO와 BP사는 이미 벌어진 기름 유출 사건을 넘어서서 평판에 더 큰 해를 입었다. 얼마 지나지 않아 그는 CEO에서 교체되었다.

자기 통제력

다음 세 가지를 통해 반응을 적절하게 조정할 수 있는 자기 통제력을 갖출 수 있다.

- 어느 정도의 성격적 특성과 함께 압박감을 잘 해결할 수 있는지의 여부
- 지원 받을 수 있는 수준을 결정하는 주요 이해관계자들과의 관계
- 각기 다른 이해관계자들의 기분을 읽어내고 필요한 것이 무엇인지 알아내는 능력

자기 통제력은 상황에 따라 올바른 반응을 결정하기 위해 반드시 필요한 능력이다. 다니엘 골먼(감성지수 EQ로 유명한 저자) 역시 '자기 통제력'을 다루고 있다. 그는 자기 통제력을 EQ 능력의 한 부분으로 포함시켰으며, 자기 통제력을 '부정적인 충동과 기분을 통제하고 전환하는 능력' 그리고 '판단을 유보하고 행동하기 전에 생각하는 능력'이라고 설명했다.

골먼에 의하면 자기 규제의 특성에는 신뢰성·진실성·변화에 대한 개방성·애매모호함을 받아들일 줄 아는 능력이 있다. 앞의 세 가지는 우리의 연구와 잘 들어맞는다. 애매모호함을 받아들일 줄 아는 능력의 경우에는 PQ의 맥락에서 보았을 때 복잡성과 공유된 권력 관계를 편하게 수용할 수 있는 능력을 나타낸다. 자기 규제의 특성에 한 가지를 더하자면 용감함, 즉 현재를 위해 필요한 것과 미래를 위해 중요한 것을 해낼 수 있는 능력이다.

용기와 진실성을 갖춘 자만이 다른 이들이 행동을 촉구하며 압박해올 때 자기 통제력과 침착함으로 대응하고, 다른 이들이 망설이고 주저할 때 나서서 행동할 수 있다. (Goleman, 1998)

결합과 분리

PQ 리더는 감정에 결합되기도 하고, 감정으로부터 분리될 수도 있는 능력을 지닌다. 이러한 능력이 무엇을 의미하는지 정확히 알기 위해서는 결합과 분리의 정의를 먼저 알아야 할 것이다. 결합이란 무언가에 깊이 빠지고 관련되어, 그것을 느끼는 것을 의미한다. 분리란 무엇인가로부터 멀어지고, 한 발 떨어진 자리에서 객관적으로 바라보는 것을 의미한다.

친숙한 표현으로 설명하자면 '성급한hot-headed' 사람은 결합된 상태로 강한 감정을 느끼는 것이다. 반면 '차분한cool-headed' 사람은 분리된 상태이며, 열을 식힐 수 있다. 일반적으로 PQ 리더는 상황에 따라 이러한 상태를 자신의 의지대로 선택할 수 있는 능력을 가진다.

4장의 빌 게이츠 예시를 다시 떠올려보자. 그는 대의명분에 있어서는 열정적이고, 데이터에 있어서는 냉정했다.

■ 분리

토니 헤이워드의 예시를 통해 상황의 감정적 충격으로부터 분리되는 것은 위험성을 띤다는 점을 알 수 있었다. 이러한 분리는 타인에게 자기중심적이고 감정 이입을 하지 못하는 것으로 비쳐질 수 있다. 그러나 한 발짝 멀어져서 상황을 바라보고 평가하며, 우선순위를 정하고, 위험과 기회를 확인하며, 계획을 실행에 옮기는 것이 필요할 때도 있다.

분리는 위기의 순간에 에너지와 판단력을 유지할 수 있도록 먹고 자게 해준다. 지속적으로 스트레스를 받는 시기에는 명상, 요가, 달리기와 같이 도움이 되는 활동을 통해 압력으로부터 벗어나 심적 여유를 갖는 것이 중요하다. 여유를 갖는 목적은 정신을 다시 집중시키기 위한 것이다.

마크 세드윌 전 아프가니스탄 주재 NATO 민간 대표는 1년 내내 직장에서 압력을 받고 가족과 떨어져 있어야 하는 힘든 근무조건에서 일했

다. 그래서 그는 매주 금요일 아침과 일주일 중 이틀 저녁은 쉰다는 규칙
을 정했다.

■ 결합

위기의 현장에 방문하거나 이해관계자들과 의사소통을 할 때, 그리고
그들의 감정을 이해하고 그들의 입장에 서있어야 할 경우에는 감정과 결
합된 상태가 되어야 한다. 타인의 감정과 아픔을 진실로 이해한다는 것
은 매우 감정적인 일이기도 하다. 아주 능숙한 리더라고 해도 감정이 북
받쳐 오르는 것을 막기 힘들 때도 있다.

전 아일랜드 대통령이자 전 UN 인권위원회 위원인 메리 로빈슨Mary
Robinson은 자기 통제력을 매우 중시하는 사람이다. 로빈슨은 평정을 잃
고 난 후 궁극적으로 더 설득력을 갖추게 되었던 자신의 이야기를 들려
준다.

메리 로빈슨의 소말리아 이야기

메리 로빈슨은 아일랜드 대통령 임기 당시에 전쟁으로 황폐화된 소말리아를 방문했다. 방문 후에 그녀는 나이로비에서 기자회견을 가졌다.

"참혹한 현장을 방문하면서도 저는 스스로를 충분히 통제할 수 있었습니다. 심지어 식량보급소를 막아선 반군 지도자 두 명과 대화를 나눌 때도 자제력을 잃지 않았어요.

나이로비에서 기자회견을 했을 때, 저는 이야기를 제대로 전달하고 싶었습니다. 그때 고통의 감정이 저를 압도했고, 우리가 이 문제에 대해 조치를 충분히 취하지 못한다는 것에 분노가 치밀었어요. 그래서 저는 평정을 잃고 말았습니다.

저는 훈련받은 법정 변호사인데다가, 세계를 향해 말할 때에는 차분하고 논리적이어야 했기 때문에 감정에 압도된 제 자신에 당황했습니다. 기자회견 후 저는 제 자신에게 큰 실망감이 들었습니다.

호텔방에 올라가니 닉(그녀의 남편)이 괜찮다고 저를 달래주었어요. 그리고 나서 TV를 켜고 직접 보니, 감정을 터뜨리길 잘했다는 생각이 들었습니다. 훨씬 설득력이 있어 보였거든요."

(2013년 7월 28일, BBC 라디오 4 Desert Island Discs, Robinson, 2013에서 발췌)

변화의 속도 맞추기

변화는 지속성뿐만 아니라 많은 에너지와 스태미너를 요구한다. 대부분의 사람은 다른 방식으로 일하는 것을 어려워하기 마련이다. 변화가 어려운 이유 중 하나는 변화가 일방적으로 부여되기 때문이다. 변화 자체에 우리가 동의하지 않는 경우도 종종 있다. (정당한 이유로) 하지만 대개의 이유는 우리의 사고 패턴과 습관을 바꾸는 것이 어렵기 때문일 것이다. 우리는 나이가 들수록 스스로를 변화시키는 것을 어려워하는데, 우리의 감정, 경험, 불확신과 성취를 바탕으로 세상을 바라보기 때문이다.

이해관계자 그룹 전체의 분위기를 정기적으로 확인한다면 변화의 속도를 적당히 맞추는 데에 도움이 될 것이다. 이해관계자들이 무엇을 느끼고 생각하는지, 무엇을 원하고 필요로 하는지를 자주 확인하고 실제적 자료와 이를 종합한 뒤 결정을 내리는 것이다.

변화에 적응하기에 앞서 준비가 필요하다는 사실을 이해한다면 성공적인 결과를 얻을 수 있다. 그래야만 리더는 이해관계자들이 앞으로 나아갈 수 있는 조건을 형성해줄 수 있기 때문이다. 즉 변화가 왜 필요한지, 변화가 그들에게 어떠한 영향을 줄 것인지, 그리고 변화에 어떻게 적응해 갈지를 이해관계자들에게 알려주어야 한다.

이러한 과정을 거친다면 좋은 결과를 얻는 것이 가능하다. 이해관계자들을 변화에 대비시킨다면 일찍이 알지 못했던 것들을 깨달을 수 있을 것이다. 훗날 당신의 프로젝트를 망칠 수도 있는 위험 요소들을 발견할 수 있을 것이다. 다차원적이고 복잡한 프로젝트는 더 많은 위험성을 안고 있다. 당장의 이슈뿐만이 아니라 전반적인 시스템을 평가하고, 당신이 하고 있는 일이 전략적 목표와 가치에 부합하는지 확인한다면 이러한 위험성을 감소시킬 수 있다.

변화의 속도 맞추기

코카콜라가 펩시와 경쟁하던 당시, 코카콜라는 더 많은 소비자들을 끌어모으기 위해서 '새로운 코카콜라(New Coca-Cola)'로 음료 이름을 변경했다. 그러나 소비자들은 '새로운' 음료를 받아들일 준비가 되어 있지 않았고, 결과적으로 시장점유율이 크게 하락하게 됐다. 코카콜라가 마케팅 캠페인을 '진짜 음료(The Real Thing)'로 바꾸자, 소비자들의 마음을 다시 얻게 되었고 판매량은 다시 증가하였다.

영국의 노동당이 '신노동당(New Labour)'을 표방하고 나서자, 세 번의 선거에서 승리를 거둘 수 있었다. 유권자들과 당원들은 과거를 떠나 보낼 준비가 되어 있었다. 과거의 이미지는 내부 갈등의 근원 중 하나였고, 인기 없는 정책들과 과격 단체들의 지나친 영향력이 문제가 됐었다. '신노동당'이라는 새로운 명칭은 방향의 전환을 상징했고, 유권자들에게 대안을 제시한 것이었다. 신노동당은 1997년에 과반수를 훌쩍 넘는 승리를 거머쥘 수 있었다.

4. 목적에 대한 집중과 강도를 유지하고, 결과를 엄격하게 측정한다.

전략에 대한 집중

리더들이 목표의식을 잃는 바람에 전략이 실패하는 경우가 종종 있다. 여정을 시작할 때에 리더들은 자신이 이루고자 하는 것을 분명히 알고 있다.

그러나 4장 미래에서 논의했던 바와 같이 환경은 불가피하게 변하기 마련이다. 리더들은 자신들의 전략을 새로운 맥락에 맞추어야 한다. 그리고 리더들은 전략을 수정하는 과정에서 전반적인 비전에 대한 초점을 반드시 유지해야 한다.

일반적으로 초점을 유지하는 것은 사적 영역의 몫으로 여겨진다. 정부와 파트너십을 맺고 있는 기업의 경우가 특히 그러하다. 또한, 게이츠 재단과 같이 기업 정신을 지닌 NGO의 경우에도 초점을 유지하는 것이 중요하다.

가치에 대한 집중

내부 및 외부의 이해관계자들과 관계할 때에 있어서 가치는 매우 중요하다. 타인의 가치와 신념을 존중하는 동시에 자신의 가치와 신념을 고수하여 균형을 맞출 수 있어야 한다.

상호 호혜적인 파트너십을 가능케 하는 전략적 목표와 가치에 성공의 여부가 달려 있다. 단기적 압박을 이기지 못하고 가치로부터 벗어난다면 신뢰성을 잃는 것은 한 순간이다. 예를 들어 지속 가능한 발전을 지지하는 조직 하나가 비용 절감의 압박을 이기지 못하고 환경을 해친다면, 고객과 다른 이해관계자들의 신뢰성을 잃게 될 것이다.

목표의 강인함

이해관계자가 비이성적으로 행동하거나 합의된 사항과 다르게 행동하는 경우에는 강인함과 객관성이 중요하다. 이해관계자의 요구에 맞추는 것이 더 나을지, 아니면 우리 측에서 굳건히 밀고 나가는 것이 더 나을지 판단해야 한다. 감정으로부터 분리된 상태에서 사실을 분석하고 여러 접근법의 찬반론을 검토하는 것이 반응을 결정하는 데에 있어서 효과적이다.

신뢰가 깨진 경우 우리는 강한 감정(분노와 배신감)을 느끼게 된다. 그러나 우리는 잠시만이라도 감정을 넘어서서 어떻게 반응할지 결정을 내려야 한다. 모든 선택지를 확인하고 평가하며, 어떠한 접근법이 미래 비전을 실현하는 데 가장 적합한지 결정해야 한다.

우리는 6장에서 공동 프로젝트 시 공감대 형성과 임무를 수행하는데 있어 초점을 유지하는 중요성에 대하여 언급했다. 이는 공감대를 테스트할 수 있는 중요한 순간이다. 우리는 이해관계자들이 장기 전략을 얼마나 중요하게 여기는지 판단해야만 한다. 예를 들어 한 기업이 어쩔 수 없이 정부와 함께 다가올 중요한 합작투자에 참여하기로 했다고 하자. 그때 기업은 강력하게 반응할 것인가 아니면 '현실 정치'를 받아들일 것인가에 대하여 결정하여야 한다.

강력하게 행동한다는 것은 강한 표현을 한다고 비추어질 수 있다. 또한 계획을 변화시켜 창조적 사고를 이용한다는 의미도 될 수 있고, 상대편이 당신을 더 이상 강경한 입장에 처하게 하지 않을 것이라고 예상하면서 다른 일을 추진할 수 있을 것이다. 체스 선수들이 보통 이와 비슷한 생각을 가지고 있다.

이러한 승부수들은 위험을 내포하고 있다. 리더들은 융통성이 있어야 하며, 그들의 위치를 강화하고 상대자들에게 체면을 잃지 말아야 하며, 특히 장기 목표에 대해 지지를 해줄 중요한 이해관계자라면 더욱 그러하다.

6장 목적에 대한 공감대 형성에서 우리는 문화적 역량에 대하여 다루었다.

이러한 이해는 주어진 상황과 문화적 환경을 위해 올바른 판단을 하는데 중요한 역할을 한다.

단호함

내가 연습하면 할수록 내게 행운이 더 따라오는 것은 재미있는 일이다.
– 아놀드 파머, 세계 최상급 골프 선수 –

성공은 가끔 행운이 뒤따른다. 행운이 인생의 일부 요소이긴 하지만 성공은 열심히 일하고 정밀한 접근에 의한 결과이기도 하다. 본 섹션에서는 단호함이 융통성에 얼마나 영향을 미치는지에 대해 알아보기로 한다.

우리는 이해관계자들을 구별하거나 관리할 때, 체계적 접근의 중요성에 대하여 알아보았다. 이러한 정밀한 접근은 임박한 위기에 대처해야 하거나 점점 문제가 커져서 위기로 치닫는 상황을 방지하고자 할 때 필요하다. 변화를 너무 자주 대처하다 보면, 결정은 형편없는 저급의 분석에 의거할 수 있으며, 실현 가망성이 없는 이익을 기대하며, 해결책은 더 이상 그들이 실행하고자 하는 시기와 전혀 관계없이 때를 놓치게 된다.

왜 이러한 일들이 일어나는가? 보편적 원인은 단호함의 결핍에서 오는데 다음과 같은 상황으로 나타난다.

- 사실을 파악할 만한 충분한 시간이 없다.
- 객관적 평가보다는 현재의 사고를 지지할 만한 사실만 탐구한다.
- 상황이 변하고 새로운 접근법이 필요한 데도 기존의 형태만 유지한다.
- 사전에 법적인 규제 요구사항을 수립하지 않는다.

물론 단호함이 모든 문제를 해결해 주는 것은 아니다. 게이츠 재단의 제프 레이크스(2013)는 직원에게 다음과 같은 충고를 한다.

[단호함이란] 가끔 당신의 혼돈스런 생각에 다른 사람을 결부시켜 일을 진행하는 것을 뜻한다. 이는 당신이 기억하지 못했던 점이지만, 계획을 분석하고 관리할 필요성이 있다. 우리의 임무가 힘들고 복잡하기 때문에 대화도 어렵다는 것을 알고 있다. 우리는 서로 간에 그리고 파트너와 정규적으로 심도 있는 대화를 나누기를 기대한다.

측정

전략은 리더들이 어떻게 해야 좋은 결과를 얻을 수 있는지 모르기 때문에 종종 실패하는 경우가 있다. 그들은 이를 측정하는 법을 모른다. 일반적으로 정부의 업무는 목표대상을 확인하고, 복잡한 것을 측정하기 때문에 서투르고, 종종 측정하는 데 필요한 관리정보도 가지고 있지 않다. 정부 입장에서, 기업과 파트너십 관계로 일을 할 경우 장점 중 하나는 기업의 측정 결과에서 나오는 규율과 엄격함이다.

스토리 : 측정의 중요성

빌 게이츠는 비영리 단체와 정부의 파트너십 관계에서 측정의 중요성에 대해 다음과 같이 말하였다.

"나는 평가가 인간의 생활을 향상시키는데 얼마나 중요한지 계속 실감하고 있다. 당신이 명확한 목표를 세우고 그 목표를 향한 발전을 가져올 측정을 할 수 있다면, 놀라운 발전을 이룰 것이다. 전 세계의 긴축예산 편성에서 정부는 지불을 위한 프로그램에서 정당하게 요구되는 유효성을 고려해 봐야 할 것이다. 이러한 요구사항을 집중적으로 다루기 위해서 우리는 어떠한 접근이 효과가 있고 없는가를 결정하기 위해서 더 나은 측정도구를 필요로 한다. 중요한 목표에 대한 최고의 사례를 생각했고, 1980년대 짐 그랜트의 주도하에 UNICEF 의 백신 접종작업(소아마비 퇴치 목표)을 실시하기 위하여 측정해보기로 결정했다. 많은 사람들이 그랜트의 말을 듣지 않을 것으로 생각되었으나 세계에서의 그의 영향은 핸리 포드나 토마스 왓슨과 같은 리더의 이윤 추구와 버금될 만큼 중요한 것이었다. 그랜트는 전세계 80%의 어린이를 백신으로 생명을 구한다는 야심찬 목표를 세웠다. 그 당시는 팩스가 가장 발달된 의사소통 도구였던 시대라 가난한 나라에서는 쉽지가 않았다. 그러나 그랜트는 강력한 데이터 수집 시스템을 도입했고 변화를 시도할 수 있었다. 그는 백신접종 증가비율이 어느 나라에서 잘 이루어지고 있는가를 볼 수 있었고 다른 나라에도 이와 똑같이 도움이 되도록 데이터를 사용하였다. 뒤쳐진 나라들은 당황하였고, 그들은 데이터가 없이 실행했을 때보다 훨씬 더 관심을 갖고 자료에 중점을 두었다. 그랜트의 노력과 수천 명의 백신을 주사하는 사람들 덕분에 백신을 필요로 하는 전 세계 유아들 수가 1980년 17퍼센트에서 1990년 75퍼센트로 증가하면서 매년 수백만 명의 생명을 구했다."

- 2013년 게이츠 재단 연례 서신에서 발췌 -

5. 자신감을 보이며 편안하게 다른 사람의 요구에 접촉한다.

체조 선수는 대회에서 경기를 할 때 편안하게 보이려고 한다. 움직임은 자연스러우며 외적으로는 우아하게 표현하고, 자제하며 조절을 한다. 내적으로는 충분히 스트레치하며 여러 가지의 응용 동작을 선보인다.

역할의 이해와 현명한 수행

PQ 리더들은 이미지·상징성·행동의 중요성을 알고 있다. 마크 세드월은 아프가니스탄에서 "역할 수행은 중요하다. 연극의 중요한 요소이며, 이미지는 강력하다."라는 사실을 체험했다.

마크는 다음과 같은 예를 들었다. 그와 NATO 전투부대 사령관들(맥크리스탈 장군과 페트레이어스 장군)은 아프가니스탄의 여러 곳을 다닐 때에 방탄복을 거의 입지 않았다. 마크는 "이것은 계산된 결정이었다. 나는 임무를 수행하는데 있어 신뢰감을 갖는 것이 중요하다고 생각했다. 우리는 미디어는 물론 TV에도 많이 나왔었다. 그리고 우리가 시장에서 사람들과 이야기할 때에 그들도 방탄복을 입지 않았다. 우리는 서로 신뢰감을 갖는 것이 필요했다."라고 말했다.

마크는 이는 용기와는 다른 것이라고 애써 설명하였다. 그들은 잘 보호받았고 불필요한 위험을 무릎 쓰고 공식적인 직무 수행이나 군복무를 하지 않아도 되었다. 상징성은 매우 중요한 것이었다.

다른 환경에서, 메리 로빈슨은 아일랜드에서 첫 여성대통령으로 당선됐을 때 얼마나 의식적으로 이미지를 변화시켰는지를 말했다. 개표가 처음 이루어졌을 때, 그녀는 2위였고 3번째 후보자가 그녀를 바로 앞질렀으나, 결국 총 투표수에서 승리 하였다. 그녀는 재직기간 동안 지지율이 90퍼센트까지 올라갔고 계속 유지되었다.(Edemariam, 2010)

그녀의 비결은 무엇일까? 그녀는 개방적이었고 꾸밈이 없이 소박했으며, 아일랜드인 디자이너 옷만 입었고, 무엇보다 마음을 터놓고 친근함으로 다가갔으며, 사교적인 어머니로 인식되도록 노력하였다. 그녀는 아일랜드 TV와의 인터뷰에서 다음과 같이 말했다. "내가 이렇게 노력하면 할수록, 내게 놀라운 반응들이 되돌아왔습니다."

위기에 잘 대처한다

주어진 역할을 잘해낼 수 있는 가장 중요한 시간은 위기가 닥쳤을 때일 것이다. 이에 관한 몇 가지 사례를 소개한다.

위기에 잘 대처할 수 있는 몇 가지 조언

당신이 위기의식을 느껴 스트레스를 받거나 불안하더라도, 당당한 자신감과 침착함, 그리고 당신 자신과 처해 있는 상황을 잘 조절하면서 이해관계자들과 교류해야 한다. 당신이 흔들리는 것이 보이면, 당신에 대한 신뢰감이 떨어지며, 영향력을 발휘할 당신의 파워는 사라지게 된다. 당신의 능력이 가장 빛을 발휘할 때는 위기가 닥쳤을 때이다. 이에 대처할 몇 가지 조언은 다음과 같다.

외모

당신은 어떻게 생겼는가? 분명히 당신은 상황과 환경에 맞는 적당한 옷을 입고 있을 것이다. 첫 번째 인상은 시각적인 것이다. 당신이 후줄근하게 느낄지라도 이를 보기를 원하지 않는다. 당신은 스스로를 잘 통제하며 잘 대처하고 있다고 생각하고 싶을 것이다. 옷이 위기에서 하찮은 것으로 보일지도 모르지만, 아니다. 왜냐하면 사람들은 처음에 당신의 외형적인 면을 보고 판단하기 때문이다.

의사소통

당신의 핵심 메시지는 무엇인가? 당신이 말해야 할 1~3가지의 중요한 사항에 대하여 분명히 하라. 미리 연습하고 이를 실행할 예정이라면 당신의 요지를 분명히 전달하라. 질문을 받고 불안해하고 흔들리면 신뢰감을 잃을 것이다.

그럼 어떻게 당신의 메시지를 정확하게 전달할 수 있을까? 이는 이미 5장의 '파워' 편에서 다루었다. 기억해야 할 것은, 메시지는 간단해야 하지만 지나치게 단순해서는 안 된다는 것이다. 비유나 이야기 같은 도구를 활용하라. 청중을 위하여 그림도 그려 보라.

천천히 진행하라: 의사소통에서 간격을 두어라. 가끔 잠시 멈추어라. 말을 빠르게 하는 사람은 강조와 리듬을 첨가하기 위해서 좀 천천히 말하면서 중간에 끊기 위해 연설의 흐름을 변화시켜라.

안정을 유지하라: 당신이 누구인지 또 무엇을 제안하고 있는지를 명심하라. 당신의 진실성과 가치를 연결시켜라. 당신이 연설할 때 빛이 날 것이며 당신의 메시지에 더욱 주목하지 않을 수 없게 된다.

침착하라: 침착함은 조용함, 통제, 권위를 포함한다. 사람들은 당신에게 신뢰감을 가질 것이다.

쉽게 불안해 하는 사람들을 관찰하고 그들로부터 배우는 시간을 가져라. 그러면 그들에게서 피해야 할 공통된 특징을 주목하게 될 것이다.

몇 가지 특징은 다음과 같다.

- 방어적이다.
- 회유적이다.
- 공손하다.
- 공격적이다.
- 동의를 구한다.
- 말을 너무 많이 하거나 너무 적게 한다.
- 얕은 호흡을 한다.
- 계속 눈을 마주치지 않는다.

개인적 자신감

자신감이 있는 PQ 리더들은 다른 사람에게도 자신감을 불어넣어 준다. 여기에 기억해 두면 좋을 만한 그들의 일반적인 특징들이 있다.

- 예의 바르지만 공손하지는 않다
- 필요한 말을 할 때는 힘이 있고, 속도를 조절하고, 간결하게 하지만 성급하지 않다.
- 자기를 정당화하지 않는다.
- 중요한 사항을 옹호한다.
- 자신의 위치를 입증하려 하거나 칭찬을 바라지 않는다.
- 비평으로 인해 균형을 잃지 않는다.

물론 현실에서 우리는 자신감을 가질 수 없을지도 모른다. 회사와 개인생활에서 모험을 하는(위험할 수 있는 줄 알면서) 것으로 잘 알려진 리처드 브랜슨 경은 그도 가끔 극도로 예민해진다고 고백하였다.

페이스북의 COO(최고운영책임자)인 셰릴 샌드버그_{Sheryl Sandberg} 는 그녀의 영향력 있는 책, 《Lean In》(2013)에서 다음과 같이 충고한다. "내가 자신감이 없다고 느낄 때 배운 한 가지 전략은, 자신감은 자신감이 없다는 것을 감추기 위해 가끔 유용하다는 것이다."

생각과 행동을 연결하기 위한 많은 연구가 있다. 당신이 그것을 생각할 수 있으면 하게 되고, 충분히 할 수 있으면 믿게 된다. 긍정적 사고의 힘에 대한 논문은 낙관주의에 대해 설득력 있게 주장한 케이스이다.

기억해야 할 중요한 사실은, 당신이 사고방식을 바꾸는 척만 해도, 이는 당신의 행동을 바꾸는 데 도움을 줄 것이다. 또한, 당신의 행동이 바뀌면 다른 사람이 당신에 대하여 어떻게 생각하는지에 대해서도 생각이 바뀌게 될 것이다.

편안함

정치적 지능이 물씬 풍기는 리더들의 특징은 편안함을 가지고 있다는 것이다. 그들은 강력한 존재감을 가지고 있으며, 그들의 영향이 사업 혹은 정치나 종교 어느 곳에서 나오건 그들은 무엇이 중요한지를 알고 있으며, 그들 자신이 편안함을 갖는다. 그들은 어떤 것도 입증해 보이려고 하지 않는다. 이는 호기심이 강하고 도전적이며 품위 있고 인격적 자아가 현저히 부족한 것으로부터 자유롭게 만든다. 그들에게 위대한 것은 아무것도 없지만 주목하지 않을 수 없다.

제프 뷰케스는 직장에서 상사에 대한 관리를 잘한다고 평판을 받는 사람들이 사장이 되었을 때 최고의 리더가 되는 일은 드물다고며 다음과 같이 말한다.

"내가 그들에게 말했어요, 당신은 지금 올바른 위치에 있습니다. 당신의 장점을 충분히 발휘하고 있어요. 바꾸지 마세요."

PQ 리더들은 사람들이 그들의 행동에 대하여 책임을 물어야 하며, 이렇게 해야 그들은 모든 이해관계자의 최선의 노력에도 불구하고 일이 잘못되어 가고 있다는 것을 알 수 있다. 또한 그들은 용서할 준비가 되어 있어야 하고 다음 일로 넘어갈 수 있다. 간디는 용서에 관해 다음과 같은 명언을 남겼다. "약한 자는 절대 누군가를 용서할 수 없다. 용서는 강한 자의 특권이다."

6. 정치적 현실을 인식하고 압박할 때와 양보할 때를 구분한다. 그리고 목표를 달성하기 위해 정치적 능력을 발휘한다.

당신은 매우 훌륭한 정치적 감각을 가지고 있어야 하고, 정세가 어떻게 변화하고 있는지 알고 있어야 한다.
– 데니스 홀트, HSBC 비상임이사 –

당신이 무언가를 강하게 믿거나, 당신의 전략적 목표에 아무리 중요하다 해도 시기가 맞지 않고 영향력을 발휘할 수 없을 때가 있다. 여론이 너무 강할 수도 있고 풀어야 할 정치적 과제가 너무 클 수 도 있다. 융통성 있는 지도자들은 언제 집요하게 끌고 가야 하고 언제 물러서야 하는지 알고 있다. 이는 섬세한 판단력이고 용기와 선견지명이 있어야 가능하다.

지속성

승산이 없어 보이는 것을 지속한다는 것은 목표를 달성하는데 있어 본질적인 것이기 때문에 비난으로 이어질 수 있다. 공동 이해관계자나 파트너와 함께 일한다는 것은 특히 장기적 계획일 때는 힘든 일이다.

영국의 마가렛 대처 수상은 재직 시 노사관계의 개혁을 이룰 때 집념이 빛을 발하였다. 그녀는 높은 수준의 정치적 지원을 아끼지 않았고 전국 광산노동자조합이 맡을 자원을 보장하기 위하여 개입하였다. 나중에 인두세에 대한 그녀의 고집은 몰락을 가져오는 원인이 되었는데 그녀는 더 이상 동료나 나라를 위해 같은 수준의 정치적 지원을 하지 않았기 때문이다.

지속성은 신뢰를 구축할 수 있다. 리더들이 강경한 입장을 취한다는 것이 비록 그들에게 유리하게 작용하지는 않지만, 사람들이 그/그녀가 무엇을 나타내려고 하는지 알기 때문에 신뢰를 구축하고 존경을 받게 된다. 판단은 일을 추진함에 있어 적절한 시기를 정하는 데 상당히 중요하다.

판단은 당신의 태도에 변화를 가져올 수 있는 요소가 무엇인지 확인하기에 앞서, 정치적 상황과 사고thinking를 이해하는 데 기초를 두며, 시기가 오면 행동을 취할 준비가 되어 있다.

NGO들은 갈등 상황에서 인도주의적 노력을 지속하려고 하지만 종종 어려운 위치에 놓이기도 한다. 그들은 자신의 직원에게 위험이 도사리고 있는 취약한 부분을 도와주는 데 있어 균형을 맞추어야 한다. 각 상황은 가장 유용한 정보를 기준으로 모든 이해관계자들의 자문 하에, 장점을 중심으로 판단된다. 이러한 환경에서 리더들은 행동의 결과와 위험도를 인지하여 어느 쪽이 더 나은지를 가늠해보고 결정을 내린다.

인정하기

인정하는 것은 참 어려운 일이다. 이는 실패한 것으로 보일 수도 있고 잘못을 인정한다는 의미일 수도 있다. 이해관계자들은 불편하게 느낄 수도 있다. 그러나 이는 새로운 접근을 시도하는 리더들에게는 가장 혁신적이고, 장기적으로는 가장 성공적인 것일 수 있다. 그리고 불가피하게 일부에게는 실패할 것이다.

실패를 인정할 수밖에 없다는 것은 당신이 닥쳐온 위기를 대처할 수 없다는 의미이다. 정치적으로 예리한 통찰력을 지닌 자는 일찍 탈출해 나온다. 스타벅스의 예를 들어보자. 영국 법인세를 납부하지 않은 것으로 확인된 3개의 글로벌 기업이 있었다. (스타벅스, 아마존, 구글) 그러나 스타벅스는 고객이 어디서나 커피를 마시기 때문에 이를 인정할 수밖에 없었다. 스타벅스가 인정하게 된 데에는 복합적인 요인이 있었다. 고객들이 반대하고, 다른 회사의 커피로 쉽게 바꿀 수 있었으며, 프랜차이즈 가맹점들의 압력이 있었기 때문이다. 정부와 협력할 때 기업에 필요한 유용한 정보를 소개한다.

유용한 정보

- 당신이 소규모 회사를 운영하고 있다면 정부가 당신에게 크게 의미를 두지 않는다는 사실을 반드시 명심하라. 당신에게 신경 쓰지도 않고 관심 있게 보지도 않는다. 그러므로 당신은 각료에게 그들이 모르는 내용이나 유용한 얘기를 하는 것을 생각하라.
- 정부에는 필요 없는 정치적 과제도 있다는 사실을 기업은 인식할 필요가 있다.
- 정부의 역할 범위에 있는 다른 상황이라는 것은, 예를 들면 정치가의 위치가 안전하지 않을 경우이다.

  – 로드 커, 쉘 석유 부회장 –

본 섹션을 좀 더 자세히 들여다보기 위해 우리는 지속성과 인정에 관한 사례를 들어 보기로 한다.

사례

지속성

보노는 빈곤퇴치운동Make Poverty History이 아프리카에서 빈곤으로 고통 받고 있는 상황을 미국 행정부에 알리기 위하여 노력할 때, 폴 오닐(부시 대통령의 고문)이 그에게 한 말을 상세히 전했다. "우리가 아프리카에 원조를 늘릴 것이라고 생각한다면 당신은 정신이 나간 것입니다."(Adams, 2008)

하지만, 몇년 뒤, 엄청난 설득과 공동 작업으로 7,260억 달러의 빚을 탕감해 주었다.

밥 게돌프는 조지 부시 대통령의 정책결정 과정에 미치는 영향에 관해 가디언 시문에 기고하면서, "국민에 대한 정책의 현실을 보면 그들을 깜짝 놀라게 한다."라고 언급하였다.

인정

스타벅스는 2013년 2,000만 파운드(한화 약 350억 원)의 세금을 납부했다. 법적으로 납세 의무가 있었던 것도 아니고 영국 정부나 규제기관의 압력 때문도 아니었다. 이유는 영국 소비자들이 스타벅스의 커피를 어디서든 구매할 수 있었고, 스타벅스의 절세 전략이 트위터나 소셜미디어의 체계화된 캠페인을 통하여 알려지게 되었기 때문이다.

7. 결론

PQ 리더들은 집중과 규범에 대한 관계를 구축하고 유지하며 계획을 실행하려고 한다. 그들이 흔들리지 않고 꿋꿋이 잘해나가고 있다면, 그들은 강력한 힘을 가지고 있는 것이다. 강한 압력을 받더라도 굴하지 않고, 체계적으로 계획을 추진할 기회를 찾으며, 정책을 바꿀 수 있는 융통성이 있으며 새로운 상황에 적응을 한다. 그들은 언제 독려하여 추진하고 언제 양보해야 하는지를 알고 있으며, 통제할 수 있는 범위 내에서 전체 목표와 가치에 중점을 두면서 손실 없이 적응을 잘한다.

개인적으로, 그들은 편안한 마음으로 침착하게 대처하며, 필요한 것이 무엇인가를 잘 알고 있으며 충분한 자제력을 가지고 있다. 그들은 과장된 행동을 하지 않으며 자기 자랑을 하지 않는다. 그러나 설득력이 있다.

27년 동안 정치범으로 감옥에 있다가 글로벌 리더가 되어 전 세계적으로 사랑받고, 존경받으며, 찬사를 한몸에 받고 있는 한 아프리카인은 세계 원로 정치인들의 모임인 '엘더스The Elders'를 설립할 때 가장 저명한 사람들로 구성된 그룹에 다음과 같이 조언했다.

"다른 사람들의 말을 아주 주의 깊게 듣는 것이 여러분이 해야 할 일입니다. 그리고 겸손해야 합니다. 그곳에 있는 사람들보다 여러분이 더 많이 알고 있다고 생각되는 곳에는 가지 마십시오." – 넬슨 만델라 –

3

리더십 PQ 경영

어떻게 PQ 능력을 개발하는가

09 리더로서 PQ 개발하기

세상을 바꾸려는 자, 자신을 먼저 바꿔라
- 소크라테스 -

PQ 리더들은 세상을 긍정적인 방향으로 바꾸고자 한다. PQ 리더들은 배우고자 하는 결심, 기술, 능력을 통해 이를 성취하려고 한다. 이들은 공유된 리더십을 통하여 더 나은 미래를 만들기 위해 자신의 네트워크를 통해 사람들을 동원한다.

1. 어떻게 PQ 기술을 개발하는가

PQ 기술을 개발하는 것이 당신에게 유익하다고 믿어야 한다. PQ기술의 개발이 유익하다고 믿는다면, PQ 기술의 개발에 시간과 노력을 투자할 것이기 때문이다. PQ 리더십이 능숙해지려면 반성과 연습이 필요하다.

우리가 전하고자 하는 핵심 메시지는 "그만둬라! 회사에서 런닝머신으로 운동하는 동안 당신을 대신해서 PQ를 개발해줄 사람은 없다."라는 것이다.

만일 당신이 PQ 개발을 진지하게 생각한다면 PQ 개발에 첫 발을 내딛기 위한 지침서로 이번 장을 활용하는 것이 좋을 것이다. 능력을 발전시키는 데에 있어서 독서, 강의 수업, 실전 연습을 활용할 것을 추천한다.

첫 단계는 자신에게 가장 적합한 학습 방식을 찾는 것이다. 독서가 더 잘 맞는지, 혹은 다른 사람을 따라 연습하는 것이 더 잘 맞는지를 알아야 한다. 대부분의 사람들은 자신에게 가장 맞는 학습 방법을 잘 알지 못하고, 교사나 선배들의 학습법을 답습하는 경향이 있다. 자신에게 가장 적합한 학습 스타일로 PQ를 개발하는 것이 바람직할 것이다. 자신에게 적합한 학습유형을 찾고자 한다면, 콜브Kolb가 개발하고 허니Honey와 멈퍼드Mumford가 발전시킨 학습유형 모델을 추천한다. 학습유형 모델에서는 학습에 대한 핵심 접근법 4가지를 소개하고 있다.

- 사색가 : 상황을 보고, 생각하고, 검토하는 활동을 통해 학습하는 것을 선호한다. 일기 쓰기와 브레인스토밍을 선호한다. 전문가적인 설명과 분석을 제공받을 수 있다면 강의도 도움이 된다.
- 이론가 : 단계별 방식으로 문제를 사고한다. 강의·유추·시스템·사례연구·모델과 독서를 좋아한다. 전문가들과 대화하는 것은 일반적으로 별 도움이 되지 않는다.
- 실용주의자 : 새로 배운 것을 실전에 적용해보는 것을 선호한다. 실험, 현장학습, 관찰을 좋아하고, 피드백과 개인교습을 선호하며, 과제와 문제 간에 확실한 연관성이 있는 것을 좋아한다.
- 행동가 : 새로운 경험에 도전하는 것을 좋아한다. 타인과 연관되어 그들과 동화되고 역할극 하는 것을 즐긴다. 새로운 것, 문제해결, 소규모 토론을 선호한다.

우리는 본인의 학습유형에 맞는 PQ 개발 계획을 직접 짜보기를 추천한다. PQ 리더십 개발에 충분한 시간과 에너지를 투자한다면, 직접 PQ 개발 계획을 세우는 것이 성공 확률을 높여 줄 것이다.

스스로 발전하고 있음을 어떻게 알 것인가?

행동 변화에 있어서 가장 큰 위험성은 열정적으로 시작했다가, 점차 시들해지는 것이다. 그렇다면 새롭게 변화된 행동방식이 예전으로 돌아가지 않고 유지되고 있음을 알 수 있을까? 우리가 추천하는 방법은 당신의 계획에 대해 다른 사람과 이야기를 나누고, 당신이 어느 정도로 발전했는지에 대해 정기적으로 함께 대화를 나누는 것이다.

당신의 발전에 대해 정기적으로 대화를 나눌 사람이 생긴다면, 진전이 있었음을 알리고자 하는 의무감을 더 많이 느낄 것이고 경험을 공유하여 피드백을 받을 수도 있다. 이러한 종류의 지원은 새로운 사고방식과 행동을 고착화시키는 것만큼이나 중요하다.

어디서부터 시작할 것인가?

5가지의 영역을 조화롭게 활용해야 PQ 능력을 갖출 수 있다는 사실은 앞에서 이미 다루었다. 그러나 이러한 영역들을 조화롭게 활용하기에 앞서, 각 영역을 어느 정도의 수준까지 끌어올릴 수 있어야 한다.

각 영역의 지표를 기준으로 하여 자신의 수행 능력을 평가한다면, 자신이 발전하는 데에 무엇이 더 필요한지 확인할 수 있을 것이다.

만일 이에 대한 정보가 필요하다면, 자신의 수행 능력을 관련 이해관계자 및 동료들의 수행 능력과 (360도 피드백으로) 비교 분석할 수 있는 툴을 다운로드 받도록 한다. 자세한 정보는 www.pqleadership.com에서 확인할 수 있다. 이러한 툴을 사용한다면 발전에 필요한 것이 무엇인지 확인할 수 있는 확실한 근거를 얻을 수 있다. 특히 개인교습과 병행한다면 더욱 큰 효과를 볼 수 있다.

PQ 영역과 자신의 수행 능력을 비교할 수 있는 데이터를 이미 갖추고 있다면, 추가적인 발달 활동을 계획하도록 표 9.1의 간단한 과정을 따르도록 한다. 두 번째 열을 완성하기 위해서는 PQ 지표를 확인하고, 자신이 개발하지 못한 부분이나 개발이 더 필요한 부분을 나열하도록 한다. 세 번째 열에는 자신에게 부족한 부분을 어떻게 채워나갈 것인지에 대한 계획을 구체적으로 쓴다.

5가지의 영역에 대해서는 4장부터 8장까지 다섯 장에 걸쳐 알아보았다. 이어지는 내용을 이해하는 데에 도움이 되도록 각 장을 다시 읽어볼 것을 권유한다.

표9-1 PQ 개발 계획 (개인)

5가지 영역	나의 능력을 구체적으로 어떻게 발전시킬 수 있을까?	개인적 발달 행동
미래		
파워		
공감		
신뢰		
융통성		

2. 5가지의 PQ 영역에서 PQ 능력 개발하기

미래

PQ 리더들은 시간을 넘나들며 더 나은 미래를 위해 해결책을 강구할 수 있는 능력을 갖추고 있다.

잠시 멈춰 서서 과거에 있었던 일들을 돌이켜 보고 반성을 해야만 미래에 어떤 일이 일어날지 예측할 수 있다.

■ 최근 동향에 대해 관심을 가지고 잘 알아둔다.

PQ 리더들은 미래지향적이고, 항상 새로운 가능성을 탐색한다. PQ 리더들이 세계의 여러 문제에 관심을 가진다면, 자신뿐만 아니라 자신이 속한 조직에서도 새로운 사고방식과 새로운 작업방식을 시도해 볼 수 있다.

PQ 리더들은 자신의 조직과는 성격이 완전히 다른 조직의 사람들과 협력하는 데에 관심을 가진다. 그들은 문제를 이해하고자 하기 때문에 다른 이들의 이야기를 듣고 반성하며 질문을 던진다. PQ 리더들은 이러한 과정에 시간을 아끼지 않고 투자한다. 그 이유는 사회, 기업, 정부의 미래에 대해 대화를 나눔으로써 모두에게 이익이 되는 작업 방식을 찾아낼 수 있기 때문이다.

이러한 방식으로 일하는 사람들을 흔히 '확실한 비전의 소유자 Visionary'라고 표현한다. 미래를 내다보는 능력은 흔치 않은 능력 같아 보이지만, 이러한 능력 역시 다른 능력들과 마찬가지로 충분히 개발이 가능하다.

■ 더 나은 미래를 상상하라

미래주의자들은 감정으로부터 분리되어 과거를 반성하고, 현재의 제약에서 벗어나 미래를 마음껏 그릴 수 있는 능력을 가진다. 일이 바쁘게 돌아가고 반성을 하기에는 시간이 부족한 상황에서, 리더들은 결정을 바로 내려버리기도 하고 미래를 그리는 데에 시간을 충분히 쏟지 못하기도 한다.

　주변의 많은 사람들은 리더들이 빨리 결정을 내리고 항상 무언가를 해야 한다고 생각한다. 그러나 미래를 위해 필요한 것이 무엇인지 탐색하기 위해서는 시간이 필요하기 마련이다. 지름길이란 없다.

　비전을 세우는 데에 도움이 될만한 책들이 여러 권 있는데, 그 가운데 가장 추천할만한 책들은 경영심리학 부분에 제시되어 있다.

요점 학습

- 국내 및 국제의 정치와 경제 뉴스를 항상 잘 보도록 한다. 여러 관점으로 문제를 볼 수 있도록 다양한 미디어를 이용한다.
- 뉴스에 대해 대화를 나눈다.
- 문제가 가져오게 될 폭넓은 영향에 대해 동료 및 친구들과 함께 토론한다.
- 다른 조직에서 일하는 사람들을 적극적으로 알아보고, 커피나 점심을 함께 하도록 한다.
- 다양한 배경과 분야의 사람들이 참석하는 회의나 교육 프로그램에 참여한다.
- 항상 궁금해하고, 열린 마음을 가지며, 다른 이를 비판하지 않도록 한다.

　구조적 접근법에 관심 있는 사람들에게는 잭슨Jackson과 맥커고우McKergow의 《솔루션 포커스The Solutions Focus》를 추천한다. 이 책에서는 개인과 팀이 미래에 대한 확실한 비전을 세울 수 있도록 명확한 단계를 제시하고 있다.

　우선 잭슨과 맥커고우가 말하는 '완벽한 미래'를 먼저 구상한 뒤, 완벽한 미래로 나아가게 하는 특정한 행동과 현실적인 단계를 고안하고 합의하게 하는 것이다. 이러한 과정에서는 검토를 위한 단위가 숫자화되어 제시된다.

조금 덜 구조적인 접근법을 원하는 사람들에게는 다음 장의 상자에 제시되어 있는 '디즈니 창의성 전략'이 더 적합할 것이다. 디즈니 창의성 전략은 신경언어 프로그래밍(NLP) 분야의 선구자인 로버트 틸츠가 고안하였다. 그는 디즈니가 어떻게 그 오랜 세월 동안 성공을 이어올 수 있었는지에 관심을 가졌다. 월트 디즈니에게는 사업을 통해 비전을 실현시키는 능력이 있었다. 브랜드의 성공은 이러한 그의 능력을 바탕으로 하였다. 월트 디즈니는 미래주의자였던 것이다. 틸츠는 디즈니와 함께 일하면서 디즈니의 또 다른 성공 비결을 알아낼 수 있었다. 또 다른 성공 비결이란 틸츠가 '세 개의 방'이라고 칭했던 다양한 관점을 통해 미래를 조망하는 것이었다.

사람들에게는 더 선호하는 방이 있기 마련이다. 만약 당신이 홀로 일하는 사람이라면, 당신의 타고난 성향과 문제점을 알아낸 뒤 다른 두 개의 방에서 이들을 고찰하여 전략을 강화해야 한다. 개인이 아닌 팀에게 이러한 전략을 적용하고자 한다면 서로 다른 성향을 지닌 사람들이 자신이 속해 있는 방을 주도해 나가게 하는 것이 바람직하다. 그렇게 함으로써 가능성의 한계를 없애고, 사람들이 다른 방으로 성급하게 옮겨 가는 것을 막을 수도 있다.

디즈니 창의성 전략

1. 꿈의 방 : 더 이상 꿈 꿀 수 없을 때까지 꿈을 꾼다. 핑계 따위는 통하지 않는다. 한계란 없다.

2. 전략의 방 : 현실주의자들이 현 시점에서 꿈에 얼마만큼 다가갈 수 있는지 자문하는 방이다. 자원은 충분한가? 시간은 얼마나 걸릴 것인가? 비전을 실현시키기 위한 전략은 무엇인가?

3. 비평가의 방 : 전략에 도전하고 발전시키려는 비평가에 의해 전략이 평가된다. 비평가는 전략을 비평할 수 있지만, 꿈을 비평하지는 않는다. 꿈을 비평하게 되면 꿈을 꾸는 데에 방해가 되기 때문이다.

골든 트라이앵글에서 모든 사람을 위한 비전을 만드는 것은 복잡한 일이다. 비전 단계에서는 반드시 모든 이해관계자들을 포함시키도록 한다. 비전을 만들어 가기 위해 협동을 한다면 헌신과 집단 주인의식을 고취시킬 수 있고 성공 가능성 또한 높일 수 있다.

요점 학습

- 마음껏 꿈을 꾸도록 한다.
- 자신의 꿈을 다른 사람들과 나누고, 사람들이 더 나은 미래를 그릴 수 있도록 격려한다.

- 궁금증을 가지고 새로운 사고방식에 대해 열린 자세를 취한다. 질문을 하고, 다른 이들의 이야기를 경청한다.
- 비전에 대한 책을 읽는다. 예) 롤프 젠센Rolf Jensen의 《꿈의 사회The Dream Society》
- 비전을 세우는 기술을 연습한다. 예) 솔루션 포커스의 OSKAR 모델, 디즈니 창의성 전략
- 신경언어 프로그래밍(NLP)에 관한 짧은 수업을 듣는다. NLP는 더 나은 미래를 그리기 위한 틀을 많이 제공해 줄 수 있다.

비전을 세우는 데에는 자신 있지만 비전을 전략으로 전환시키는 것이 어렵게 느껴진다면, 전략 프로그램이 도움이 될 수 있을 것이다. 전략 프로그램을 통해 다양한 전략의 틀을 확인하고, 그중 당신이 처한 상황에 가장 잘 부합하는 것을 선택할 수 있다. 전략 프로그램은 가능성에 대한 의식을 높여주고, 성공에 한층 더 다가가게 해줄 것이다.

전략의 틀은 전략 과정을 구조화시키고, 사람들이 서로를 이해하게 해주는 공통의 언어를 제공해준다. 프로그램을 선택할 때는 신중을 기해야 한다. 많은 수의 전략 프로그램들이 비전을 세우는 과정을 건너 뛰고 전략과 계획 단계로 넘어가기 때문이다. 전략에서 비전이 빠진다면, 권력이 공유되는 세계에서는 원하는 미래로까지 사고를 확장시키지 못한다.

요점 학습

- 미래에 대한 생각을 사업 스케줄에 포함시킨다.

- 회의에서 비전을 세우고 전략을 기획하여 다른 사람들이 미래지향적이 될 수 있도록 돕는다.

- 일이 제대로 진행되고 있는지 확인하기 위해 정기적으로 전략을 점검한다. 환경의 변화로 인해 전략을 수정해야만 하는가?

- 막스 맥컨Max McKeown의 《전략The Strategy Book》은 비전과 전략 실행에 있어서 유용한 책이다.

- 당신과 당신의 조직이 미래지향적이 될 수 있도록 하는 사람들과 회사를 찾도록 한다.

- 당신의 획기적인 아이디어가 채택된 것이 마지막으로 언제인가? 만일 6개월 이전이라면, 당신의 선호에 따라 동료들과 함께 혹은 혼자서 창의적으로 생각할 수 있는 시간을 가져보도록 한다. 그리고 이러한 시간을 좀 더 가질 수 있는지 생각해 본다.

몇몇 PQ 리더들은 타고난 미래주의자들이다. 그러나 대부분의 사람들은 오랜 시간에 걸쳐 다양한 경험을 통해 능력을 개발한다. 젊은 지도자들에게는 미래를 내다보는 능력을 개발할 수 있는 기회를 빨리 찾는 것이 중요하다. 선배 리더들의 비전적인 사고를 닮아갈 수 있도록 파견근무를 요청하는 것도 좋은 방법이다. 파견근무를 통해 선배 리더들이 어떻게 비전적인 사고를 하는지 알 수 있을 것이다. 또한 선배들의 방식을 당신이 일하는 방식에 적용해볼 수도 있을 것이다.

이사진 회의나 임원 회의에 참관인 자격으로 참석할 수 있도록 요청하고, 정책 그룹이나 프로젝트 팀에 참가해보기도 하며, 회의록 기사로도 참여해보도록 한다. 당신이 속한 조직이 어떻게 움직이는지 빨리 알수록, 원하는 미래를 가장 효과적으로 현실화시킬 수 있다.

파워

PQ 리더들은 파워를 잘 이해하고, 자신의 파워를 잘 활용한다. 이러한 영역을 개발할 때에는 파워를 두 부분으로 나누고, 나뉜 부분을 다시 합치는 것 좋다.

요점 학습

이해관계자를 확인하고 참여시키기

- 권력이 분산되어 있다는 사실을 기억하도록 한다. 이해관계자에 대해 넓게 생각할 수 있어야 한다. 동료들 및 이해관계자들과 함께 브레인스토밍 세션을 가지고, 5장에 제시되어 있는 이해관계자 질문을 한다.

- 다양한 이해관계자 그룹을 일단 확인하고 나면, 5장에 제시되어 있는 영향/지원 매트릭스를 사용하여 참여에 필요한 요소에 우선순위 정한다.

- 다른 그룹들을 어떻게 참여시킬지에 대해 폭넓고 창의적으로 생각한다. PQ의 세계에서 요구되는 복잡하고 규모가 큰 리더십 과제를 해결하고자 한다면, 새로운 관계를 형성할 수 있도록 이해관계자 네트워크를 확장할 필요가 있다.

- 정부가 어떻게 움직이는지, 그리고 영국과 국제사회에서 정치인들과 관료들에게 어떻게 영향을 줄 수 있는지 알고 싶다면 라이오넬 제터Lionel Zetter의 《로비 — 정치적 설득의 기술Lobbying — The art of political persuasion〉를 읽어보도록 한다.

■ 파워에 대한 이해

대부분의 조직에서는 흥미롭게도 극소수의 사람만이 진정한 파워와 영향력을 지니고 있다. 특정 맥락에서 권력이 누구에게 있는지를 확인한 다면 원하는 일을 일어나게 하는 데에 도움이 될 것이다.

파워를 가지려면 파워를 가진 사람들을 알고 그들이 당신을 알게 해야 한다. 파워를 가진 사람들에게 접근하기 위해서는 무엇이 그들에게 동기부여를 하고, 무엇이 그들의 관심을 끌 수 있을지를 생각해 봐야 한다. 그리고 그들이 왜 당신에게 관심을 가져야 하는지를 생각해 보도록 한다. 파워를 가진 자들의 관심을 끌기 위해 필요한 것을 당신은 갖추고 있는가? 그들이 목표를 달성하는 데에 있어서 당신이 도움이 될 수 있는가?

■ 개인 파워

주요 이해관계자들을 확인한 뒤에 그들의 관심을 어떻게 사로잡을 것인가? 마이클 그린더Michael Grinder의 《카리스마: 관계의 기술Charisma: The art of relationship》에서 제시된 모델을 활용한다면 큰 도움이 될 것이다. 그는 권력과 관계의 두 가지 차원에 주목한다.

첫 번째 차원은 우리가 파워를 어떻게 활용하는 지를 보여준다. 만일 우리가 파워를 잘 활용한다면, 힘들 일은 크게 없을 것이다. 파워를 다루는 데에 큰 어려움이 없이 보디랭귀지를 사용할 수 있고, 우리 스스로를 닦달하지 않아도 되며, 지위에 기반한 파워에 휘둘릴 필요가 없을 것이다. 그러나 우리가 파워를 잘 활용하지 못한다면 우리는 마치 투명인간으로 변하는 것처럼 보디랭귀지를 잘 사용하지도 못하고 눈도 잘 맞추지 못할 것이다. 언어는 우리가 파워를 얼마나 가지고 있는지 보여준다. 예를 들어 "저는 그저…"로 시작하는 문장은 사과하는 것처럼 들리기도 하고 파워를 모두 포기해 버리는 것처럼 비쳐지기도 한다. 의사가 "저는 그저 의사일 뿐입니다."라고 말하는 것을 본 적이 있는가? 우리는 보디랭귀지와 행동을 통해 파워를 얼마나 지니고 있는지를 드러낸다. 사람들은 무의식적으로 상대방이 보내는 신호를 읽어내고, 상대방이 보여주는 파워에 맞게 행동한다.

그린더의 두 번째 차원은 관계와 관련되며, 다른 사람들에게 관심을 가지고 함께 잘 지낼 수 있는지의 여부에 대한 것이다. 사람들은 행동을 통해 관계 또한 읽어낸다. 이러한 차원은 목적과 신뢰를 공감과 조화시킨다. 가장 강력한 파워를 지닌 사람들은 자신의 파워를 잘 활용할 줄 알며, 다른 사람들에게 관심을 가지고 잘 어울릴 줄 안다.

아마 당신은 과거에 심리 측정 도구를 사용해본 적이 있을 것이다. 이러한 심리 측정 결과는 당신의 성격을 요약하여 보여주고 성격이 서로 다른 사람들에게 효과적으로 영향을 미치는 방법을 알려주므로 측정 결과를 다시 읽어볼 것을 추천한다. 다른 사람들이 경험하는 당신과 당신 스스로가 보는 자신을 비교해주는 360도 피드백을 해본 적도 있을 것이다. 일반적으로 이러한 보고서들은 점수 형태로 결과를 보여주는데, 서술식으로 결과가 제시되는 경우도 많다. 서술식 결과의 경우에는 우리가 다른 이들에게 어떻게 인식되고 있는지를 더욱 구체적으로 보여준다. 예를 들면, '그는 개인적인 영향력에 노력을 더 기울여야 한다…'는 식이다.

요점 학습

심리 측정

- 만일 심리 측정을 이미 받아보았다면, 측정 결과를 다시 읽어보고 당신에 관한 정보와 다른 이들에게 영향을 미치는 방법을 곱씹어 보도록 한다.
- 인사 담당자나 교육 담당자에게 파워와 영향력을 이해하는 데에 도움이 되는 심리측정 검사를 받을 수 있도록 요청한다. 이러한 심리측정 검사로는 SDI 강점 개발검사, MBTI Myers–Briggs 유형검사, FIRO–B 대인관계 욕구검사가 있다.

우리는 5장에서 가장 강력한 커뮤니케이터들이 사용하는 도구와 관련한 이야기와 비유를 다뤘었다. 당신은 미래에 대한 이야기를 명확하고 간단하게 소통할 수 있는가? 그리고 다른 이들에게 함께 일하도록 영감을 줄 수 있는가? 스토리텔러로서의 리더에 대한 책들은 시중에 많이 나와 있다. 자신의 메시지를 설득력 있고 분명하게 전달할 수 있는 훌륭한 리더들도 많이 있다. 당신도 이들처럼 할 수 있어야 한다.

저널리스트들은 메시지를 어떻게 전달하는가? 당신 스스로가 저널리스트가 되도록 하라. 직접 쓴 것을 큰 목소리로 읽어보도록 하라. 보는 것보다 듣는 것이 더 도움이 되기도 한다.

파워는 쉽게 다뤄지는 주제가 아니다. 파워라는 단어는 종종 문화적으로 타부시 되기도 한다. 그러나 파워는 분명히 존재하며, PQ 리더들은 자신의 프로젝트에 도움을 받고 비전을 넓히기 위해 파워를 활용하여 타인에게 영향력을 행사한다.

- 텔레비전과 영화에 등장하는 강력한 커뮤니케이터들을 보고 배우도록 한다. 그들의 기술을 배우고 자신의 것으로 만들도록 한다.
- 스토리텔링과 스토리가 주는 힘에 대한 책을 읽도록 한다.
- 훌륭한 스토리텔러로서 존경할 만한 사람들의 일대기나 자서전을 읽어보도록 한다.
- 자신의 보디랭귀지를 의식적으로 생각하도록 한다. 특히 큰 제스처에 더 신경을 쓰도록 한다. 보디랭귀지와 메시지가 서로 통하도록 해야 한다.
- 개인적 영향력을 높이기 위해 코치, 멘토, 연기자와 함께 일해보도록 한다.
- 의사소통을 하는 방식에 에너지와 절실함을 주도록 한다. 사람들에게 당신이 열정이 있음을 보여줘야 한다. 반짝반짝 빛이 나야 하는 것이다!

목적에 대한 공감

다른 사람의 입장에서 행동하고, 사람들의 이익을 위해 변화를 창출하는 통찰력을 의도적으로 사용하는 능력

PQ 리더들이 1대 1에서부터 대규모 그룹 및 조직에 이르기까지 이러한 공감을 어떻게 해내는지는 6장에서 잘 보여주고 있다. 목적에 대한 공감은 지성과 더불어 더 나은 미래를 만들고자 하는 욕구가 더해진 감정의 수준에서 이뤄진다.

목적에 대한 공감은 PQ의 핵심을 만들어 낸다. PQ 리더들이 5가지의 영역을 조화시키도록 돕는다. 목적에 대한 공감 우리가 더 빨리 신뢰를

할 수 있게 만들고, 모든 이해관계자들이 납득할만한 미래를 그릴 수 있게 해준다. 또한 우리가 이쯤에서 굽혀야 하는지, 아니면 계속 밀고 나가야 하는지를 결정하게 해준다.

마지막으로, 목적에 대한 공감은 파워를 더 잘 이해할 수 있게 해주고, 파워와 이어질 수 있게 해준다.

■ 공감

공감은 감성지수(EQ)의 핵심이다. 공감을 시작해보고자 한다면 다니엘 골먼의 《감성지수Emotional Intelligence》를 읽어볼 것을 추천한다. 다니엘 골먼은 성공에 있어서 논리뿐만 아니라 감성 역시 중요하다고 처음으로 주장한 저자다. 삶에서 성공하기 위해서는 평균적인 '전통적 지능'과 평균 이상의 '감성지수'를 모두 갖춰야 한다는 것이 EQ의 핵심 내용이다. EQ를 측정하는 심리측정 검사는 이미 많이 나와있다. 이러한 심리측정검사 중에는 360도 측정 툴을 활용하는 쉽고 빠른 자기검사들도 포함되어 있다. (자기 자신을 모른다면 별 도움이 되지 않겠지만!)

당신이 공감하는 사람들을 생각해 보라. 스스로 공감하고 있다는 사실을 어떻게 알 수 있는가? 그러한 관계는 어떻게 발전했는가? 핵심적인 이해관계자들과 공감하기 위해서는 무엇을 더 해야, 혹은 덜 해야 할까?

한 CEO는 사람들과 교감을 형성하는 능력을 발전시키고 싶어했다. 마지막으로 교감 형성을 했던 때가 언제였는지 질문을 받자, "사랑에 빠졌을 때"라고 대답했다. 공감을 어떻게 했는지에 대한 질문에 대해서는 "관심을 갖고, 이야기를 들어주고, 신경을 썼었죠."라고 대답했다. 그는 교감을 어떻게 형성하는지 알고 있었다. 단지 이러한 교감 형성을 직장에서도 하기 위해 충분한 시간과 노력을 투자하지 않았을 뿐이다.

목적에 대한 공감 연습할 수 있는 기회는 우리 일상에 널려있다. 다른 사람들에게 더 많은 관심을 가지고, 당신이 원하는 것뿐만 아니라 다른 이들이 원하는 것이 무엇인지를 생각하는 것부터 시작하라. 그 다음에는 적극적으로 다른 각도에서 문제를 인식해보도록 하라. (우리는 이러한 방법을 6장에서 이미 부분적으로 다루었다.) 다양한 각도로 문제를 보는 능력을 개발해낸다면, 당신은 다른 사람들과 친밀하게 일할 수 있을 것이다. 수박 겉핥기 식으로 모든 행동을 읽어내려고 해서는 안 된다. 행동을 깊이 이해하고, 사람들이 그러한 행동을 하게 된 동기를 생각해야 한다. 예를 들어 화를 내는 것은 당황스러움의 한 표현일 수 있다.

우리가 알고 있는 수석이사 한 명이 회의에서의 거칠은 행동으로 이사회 분위기를 흐려 놓았다. 그는 미래를 위한 어떠한 아이디어도 일축하는 폐쇄성을 보였다.

수석이사의 행동으로 인해 이사회는 그의 해임까지 고려해야 했다. 그 수석이사에게 왜 그리 심한 행동을 하였는지 묻자, 그는 이렇게 답했다. "저는 대학을 졸업하자마자 이 회사에 들어와서 열심히 일해 왔습니다. 이번에 제시된 전략은 우리 회사를 망하게 만드는 겁니다." 그는 자신의 우려를 털어놓았고, 그의 주장에 대해 대부분의 이사진들도 공감했다. 수석이사는 전략에 어떤 문제가 있는지를 지적했고, 그들은 전략을 다시 구상하여 회사의 미래를 살릴 수 있었다.

요점 학습

- 다른 사람들과 그들의 상황, 필요, 꿈에 대해 생각해본다.
- 조급해 하지 말고 사람들을 알아가며, 그들의 이야기를 경청하고, 사람들을 관찰하며, 질문을 아끼지 않는다.
- 다른 사람들에게 도움이 되도록 노력하고, 관심을 표현하며, 연락을 잘한다.
- 다른 사람의 표면적인 행동에 즉각적으로 반응하지 않는다. 사람들이 행동을 하게 된 동기가 무엇인지 자문해보도록 한다. 그리고 사람과 행동을 구분하여 생각한다.
- 사람들을 잘 용서한다. 대부분의 사람들은 최선을 다하고 있는 중이다.
- 당신이 공감하는 사람이 누구인지 생각해본다. 왜 그 사람들에게 공감을 하게 되었는가? 당신이 다른 사람들에게 공감을 하기 위해서는 무엇을 더 해야 하는가? 혹은 무엇을 덜 해야 하는가?
- 다른 각도에서 문제를 인식하는 방법을 시도해본다. 다른 사람들이 세상을 어떻게 보는지, 그리고 당신을 어떻게 보는지 확인한다.

■ 목적

목적에 대한 공감은 선택적이며, 여러 이해관계자와 함께 긍정적인 결과를 도출하는 데에 초점을 맞춘다. 사람들이 직장에서 다른 사람들에게 이끌리게 되는 근거는 주로 그들과의 관계와 그들의 행동방식을 바탕으로 한다. 당신은 당신의 신념, 당신에게 중요한 것, 당신의 일과 삶에서 원하는 것이 무엇인지를 분명히 알고 있어야 한다. 이것은 아주 중요하고 심오한 질문이다.

이러한 것들을 제대로 알고 있지 못한다면, 당신은 자신의 목표를 찾기 위해 내면 여행을 시작해야 할 것이다. 사람들은 자신이 믿는 사람들을 따른다. 즉, 당신은 자신이 무엇을 믿는지를 확실히 알아야 한다는 뜻이다. 일단 자신이 무엇을 믿는지를 확실히 한 후, 당신의 목적을 이룰 수 있는 역할을 찾아보고, 후대에게 물려줄 더 나은 세상을 만들기 위해 필요한 기술과 네트워크를 갖추도록 한다.

요점 학습

- 리더십은 내면을 여행하는 것이다. 당신의 신념과 가치는 무엇인가? 스스로를 위한 목표를 직접 작성해 본다.
- 당신의 신념과 가치에 맞게 행동한다.
- 다른 사람들의 신념과 가치를 존중한다.
- 당신의 열정은 무엇인가? 후대에게 물려줄 유산을 긍정적으로 발전시키고자 하는 사람들과 함께 당신의 열정을 공유하라.
- 당신의 조직이 사회에 더 기여하기 위해서는 어떠한 변화가 필요한가? 동료들과 이해관계자들로부터 아이디어를 얻을 수 있는 이벤트를 마련하도록 한다.
- 당신의 조직은 얼마나 다양하고, 문화적으로 깨어 있는가? 개방적인 사고방식은 어떻게 얻을 수 있고, 다양한 경험을 지닌 새로운 파트너는 어떻게 찾아낼 것인가?

신뢰

PQ 리더들은 신뢰를 받는다. 신뢰는 좋은 직업적 관계를 형성하는 데 있어서 매우 중요한 역할을 한다. 계약, 합병과 인수, 규제, 법적 합의, 공적 과정으로 가득 찬 세상 속에서 PQ 리더들은 신뢰에 중점을 둔다.

신뢰는 종종 추상적인 것으로 여겨지기도 하지만, 오래 가는 관계를 형성하는 데에 핵심적인 역할을 한다. PQ 리더들은 신뢰할 사람을 신중하게 선택한다. PQ 리더들은 신뢰하는 사람들로부터 지원과 더불어 도전적인 과제를 얻을 수 있다는 사실을 경험을 통해 알고 있다.

신뢰는 고리타분한 개념으로 여겨지기도 한다. '내 말이 곧 보증수표'라는 관용적 표현도 있다. 몇몇 리더들은 신뢰라는 개념을 정의 내리기 어려워하지만, 사실은 누구를 신뢰할 수 있을지 모두 본능적으로 알고 있다. 리더들은 특히 위기 상황에서 신뢰할 만한 사람들을 옆에 두고자 한다.

요점 학습 

읽으면 도움 되는 책

- 《애쉬리지 경영 인덱스The Ashridge Management Index》는 추종자들이 자신들의 리더들에게서 가장 중요하게 여기는 것이 무엇인지를 1994년부터 연구를 시작하여 보여주고 있다. 해마다 신뢰/진실성 1위로 선정되고 있다.

- 쿠제스Kouzes와 포스터Posner의 《모범적 리더십Exemplary Leadership》(2011)은 뛰어난 업적을 유지할 수 있게 하는 요소로 상호간 신뢰를 들고 있다.

- S. 코비S Covey의 《신뢰의 속도: 모든 것을 변화시키는 한 가지The Speed of Trust: The one thing that changes everything》(2006)

- 콜린스Collins와 포라스Porras의 HBR 기사 《회사를 위한 비전 만들기Building your company's vision'》(1996)

- 신뢰에 대한 대중들의 인식을 알아보고 싶다면 《해리스 평판 인덱스 조사The Harris Reputational Index Pol》와 《에델만 신뢰 지표조사The Edelman Trust Barometer》를 읽도록 한다. 두 권 모두 온라인에서 구입이 가능하다.

주위에 최고의 자격증이나 풍부한 경험을 가진 사람이 있다. 그러나 신뢰는(조직의 권력을 쥐고 있는) 핵심층에 있는 사람에게서 확인할 수 있다.

■ 어떻게 신뢰를 구축할 수 있는가?

사람들은 자기가 신뢰하고 있는 사람을 어떻게 평가할 수 있을까? 그 사람들은 어떻게 신뢰를 구축하고 지지를 얻고 극도의 스트레스를 받아도 용기와 신념으로 이들을 지도할 수 있을까?

콜린스Collins와 포라스Porras는 〈하버드 비즈니스 리뷰〉(1999)에 게재한 '당신 회사에 비전을 구축하기'라는 글을 통해 '마스 그룹Mars Group' 이라는 개념을 소개했다.

다른 위성에 당신 회사의 가장 좋은 특성을 살려서 설립하려고 하는데 로케트에 오직 7명의 자리만 있다고 하면 당신은 누구를 보내겠는가? 일 반적으로 사람들은 7명의 이름을 선정하는 데 고민할 것이다. 그리고 예 외 없이, 최종 7명은 자신의 의사를 분명히 표현하는 아주 신망이 두텁 고, 조직의 핵심적 가치가 있는 사람으로 선정될 것이다. 왜냐하면, 이들 은 그 가치들의 모범이 되기 때문이다. 즉 그 조직의 유전적 DNA를 가진 대표자이기 때문이다.

당신 자신에게 질문해 보라. 로케트 테스트가 당신 회사에 응용됐다면 당신은 최고로 신망받는 사람으로서 7명 중 1명으로 선택되었을까? 아니 라면 왜 아닐까? 그러면 선발이 되기 위해서 무슨 일부터 시작해야 할까?

사람들에게 신뢰를 쌓기 위해서는 당신 자신이 누구인지, 무엇을 대표 하는지 알아야 한다. 불가피하게, 젊은 리더들은 자신들의 초기 경력을 조직의 문화에 맞추려고 하고, 이것을 기꺼이 우선순위에 놓으며, 자신 들의 리더십 능력에 대해서는 거의 의식적으로 생각하지 않고 있다.

고위급 리더들은 그들 자신이 누구인지, 무엇을 상징하는지 잘 알고 의사소통을 할 수 있어야 한다. 사람들은 당신을 알아야 하고 또 당신을 믿는다. 당신이 무엇을 믿는지, 당신의 가치, 어떠한 방식으로 일을 하는지, 당신에게 바라는 일, 또 당신이 그들에게 바라는 일이 무엇인지 알기를 원한다.

리더가 되기 위해서는, 당신은 팔로워followers들이 있어야 하고, 팔로워들은 점점 선택되고 늘어나야 한다. 기술적 우수성만으로는 충분치 않다. 사람들은 당신이 누구인지, 무엇을 대표하는지 알고 싶어한다.

발레리Valerie는 리더십 브랜딩과 개인의 영향에 대한 프로그램을 실행하고 있다. 그녀는 사람들이 신뢰하는 브랜드의 이름을 참가자에게 묻고 왜 신뢰하는지 조사하여 브랜딩을 소개하고 있다. 브랜딩 과정을 이해하기 위해 우리는 리더의 브랜드에 대해 생각하는 것과 리더십 브랜드 본질을 만들어내는 것을 그들에게 질문한다. 다른 사람을 브랜딩하기 위해 우리는 그들이 자신의 리더십 브랜드를 생각하고, 진실로 그들이 본질을 파악하고 있는지에 대하여 묻는다.

성공하기 위하여 당신의 브랜드는 정직하고 명확해야 하며 당신에게 최고여야 한다. 당신이 리더십 브랜드를 3가지로 표현하자면, 당신의 특성이 무엇인지, 이에 대한 이득이 무엇이고 어느 것을 선택해야 하는지이다. 이것이 당신이 다른 지도자들과 다른 이유이다. PQ 리더들은 자신들이 누구이고 무엇을 대표하는지 정확히 알기 때문에 신뢰를 받는다.

당신의 드래프트 브랜드Draft Brand에 노력을 기울였으면, 그들이 어떻게 3가지 표현으로 당신의 리더십 브랜드를 사로잡았는지 물어보아라. 당신을 잘 아는 사람에게, 그리고 처음 만난 사람을 기억하기 위하여 새로 연락을 하는 사람을 포함하여 물어보아라.

당신이 선택한 단어들과 그들이 선택한 단어들이 일치하는가? 그렇다면, 당신의 자기 인식은 상당히 높은 편이며 당신의 브랜드는 명확한 것이다. 그렇지 않다면, 당신에 대한 가치를 소중히 여기고, 이를 당연하게 받아들이거나 혹은 당신의 브랜드를 과소평가하거나 과대평가하기 때문일 것이다. 이러한 연습을 함으로써, 당신은 피드백에 대해 열린 신호를 받을 것이며, 당신이 발전하기 위해 다른 사람과 적극적으로 교류할 것이다. 이는 신뢰를 구축하는데 도움을 준다.

리더십 브랜딩 – 리더십 브랜드를 도출하기 위해 자신에게 물어본다.

- 사람들은 당신에 대하여 어떻게 말하는가? 그들은 당신을 어떻게 묘사하는가?
- 당신은 어떤 사람으로 인식되기를 원하는가?
- 당신의 브랜드가 당신을 대표할 수 있는 확실한 징후로 나타나고 있는가?
- 당신의 행동은 사람들에게 당신의 브랜드를 심어주기에 편안하게 하고 있는가?
- 당신이 믿고 있는 것을 말하고 있는가? 당신과 당신의 브랜드는 잘 조화를 이루고 있는가?
- 이러한 브랜드를 계속 추진할 만큼 당신은 신뢰받고 있는가?

우리는 동참하건 안 하건 리더십 브랜드에 대해 알아보았다. 많은 리더들은 그들이 무엇을 대표하는지에 대하여 확실하지 않고, 그에 따라, 당연히 사람들은 그들에 대해 혼동되고 불확실한 인식을 가지고 있다.

■ 업적

우리는 당신이 말한 것을 실천하여 좋은 결과가 있으면, 당신은 신뢰를 쌓을 수 있다는 것을 알고 있다. 업적이란 무엇인가? 사람들은 당신을 믿고 있는가? 그렇지 않다면, 업적을 이룰 수 있는 일을 시작하라. 당신이 계속 노력을 하여 신뢰를 쌓는다면, 시간이 해결해 줄 수 있다. 공동 노력으로 좋은 평판을 쌓아라. 당신이 이러한 업적을 쌓는다면, 사람들은 당신을 신뢰받는 사람으로 말할 것이며, 다른 사람과 파트너십으로 일할 수 있는 가능성이 커질 것이다.

간단히 말해서, 당신의 행동과 업적은 사람들이 당신을 신뢰하느냐를 판가름하는 기준이 될 것이다. 이것이 없다면 사람들이 당신에 대하여 불확실하게 느낄 것이다. 당신을 신뢰하는 사람들을 생각해 보라. 그리고 당신은 특히 그들의 어떤 면을 신뢰하고 있는가? 사람들이 당신에 대한 더욱 두터운 신망을 갖도록 하기 위하여 어떠한 노력을 할 것인가?

■ 사회에 이익이 되는 장기 프로젝트

- B Team(www.bteam.org)을 검색해서 그들의 연구·활동·사고(thinking)를 알아본다.
- 갈등 해결에 도움을 주는 Elders (www.theelders.org)의 활동을 배운다.
- 지속가능한 의제를 추구하는 회사의 방향을 따르고, 사회를 돕고 이익을 창출하는 새로운 방법에 관해 영감을 받는다. 피터 피스크Peter

Fisk, 2010의 《사람·행성·이익Peolpe · Planet · Protit》의 p204~210 내용을 읽는다.

● 사회에 책임감을 가진 거래처를 고르고, 사회를 돌보기 위하여 당신이 좋은 평판을 갖도록 노력한다.

융통성

PQ 리더는 목표를 달성하기 위하여 분석적이면서, 행동으로 융통성 있게 대처한다. 이는 선택권을 제공하고, 선택권은 그들의 잠재된 영향력을 증가시킨다.

■ 분석적

PQ 리더들은 비전을 가지고 있고 단호한 태도를 지니며, 현실에 직면했을 때 순조롭게 진행하기 위한 융통성을 가지고 있다. 그들은 기대되는 가치를 인지하면서 위기를 피하고 미리 변화를 확인하기 위하여 주위 상황을 자세히 살핀다.

이러한 상황을 미리 파악하려면 환경에 대한 변화를 계속적으로 살펴야 하며, 중요한 사람들과 친밀한 관계를 유지해야 한다. 정치와 주변 상황은 항상 변하며, 목표를 달성하기 위하여 언제 추진하고 언제 양보해야 되는지를 알아야 한다.

요점 학습

- 당신은 현재 어떠한 모니터링 시스템을 갖추고 있는가?

- 얼마나 강력한가?

- 당신은 가능한 시나리오에 대해 동료와 의논하였는가? 그들에게 어떻게 대응할 것인가?

- 당신이 혁신적이고 시대에 앞서간다고 확신할 수 있는가?

- 클레이턴 크리스텐슨Clayton Christenson의 저서 《혁신가의 딜레마The Innovato's Dilemma》를 읽어보라.

■ 행동적

리더로서, 조직에서 가장 영향력 있는 사람으로서, 당신은 행동을 통제할 수 있어야 하고 주어진 환경과 주변 사람들을 위하여 융통성 있게 대처하여야 한다.

리더로서 개인적인 방식은 우리의 과거, 현재 그리고 우리의 심리적 경향을 나타낸다. 당신은 자신의 성향을 잘 알고 있어야 하며, 당신에게 유용한 행동의 범위를 확대하기 위하여 개방되어야 한다. 자아의식을 높이고 행동에 대해 새로운 방식을 실천함으로써 행동 범위와 영향력을 증대시킬 수 있다.

행동의 범위에 대해 평가하고, 측정하며 편안한 마음으로 대처함으로써, 당신은 조직과 문화의 더욱 폭넓은 반경에서 사람들과 마음껏 교류를 가질 수 있다.

8장에서 우리는 융통성의 본질을 파악하기 위하여 체조선수를 비유하였다. 강인함과 융통성은 실천을 통해 이루어질 수 있고, 근육기억을 통해 성취된다. 그러므로 행동의 다양성을 가져야 한다. 실천하면 많이 하면 할수록, 현재 우리가 옳은 일에 대하여 말하고 행함으로써 이에 대한 가능성이 더 커지는 것이다.

요점 학습

심리 측정

우리가 초기에 언급했던 심리 측정 도구는 당신의 자아의식을 높이는 데 도움이 될 것이다. 또 다른 도구의 가치 있는 탐구는 허시Hersey와 브랜차드Blanchard의 상황 대응 리더십Situational Leadership이다. 이는 당신의 지도력에서 지시와 지지의 행동에 대한 균형을 의미하며, 다른 사람과 효율적으로 교류하고 이끌어가며, 발전해 나가기 위해 4가지 형태에 대해 당신의 행동이 얼마나 융통성 있게 대처할 수 있는가를 보는 것이다. 이러한 도구를 기초로 한 연구에서 모든 리더들 중 오직 1 퍼센트만 4가지 형태를 활용할 수 있고, 10 퍼센트는 3가지, 35 퍼센트는 2가지, 54 퍼센트는 1가지만 해당되었다. 우리는 실제로 융통성이 필요하다는 걸 알고 있다 하더라도, 특히 스트레스를 받고 있을 때 자기의 스타일에 연연해한다.

일라이스 포터Elias H Porter 의 강점개발 조사표The Strength Development Inventory-- SDI는 당신의 강점이, 모든 일이 순조롭게 잘되어갈 때와 갈등과 반대에 부딪혔을 때 다른 사람과의 관계에 어떻게 작용하는가를 나타낸 것이다.

요점 학습

- 확고한 신념 속에서 행동하는 당신이 알고 있는 리더들을 생각해 보라. 그들은 다양하고 많은 사람들과 교류하기 위하여 자신의 스타일을 자연스럽게 바꾼다. 그들을 자세히 관찰해 보라. 그리고 그들의 행동을 당신의 리더십 스타일에 통합(투영)시켜 보라.

- 당신의 행동과 실행을 얼마나 개선시킬 수 있는가를 알기 위해 피드백을 찾아라. 피드백을 위하여 당신의 상사, 동료, 직접 보고서, 주요 이해관계자들에게 물어보라.

  예:나는 어떤가? 당신은 무엇에 감사하고 있는가? 도움이 되는 사람이 되기 위해서 특별히 무엇을 해야 하나? 일반적으로 사람들은 이러한 질문에 우쭐해지고 당신은 배움을 위하여 롤 모델이 될 수 있다.

대화가 어려울 때도 있고, 갈등이 있을 때도 있을 것이다. 현재의 장애물을 넘기가 불가능해 보일 때도 있다. 수잔 스콧Susan Scott은 그의 저서 《치열한 대화Fierce Conversation》에서 한번에 하나의 대화가 우리 인생의 성공과 실패를 결정한다고 언급하고 있다. 당신도 갈등을 해결하기 위하여 자신의 특성을 이해하고 확인하기를 원할 것이다.

토마스 – 킬만 갈등유형기구TKI, Thomas–Kilmann Conflict Mode Instrument는 개인의 특성에 개입과 피드백을 제공하고, 경쟁·협동·타협·회피·적응에 대한 시나리오를 탐구하는 자기평가 도구이다.

자기 통제력은 이를 당신의 존재와 결부시키고 또 따로 떼어서 이해하

요점 학습

상황이 힘들어질 때

● 활발한 대화에서 당신은 어떻게 자신감을 갖고 노련하게 대처해 나가는가?

● 토마스 – 킬만 갈등유형기구TKI를 작성하고 연구하라.

● 스잔 스콧의 《치열한 대화 Fierce Conversation》를 읽어 보라.

는 것은 최고의 리더들이 배워야 할 과제이다. 당신은 이 책에서 관찰과 훈련을 배울 수 있다. 그러나 최고의 학습은 경험에서 나오며, 경험을 바탕으로 한 반성은 변화와 발전을 가져온다.

요점 학습

● 연합과 분리는 NLP 문헌에서 다루고 있다.

　로버트 딜츠와 신경 언어학 프로그래밍 자료를 참조하라.

● 마음 챙김Mindfulness은 리더들이 감정을 다스리는데 도움을 준다.

　마크 윌엄스와 대니 펜맨의 저서가 초심자에게 적합하다.

● 당신의 기분과 감정에 대해 나타내거나 감추고자 할 때 이용할 수 있는 여러 가지의 음정과 행동을 더 잘 표현하기 위하여 전문배우들에게 훈련을 받으라.

조직에서의 PQ 개발

10

조직의 학습 능력과 학습을 신속하게 행동으로
옮기는 능력이 최고의 경쟁 우위이다.
- 잭 웰치, 전 GE 최고경영자 -

1. 개요

이 장에서는 조직에서 PQ를 개발하는 방법에 대한 지침과 실행을 돕기 위한 수단을 제공한다. 섹션 1은 기술 수준을 평가하는 방법에 대하여 기술한다. 섹션 2는 PQ를 기존의 HR(인적 자원) 시스템들, 예를 들어 채용과 내부 승진, 학습과 발전, 역량 구조, 성과 관리에 대한 옵션들을 제시한다.

PQ는 좋은 소식을 전하는 스토리이다. PQ는 직원들에게 동기를 부여하고 고무시키며 협력을 활성화하는 기회를 제공한다. 당신의 조직에서 PQ를 해석하고 적용하기 위해 동료들과 함께 협력할 때 조직의 구성원들이 일에 대해 느끼고 생각하는 방식을 활성화하도록 PQ가 제공하는 기회를 최대한 활용하라.

절차를 시작하기 전에 PQ를 당신의 리더십 기술 세트에 추가하는 것에 대하여 설명해야 한다. 기술 검사와 교육 요구 분석과 같은 절차에 대하여 언급하는 것은 상황에 적합하지 않을 경우 직원들로 하여금 위협을 느끼도록 할 가능성이 있다.

당신이 동료들과 PQ에 대한 이야기를 시작하는 것을 도와주기 위해 우리는 파워가 공유된 세계에서 조직이 필요로 하는 것에 대해 조직의 구성원들이 생각하는 것을 도와주기 위한 간단한 질문서를 만들었다. 이 도구는 이 장의 끝 부분 부속서에 있다.

2. PQ 기술 검사

조직에서의 PQ 능력 수준을 알기 위한 첫 번째 단계는 스킬 검사를 행하는 것이다. 스킬 검사를 하는 목적은 다음의 것들을 알기 위한 것이다:

- 어떤 역할들이 PQ를 필요로 하는가?
- 이 역할들에 있는 사람들의 스킬 수준은 어느 정도인가?
- 그들의 개발 요구는 무엇인가?

당신이 이것을 하는 것을 도와주기 위해 우리는 다음의 것들과 관련된 간단한 스킬 검사 모델을 만들었다.

- 각 리더십 역할에서 요구되는 PQ 수준을 평가한다.
- 역할과 기능에 따라 기술이 존재하는 곳과 결함이 존재하는 곳을 찾아낸다.
- 개발 계획과 예산 결정을 알려주기 위해 데이터를 만든다.

우리는 다음과 같은 두 개의 핵심 그룹들을 위한 도구를 만들었다.

- 그룹 A는 비즈니스 모델을 운영하는 기업, 비영리 기관, 국제기관이다.
- 그룹 B는 정부 모델에 더욱 긴밀하게 활동하는 정부, 비영리 기관, 국제 기관이다.

PQ 역할 식별하기

모든 기관은 상이하다. 최상의 접근법은 당신의 조직이 필요로 하는 것에 적합한 접근법이다. 우리는 아래와 같이 한 가지 접근법을 제시했다. 당신은 이 접근법을 당신의 문화적 요구 및 운영적 요구에 적합하도록 맞출 수 있다.

그룹 A

절차: PQ의 실행을 감독하기 위한 위원회를 설립한다. 그룹의 구성원에는 인력관리 책임자와 협력하는 최고경영자 또는 최고운영책임자, 중역 팀의 구성원, 기업 홍보 책임자가 포함되어야 한다.

역할: 첫 번째로 해야 할 일은 각 역할의 PQ 관련성을 평가하는 것이다. 이것은 기준에 대비하여 각 역할에 대하여 검토하고 역할의 성공적인 완수에 대하여 PQ가 높은 정도의 관련성, 중간 정도의 관련성, 낮은 정도의 관련성을 가지고 있는지에 대하여 판단한다. 이것을 하기 위한 도구는 표 10.1에서 제시한다. 평가는 1열에 기입한다.

표10–1 A그룹의 기술 평가 도구

역할	역할에 대한 PQ의 관련성 등급:상/중/하	실적:경력 등급:상/중/하	실적:산출 등급:상/중/하
최고경영자			
이사회			
부문별 국내 최고경영자			
부문별 해외 최고경영자			
부서장 운영단위 조직장			
팀장			
잠재력이 높은 직원			

어떤 역할이 높은 정도나 중간 정도의 PQ 관련성을 가지고 있는지가 파악되면, 상급 관리자는 구성원들의 역할에서의 수행을 검토하고 그들의 실적에 근거하여 기술 수준을 평가한다. 평가를 하기 위한 기준은 표10.2에서 제시되어 있다. 평가 결과는 표10.1의 2~3열에 추가될 수 있다.

표10-1 A그룹의 기술 평가 기준

분류	상	중	하
경력	• 다부문·다문화 이해관계자가 관련된 3개 이상의 복잡한 프로젝트를 주도한 경력 • 국제적 경력	다부문 또는다문화 이해관계자가 관련된 1-3개의 복잡한 프로젝트를 주도한 경력	복잡하지만 복수의 이해관계자가 관련되지 않은 프로젝트를 주도한 경력
산출	• 프로젝트의 성공적 산출 • 기업에 장기적인 가치를 제공 • 사회적 편익을 식별, 측정 및 산출 • 이해관계자 및 대중에 의해 향상된 기업 평판	• 프로젝트의 성공적 산출 • 기업에 일부 중장기적 가치 – 일부 기회 손실 • 사회에 대한 제한된 편익 • 평판이 향상되지 않음	• 프로젝트 산출 실패 • 단기적 집중 • 사회에 대한 편익이 없거나 일부 손해 • 평판 악화

그룹 B: 공공 부문 모델과 긴밀하게 보조를 같이 하는 정부/국제 기관

절차: PQ의 실행을 감독하기 위한 부처/조직 위원회의 서브 그룹을 설립한다. 그룹의 구성원에는 인력관리 책임자와 협력하는 정부 부처/국제 기관의 장 및/또는 최고운영책임자, 경영진, 기업 홍보 책임자가 포함되어야 한다.

역할: 첫 번째로 해야 할 일은 각 역할의 PQ 관련성을 평가하는 것이다. 이것은 기준에 대비하여 각 역할에 대하여 검토하고 역할의 성공적인 완수에 대하여 PQ가 높은 정도의 관련성, 중간 정도의 관련성, 낮은 정도의 관련성을 가지고 있는지에 대하여 판단한다. 이것을 하기 위한 도구는 표 10.3에서 제시되어 있다. 평가는 1열에 기입되어야 한다.

각 역할에 대한 PQ 관련성이 파악되면, 상급 관리자는 구성원들의 역할에서의 수행을 검토하고 그들의 실적에 근거하여 기술 수준을 평가한다. 평가를 하기 위한 기준은 318페이지 표 10.4에 제시되어 있다. 평가 결과는 표 10.3의 2~3열에 추가할 수 있다.

다음 단계

서브 그룹이 해야 할 두 번째 일은 최종 데이터 세트를 검토하는 것이다. 데이터가 합당한가? 데이터는 상식 테스트를 통과하는가? 잠재적 이형이 이 시점에서 해결되어야 한다. 데이터에 대한 서브 그룹의 합의가 있으면 다음 단계는 관련된 개인들을 발전시키는 방법에 대하여 결정하는 것이다.

도움을 제공하기 위해 우리는 높은 정도의 PQ 관련성이나 중간 정도의 PQ 관련성을 가진 구성원들의 발전을 지원하기 위한 제안을 319페이지 표 10.5에서 제시했다.

표10-3 B그룹의 기술 평가 도구

역할	역할에 대한 PQ의 관련성 등급:상/중/하		실적:경력 등급:상/중/하	실적:산출 등급:상/중/하
장관				
정부 부처의 장				
상임이사				
국내 책임자				
해외 책임자				
부서장/팀장				
부서의 부대표				
팀장				
잠재력이 높은 직원				

표10-4 B그룹의 기술 평가 기준

분류	상	중	하
경력	• 다부문·다문화 이해관계자가 관련된 3개 이상의 정책 또는 서비스 산출 프로젝트를주도한 경력. • 국제적 경력	• 다부문 또는 다문화 이해관계자가 관련된 1~3개의 복잡한 정책 또는 서비스 산출 프로젝트를 주도한 경력	• 복잡한 정책 또는 서비스 산출 프로젝트를 주도한 제한적인 경력 • 이해관계자의 제한적 관여
산출	• 프로젝트의 성공적 산출 • 기업 이해관계자 또는 비영리 이해관계자가 자신들의 목표를 성취 • 장기적 사회적 편익을 식별, 측정 및 산출 • 이해관계자 및 대중에 의해 향상된 정부/기관에 대한 평판	• 프로젝트의 성공적인 산출 • 기업 이해관계자 또는 비영리 이해관계자가 자신들의 목표를 성취 • 중기적 사회적 편익이 성취되지만 일부 기회는 가치를 산출하지 못함 • 평판이 손상되지는않으나 향상되지도 않음	• 프로젝트를 산출하지 못함 • 정부/기관을 위한 단기적 편익 • 사회에 대한 편익이 없거나 손해 • 정부/기관에 대한 평판 악화

표10-5 PQ 발전을 위한 진단 도구

실적 : 경력 등급 : 상/중/하	실적 : 경력 등급 : 상/중/하	요구되는 개발
상	상	• 요구되는 개발 없음 (직업을 가진 사람은 타인들에게 잠재적인 멘토가 됨)
상	중	• 맞춤형 PQ 코칭
상	하	• 맞춤형 PQ 코칭 • 산출 실적이 우수한 멘토를 지정함
중	상	• 더욱 많은 경험을 획득하기 위해 특정한 프로젝트를 지정함 • 산출 실적이 우수한 멘토로 지원함
중	중	• 이해를 심화하고 기술을 발전시키기 위한 PQ 훈련 프로그램 • 다음 과제 동안 코칭과 멘토링을 따름
중	하	• 이해를 심화하고 기술을 발전시키기 위한 PQ 훈련 프로그램 • 교훈을 실천하기 위한 감독이 동반되는 과제 • 감독이 동반되는 과제 후 등급을 재평가함
하	중	• 이해를 심화하고 기술을 발전시키기 위한 PQ 훈련 프로그램 • 경험을 얻기 위해 우수한 산출 실적을 가진 멘토에 의해 지원되는 프로젝트를 지정함 • 맞춤형 코칭을 제공함
하	하	• 이해를 심화하고 기술을 발전시키기 위한 PQ 훈련 • 내부 감독에 의해 지원되는 교훈을 실천하기 위한 프로젝트를 지정함 • 감독이 동반되는 과제 후 등급을 재평가함

그림10-1 전략적 HR 통합

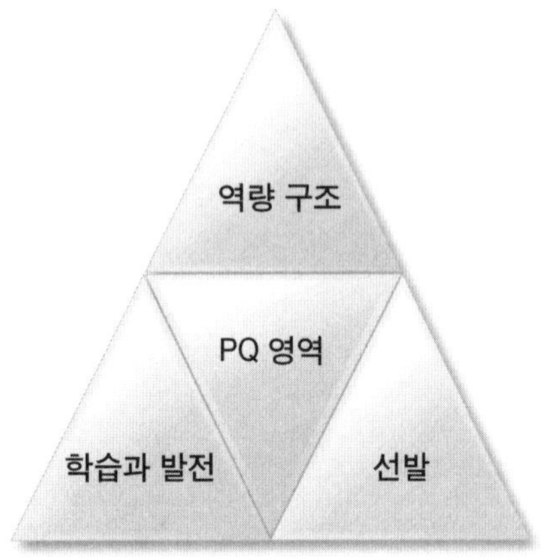

3. PQ를 다른 HR인적자원관리시스템과 통합

통합된 HR 시스템은 조직이 더욱 우수하게 작용하는데 도움이 된다. 그 이유는 연계된 작용은 문화, 가치, 행동 및 기술에 대한 전체적인 메시지가 일관성 있고 사람들이 다양한 HR 시스템들과 상호작용함에 따라 지속적으로 강화되기 때문이다.

조직이 원하는 것과 조직이 중요시하는 것에 대하여 모든 구성원들이 이해를 공유할 때 이는 구성원들에게 일을 수행하는 방법, 팀을 관리하는 방법 그리고 고객 및 이해관계자와 관계하는 방법에 대하여 알려주는 역할을 한다. 당신이 PQ를 추가할 경우 이는 조직의 구성원들이 사회와 어떻게 관계해야 하는지에 대하여 명확히 설명하는 역할을 한다. 사람들이 일을 어떻게 수행해야 하는지에 대해 설명하는 근거가 되는 것은 절차가 아니라 가치와 행동이다.

위의 모델(그림 10.1)은 높은 수준의 HR 작용이 어떻게 적합하게 되는지를 보여준다. 이것의 각 요소에 대해 알아보기로 하자.

역량 구조

많은 조직이 역량 구조를 가지고 있다. 효과적으로 작용하는 역량 구조들은 다른 HR 시스템들을 뒷받침하고 조직에서 활동하는 자들에 의해 이해된다.

PQ를 효과적으로 내재화하기 위해서는 PQ 행동을 조직에 알려주는 것이 필요하며 특히 높은 정도나 중간 정도의 PQ 관련성을 가진 이들에게 PQ 행동을 조직에 알려주는 것이 필요하다.

조직마다 약간씩 다른 접근법을 필요로 한다. 표 10.6에서는 PQ를 통합하는 방법에 관한 아이디어들이 제시되어 있다. 이것을 상황에 적합하도록 조정하는 것도 가능하다.

표10–6 역량 구조를 PQ에 적합하게 맞추는 방법

역할에 대한 PQ 관련성	기존 역량 구조와 PQ 간의 연계	PQ를 통합하기 위한 옵션
상	PQ 지표들과의 75+%연계	1. 구조를 새롭게 하여 %를 증가시킴 2. 높은 수준의 PQ역할과 중간 수준의 PQ 역할에 있는 자들에게 PQ에 대한 추가적인 지침을 제공함
상/중	PQ 지표들과의 75% 미만 연계	1. 기존 구조를 새롭게 하여 90+%이 되게 함 2. 높은 수준의 PQ역할과 중간 수준의 PQ 역할에 있는 자들을 위해 역할 특정 PQ 구조를 작성함
상/중	이 수준에서는 역량 구조가 없음	1. PQ 구조를 도입함
하	역량이 존재함	1. 구조에 PQ 인식에 대한 지표를 추가함 2. 유도 프로그램과 훈련 프로그램에 인식 훈련 요소를 포함시킴

학습과 개발

다음과 같은 학습과 개발의 다섯 개의 영역이 PQ 실행의 일환으로 검토된다.

- 코칭
- 공식 훈련 프로그램
- 온라인 학습
- 멘토링
- 과제/ 파견 근무

■ 공식 훈련 프로그램

PQ를 도입하기 위한 프로그램에는 PQ 영역과 지표와 훈련을 연계하기 위해 공식 훈련 제안을 검토하는 것이 포함된다. 재설계 수준은 PQ가 역할에 얼마나 중요한가에 의해 좌우된다. PQ 관련성이 낮을 경우 기본적 인식 훈련이 요구를 만족시킨다. 높은 수준의 관련 역할이나 중간 수준의 관련 역할은 더욱 많을 것을 필요로 한다.

보다 상급인 프로그램들은 PQ를 튜터가 지도하는 수업과 경험 학습에 포함시키기 위해 상당한 재설계를 필요로 한다.

당신의 리더십 프로그램에 도움이 되도록 PQ 기술을 가진 외부 연사를 초대하는 것은 교육 참가자들에게 PQ가 다양한 분야에 적용되는 방법에 관하여 더 넓은 시각을 갖게 할 것이다.

참가자들이 당신의 리더십 프로그램에 참여하도록 다른 부문들의 파트너와 조직을 초대하라. 함께 배움으로써 참가자들은 네트워크를 형성하며 PQ 활동을 위한 더 많은 기회를 만들 것이다.

다음은 리오 틴토Rio Tinto가 이해관계자 참여에 대하여 상급관리자를 교육하는 방법에 관한 사례를 제시한다. 흥미롭게도, 이 공식 훈련의 사례는 PQ 트렌드를 일찍이 간파한 이 회사의 글로벌업무팀에 의해 후원된다.

사례 : 이해관계자 참여에 대해 리더를 교육시키는 방법

리오 틴토는 조지타운 대학교 맥도너 경영대학의 지원으로 개발 중에 있던 이해관계자 참여에 대하여 배울 것이 많다는 것을 깨달았다.

이해관계자 참여 아카데미는 리오 틴토에서의 이해관계자 참여를 발전시키기 위한 운동의 핵심적인 부분이다. 이해관계자 참여 아카데미의 목적은 미래 성장을 추진하고 지원하는 리오 틴토의 허가를 유지하고 강화하는 것이다.

이해관계자 참여는 리오 틴토에 중요하다. 대외관계 글로벌 책임자인 로버트 코트와 이해관계자 참여 책임자인 주디 브라운은 이해관계자가 엄청난 힘을 갖는다는 사실을 인정했다. 이해관계자들은 훼방을 놓을 수 있을 뿐만 아니라 여러 해에 걸쳐 추진 중인 수십억 달러의 프로젝트를 못하게 위협을 가할 수도 있다.

주디 브라운은 "프로젝트의 성공 여부는 기술적인 문제보다 이해관계자 참여에 의해 더욱 크게 좌우된다."라고 언급했다.

리오 틴토 프로그램은 여덟 개의 역량에 근거하며 역할극을 포함한 맞춤형 시나리오에 근거한다. 리오 틴토 프로그램은 상호작용이며 실제상황에 바탕을 둔다. 피드백은 다음과 같이 긍정적으로 나타났다. '이해관계자의 입장이 되어 생각하고 행동하는 것은 유익하다' '상황에서 당신이 말할 것이라고 생각하는 것에 대한 인식은 역할극에서 당신이 실제로 말하는 것과는 다르다.'

300명의 임원들이 2012년에 프로그램을 이수했다. 이해관계자 관리를 위한 리오 틴토의 수석 고문인 주디 브라운은 국내에 더욱 많은 프로그램을 만들고 임원을 넘어 참여를 확대할 것이라고 언급했다.

로버트 코트는 당연시되는 것에 주목하는 것이 어렵다는 것을 인정했다.

'세계는 너무나 다양하고 역동적이다.'

그림10-2 리오 틴토 이해관계자 참여 역량

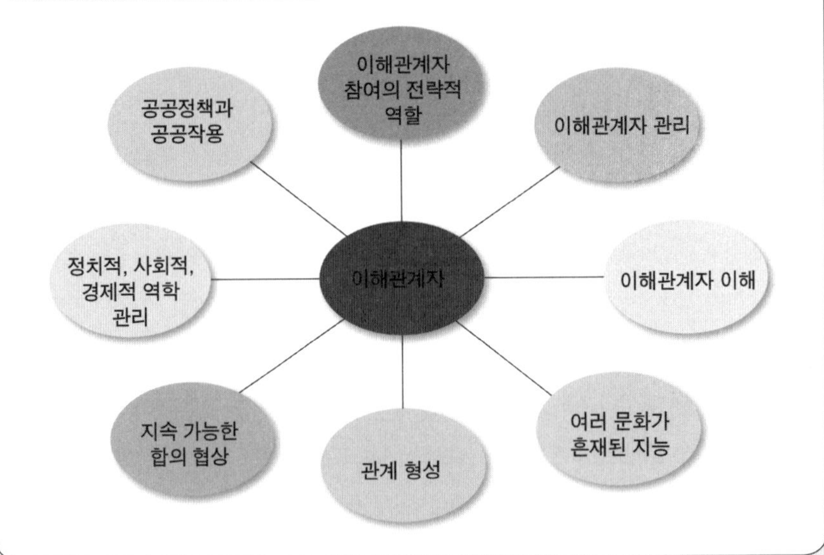

■ 온라인 학습

온라인 학습은 인식을 향상시키고 팀에게 정보를 제공하기 위한 좋은 도구이다. PQ는 유도와 기타 맞춤형 온라인 코스에서 중요하게 다루어져야 한다.

여러 부문에 걸친 협력 소식을 중요하게 다루기 위해 인트라넷(내부

전산망)을 이용하면 직원들은 조직 내에서 진행되고 있는 혁신적이고 가치 있는 일에 대한 공감을 하게 된다. 다양한 협력으로부터 획득된 학습과 경험을 공유하는 것은 더욱 창조적으로 사고하도록 고무한다. 파트너와 이해관계자가 팟캐스트에 의견을 제시하도록 권유하는 것은 다양한 협력으로부터 획득된 학습과 경험을 공유할 수 있도록 해주는 예가 된다.

■ 코칭

PQ 능력을 신속하게 획득할 필요가 있는 높은 수준의 PQ 관련성이나 중간 수준의 PQ 관련성을 가진 사람들은 맞춤형 PQ 코칭에 가장 적합하게 응답할 가능성이 높다. 코치는 전후 관계와 PQ 적용 방법의 측면 모두에서 PQ를 이해해야 한다. 발레리Valerie와 제리Gerry는 리더들과 협력한 경험이 풍부한 코치들이다. www.pqleadership.com에서 PQ 코칭을 예약할 수 있다.

기존 코치의 PQ 능력을 발전시키는 데 관심이 있다면 PQ를 사용하여 기존 코치들을 발전시키기 위한 워크숍이 이용 가능하다.

■ 멘토링

멘토는 검증된 PQ 리더십을 가지고 자신의 경험을 타인들과 공유할 능력이 있는 상급 지도자여야 한다. 아이디어, 경험, 학습을 구성원들이 멘토와 서로 공유하는 수업을 하는 것은 멘토가 멘티를 도와주기 위한 준비를 하는 데 있어서 유용하다.

■ 과제/ 파견 근무

어떤 사람들은 태도와 행동을 통해 PQ에 대한 잠재력을 증명해야 하지만 복잡한 프로젝트를 지도하거나 수행하는 것에 대한 경험이 부족하다. 사람들을 향상시키기 위해 과제를 활용하는 것은 드문 일이 아니다. PQ는 구조적 발전을 필요로 하는 훈련들과 동일한 방식으로 취급되어야 한다. 상급 지도자가 될 잠재력이 있는 자들에게는 그들의 PQ 기술과 경험을 발전시키는 것을 가능하게 해주는 특정한 과제가 주어져야 한다.

어떤 사람들은 통찰력 있는 사고, 집중력, 엄격함을 가지고 있지만 신뢰관계를 형성하기 위한 공감이 부족하다. 분야가 다른 파트너와 파견근무를 하는 것은 문제를 철저하게 이해할 수 있는 방법이 될 수 있다. 학습과 통찰을 조직에 들여오는 것은 조직의 구성원들이 결함을 보완하는데 도움이 된다. 파견근무는 공감 개발에 대하여 코치로부터 지원을 받는 것이 이상적이다.

어떤 조직들은 직원을 발전시키기 위한 과제와 파견근무를 관리하는 것에 자원을 투자한다. 어떤 조직들은 구성원들에게 가장 적합한 과제를 찾는 것보다 행정에 중점을 두는 방법을 보유하고 있다. 만일 당신이 후자의 범주에 있다면 (후자가 다수임), 자원이 효과적으로 활용될 수 있도록 하기 위한 연구를 하는 것이 바람직하다. 적절한 과제와 파견근무를 발견하는 것은 어렵다. 절차를 운영하는 사람들이 과제나 파견근무를 중개할 수 있는 관계를 가지고 있지 않음으로 인해 적절한 과제와 파견근무를 발견하기가 어렵다. 적절한 과제와 파견근무를 발견하는 사람들은 절차와 관련이 없는 경우가 있다.

채용과 선발

높은 수준의 PQ 관련성이나 중간 수준의 PQ 관련성을 가진 역할에 대한 채용이나 선발에는 PQ 능력에 대한 시험이 포함되어야 한다. 채용 담당자는 PQ 지표에 대해 잘 알고 있어야 하며 지원자들에게 PQ 능력을 증명할 것을 요구해야 한다. 높은 수준의 PQ 관련성/중간 수준의 PQ 관련성을 가진 역할에 대한 선발과 승진을 위한 평가에는 PQ 영역과 지표를 시험하는 것이 포함되어야 한다. 중요한 테스트 항목들은 다음과 같다.

- 파워가 공유된 상황에서 PQ의 영역인 목적에 대한 공감, 파워, 융통성을 효과적으로 상호작용하는 능력
- 개념적으로 사고하고 사건과 행동을 미래 비전에 연결시키는 능력
- 다양한 파트너와 이해관계자를 통해 산출 시스템을 이해
- 다양한 이해관계자와 포용력 있게 일하는 개방적이고 창의적인 접근법.

성과 관리

리더들이 PQ를 증명하는 방식에 대해 주목하는 것은 우수한 관행을 식별 및 보상하고 필요 시 추가적인 지원을 할 기회를 제공한다. 이것을 하기 위해 조직의 성과관리 시스템을 활용하는 것은 활동을 공인하고 산출을 위한 체계를 제공한다.

성과평가에는 리더가 성취한 것과 리더가 성취를 한 방법에 대한 검토가 포함되어야 한다. PQ를 사용하면 리더가 자신의 성과를 검토하는데 도움이 될 뿐만 아니라 조직 관리자들에게 현재의 성과와 기대되는 미래

의 성과 간의 차이를 식별할 수 있는 기회를 제공한다. 차이가 파악되면 이는 다음 기간에서의 조직 구성원의 개인적 발전을 위한 정보로 활용될 수 있다.

4. 추가적 자료

당신이 PQ를 실행하는 것을 지원하기 위해 다양한 자료와 자원이 제공된다. 더욱 많은 자료와 자원을 알기 위해서는 www.pqleadership. com을 방문하기 바란다. 이 웹사이트에 찾고 있는 것이 없을 경우 우리에게 직접 연락하면 된다. 연락처는 웹사이트에 있다.

5. 부록: 리더의 과제

당신은 PQ가 당신이나 당신의 조직에 관련성이 있는지의 여부에 대해 궁금해 할 수도 있다. 당신은 파워가 공유된 세계에 당신이 적응하는 방법에 대하여 고찰함에 있어서 다른 사람들을 참여시키기를 원할 수도 있다. 만일 그렇다면 당신이 현재 어떤 상황에 처해 있는지를 숙고하라. 아래에서 제시되는 리더십 과제가 도움이 될 것이다. 새로운 사고를 낳고 다양한 경험들로부터 유익함을 얻기 위해서는 다수의 사람들과 함께 이것을 하는 것이 가장 바람직하다.

아래의 질문들은 당신이 변화를 할 필요가 있는지의 여부를 파악하는 데 도움이 될 것이다. 당신은 '파트너'라는 용어를 다른 조직을 의미하는 것으로 해석해야 한다.

리더십 과제는 상황, 태도, 가치, 하부 조직을 포함하는 높은 수준의 질문들이다.

과제 1: 포스트잇 노트에 당신이 처한 환경에서의 변화에 대하여 적고 20세기 후반 효과가 있었던 리더십 기술이 21세기에도 적합한지의 여부에 대해 숙고하라. 당신이 직면한 문제와 조직이 직면한 문제 간의 차이는 무엇인가? 당신이 활동하는 공동체에 당신은 긍정적인 영향을 미치고 있는가? 공동체, 이해관계자, 사회는 당신을 어떻게 인식하는가? 당신이 일을 하는 방식을 변경할 필요가 있는가? 그렇다면 그 이유는? 단기적이고 장기적으로 당신은 어떤 변화를 필요로 하는가?

과제 2: 당신은 혼자서 목표를 달성할 수 있다고 생각하는가? 그렇게 생각하지 않는다면 당신이 타인들과 더욱 효과적으로 협력하도록 하기 위해 필요한 변화는 무엇인가? 당신 자신과 파트너들에게 이익을 낳는 전략을 어떤 방법으로 만들 것인가? 적합한 파트너는 누구인가?

과제 3: 만일 당신이 새로운 파트너와 일하거나 기존 파트너와 다른 관계를 가지게 되는 경우 당신의 목표를 추구하기 위해 활용할 수 있는 기회를 놓치고 있는가? 당신에 대한 위험을 완화시킬 수 있는 파트너들과의 효과적인 관계를 가지고 있는가? 당신이 필요로 하는 관계를 어떻게 구축할 것인가?

과제 4: 파트너들에 대한 당신과 당신 조직의 태도와 행동에 대하여 생각해 보라. 질문에는 다음과 같은 것들이 있다.

● 우리는 동일한 언어를 말하고 있는가? (즉 당신과 당신 조직의 구성원들은 서로를 얼마나 잘 이해하며 존중하는가?)
● 성취하고자 하는 것을 이해하고 있는가?

- 효과적인 관계를 형성하는 방법에 대해 알고 있는가?
- 파트너들에게서 얻기를 원하는 것이 무엇인지를 알고 있는가?
- 파트너들이 우리에게서 얻기를 원하는 것이 무엇인지를 진정으로 알고 있는가?

과제 5: 당신의 조직 내에서 파트너들과 함께 다루어져야 할 문화적 문제 및 가치 문제는 무엇인가? 질문에는 다음과 같은 것들이 있다.

- 가치들 간에 얼마만큼의 연계가 존재하는가?
- 우리는 신뢰하고 있는가?
- 가치와 가치가 유발하는 것 간의 차이를 이해하고 있는가?
- 공유된 목표를 향해 일하는 것과 그에 충분한 겸손함을 가지고 있는가?
- 타인들로부터 최상의 것을 얻는데 충분한 관심을 가지고 있는가?
- 우리는 사회에 기여하고 있는가?
- 우리는 더욱 많은 것을 할 수 있는가?
- 어떻게 감지하는가?

문제 6: 이것은 당신의 하부 조직과 관련된 것이다. 질문에는 다음과 같은 것들이 있다.

- 우리는 지도하는 것에 필요한 리더십 기술을 가진 충분한 인력을 보유하고 있는가?
- 필요한 방법들을 보유하고 있는가?
- 우리가 이용할 수 있는 적합한 전문지식과 조언을 보유하고 있는가?
- 능력을 어떻게 향상시킬 것인가?

 # 미래를 향하여

변화는 계속되고 있다. 앞의 장에서 논의되었던 변화를 추구하는 것은 변화를 강요하는 상황을 만들었다. 세계는 점점 좁아지고 있다. 세계화, 복잡한 사회적 문제, 환경 변화, 인구 변화, 기술 변화로 인해 세계는 더욱 상호 의존적이 되어가고 있다. 기술은 전 세계인들을 서로 연결시키는 역할을 한다. 과거에는 소수의 사람들에게만 제공되었던 정보가 이제는 거의 모든 사람들에게 이용 가능하게 되었다. 파워가 공유됨으로 인해 기업·정부·사회는 더욱 긴밀해지게 되었다.

무엇이 변화하고 있는가? 부문과 국경을 초월하여 기업·정부·사회가 협력하는 것은 이익, 성장, 사회적 편익을 낳는다는 인식이 국제적으로 확대되고 있다. 지지자들이 늘어난다는 것인 매우 고무적이다. 이 책에서 언급한 지지자들은 비즈니스 리더, 정치 지도자, 비영리 기관 지도자, 학계의 지도자에 이르기까지 다양하다. 우리에게는 약간의 개척자들만 있다는 것에 의심의 여지가 없다. 매일 일어나는 몇 가지의 이야기가 더 있다.

이 지도자들은 현재와 미래를 위해 더욱 나은 세계로 발전시키기 위한 이익과 성장을 이루기 위해 전 부문 및 문화 활동의 롤 모델을 만들고 옹호하고 있다. 다음 과제는 이러한 지도자들의 수를 증가시키는 것이다.

사회를 위한 장기적 편익과 이익/성장을 조화롭게 하는 리더십에 사람들은 이끌린다. 지도자들의 수를 증가시키는 것은 지도자들이 활동을 함에 있어 권한을 가질 수 있도록 하는 방법을 찾는 것이 중요하다.

정치적 지능을 설명하고 규정하는 것은 지도자들이 활동을 하는데 도움이 될 것이다. PQ 모델은 행동, 기술, 방법을 망라하는 광범위한 것이며 성공적인 리더의 실천에 확고하게 근거를 둔다. PQ 모델은 리더들이 자신들의 이익 뿐만 아니라 구성원들의 이익을 낳을 수 있는 방식으로 사고하고 행동하도록 촉진시킨다.

리더를 변화시키는 인센티브는 무엇인가?

우리는 '대안은 무엇인가'에 대하여 스스로에게 물어보아야 한다. 취약한 세대와 미래 세대를 희생하여 기업이 이익을 내는 세계인가? 아니면 정부가 커다란 장기적인 문제에 대하여 고심하지 않고 단기적인 인기에 영합하는 대책에만 중점을 두는 세계인가? 소셜 미디어가 편협한 자들에 의해 이용되는 세계? 아이들이 생선을 먹지 않는 세계?

기업 리더들은 '내가 변하지 않는다면 어떻게 될까?'를 스스로에게 물어보아야 한다. 우리 회사의 평판에 대하여 의구심을 가져 소비자들은 경쟁사의 제품을 구입할 것인지에 대하여 스스로에게 질문해야 한다.

정부는 '내가 변하지 않는다면 어떻게 될까?'를 스스로에게 물어보아야 한다. 시민들이 정부가 아닌 출처로부터 정보를 구할 것 인지에 대하여 스스로에게 질문해야 한다.

비영리 단체는 '내가 변하지 않는다면 어떻게 될까?'를 스스로에게 물어보아야 한다. 기부자들은 우리가 아닌 다른 비영리 단체를 지원할 것인가에 대하여 스스로에게 질문해야 한다.

위에서 언급한 사태가 발생하기를 원하는 기업 리더, 정부, 비영리 단체는 없을 것이다. 우리 시대가 처해 있는 문제에 적합한 새로운 리더십 모델로 나아가는 것은 이 책에서 언급된 이들에 의해 옹호된다. 이들은 부문과 국경을 초월하는 협력을 통해 사회의 문제들에 대한 혁신적이고 장기적인 해결책을 발견할 수 있다고 생각한다. 이들은 윤리적이고 투명한 방식으로 접근하는 것이 중요하다고 여긴다.

미래는 리더십 역할에 필수적인 것이 공동체와 사회에 기여하는 것임을 이해하는 더욱 많은 지도자들을 필요로 한다. 사회는 더욱 나은 미래를 창조하고 형성하며 자신의 상상력을 신장시킬 뿐만 아니라 타인이 상상력을 신장시키도록 도움을 줄 수 있는 리더들을 원한다.

파워가 공유되는 세계를 형성하는 것은 개인과 인류에의 공감, 파트너 및 이해관계자와의 견고하고 신뢰하는 관계 구축, 필요한 것을 하는 용기와 신념, 필요한 것을 행하도록 타인들을 설득함, 기업/사회/국가/ 세계가 필요로 하는 것 간의 조화를 이해하도록 하는데 기여하는 스토리를 말하는 것에 달려 있다.

어떻게 나아갈 것인가?

우리는 다음 사항이 실현되기를 희망한다.

- 공동체와 사회에 대한 책임감을 가지면서도 결과의 산출에 대한 집중을 계속하는 리더들이 더욱 많아진다.
- 이익, 성장 및 사회적 편익을 낳는 장기적이고 지속 가능한 해결책을 구하기 위해 부문, 문화, 국경을 초월하여 협력하는 리더들이 더욱 많아진다.

- 정부와 비정부 기구의 활동에 기업의 혁신 기술과 산출 기술을 도입한다.
- 정책에 대한 사고를 확대하기 위해 정부가 사회 및 기업과 개방적이고 포용력 있게 협력하고 다방면에 걸친 능력을 가진 리더를 육성하는데 중점을 둔다.
- 비영리 부문에 속한 단체들과 더욱 많이 관계하고 투명성을 향상시킨다.
- 리더들의 PQ 능력을 발전시키고 장려하는 조직들이 증가한다.
- 리더십 교육에서 이익, 성장 및 사회에 대한 편익을 낳는 것을 중시하고 파워가 공유되는 세계에서 작용할 필요가 있는 PQ 행동에 집중하는 임원 교육
- 세계 환경과 기술에서의 변화에 리더들이 적응하는데 도움이 되는 정치적으로 명석한 리더십을 개발하기 위한 연구가 증가한다.
- 사회 문제에 장기적이고 지속 가능하며 윤리적인 해결책을 제공하기 위한 리더들의 노력을 뒷받침하는 기술의 연구와 활용이 증가한다.

길의 끝이 분명히 보이지 않는다는 것은 이 반드시 필요한 여행을 떠나지 못
하게 하는 이유가 될 수 없다. 위대한 변화가 세계를 주도한다. 변화와 함께 전
진하지 않는다면 우리는 변화의 희생양이 될 것이다.
- 존 F. 케네디 -

정치 지수가 어떻게 성공적인 리더를 만드는가

리더십 PQ 경영

2015년 1월 21일 1판 1쇄 인 쇄
2015년 1월 27일 1판 1쇄 발 행

지 은 이 | Gerry Reffo & Valerie Wark
옮 긴 이 | 송하성
펴 낸 이 | 박정태

편집이사 | 이명수　　　　　　감수교정 | 정하경
편 집 부 | 전수봉, 위가연, 조유민　　마 케 팅 | 조화묵, 최석주
온라인마케팅 | 박용대, 김찬영　　　경영지원 | 최윤숙

펴 낸 곳 | 북 스 타
출판등록 | 2006. 9. 8. 제 313-2006-000198 호
주　　소 | 파주시 파주출판문화도시 광인사길 161 광문각빌딩 4F
전　　화 | 031)955-8787　　　　　팩　　스 | 031)955-3730
E – mail | Kwangmk7@hanmail.net
홈페이지 | www.kwangmoonkag.co.kr

ISBN　　 | 978-89-97383-40-5　　　　13320
가　　격 | 17,000원